단위조작

UNIT OPERATIONS

AN APPROACH TO VIDEOGAME CRITICISM

단위조작

이언 보고스트 지음
안호성 옮김

대한민국, 서울, 커뮤니케이션북스, 2025

단위조작

지은이 이언 보고스트
옮긴이 안호성
펴낸이 박영률

초판 1쇄 펴낸날 2025년 11월 28일

커뮤니케이션북스(주)
출판 등록 2007년 8월 17일 제313-2007-000166호
02880 서울시 성북구 성북로 5-11
전화(02) 7474 001, 팩스(02) 736 5047
commbooks@commbooks.com
www.commbooks.com

CommunicationBooks Inc.
5-11, Seongbuk-ro,
Seongbuk-gu, Seoul, 02880, KOREA
phone 82 2 7474 001, fax 82 2 736 5047

ISBN 979-11-430-1354-5 93690

책값은 뒤표지에 표시되어 있습니다.

서론

이 책은 계산(computation)과 문학, 철학 사이 관계의 본성을 탐구하려는 시도다. 여기서 나는 현대 문학 분석과 계산 모두에서 근간을 이루는 원리를 논할 것이다. 나는 이 공통성을 바탕으로 아직 세계 어느 곳에서도 권위 있는 자리를 차지하지 못한 담론 생산의 한 분야, 즉 비디오게임을 분석할 것이다. 나의 분석은 일반적 문학-기술 이론을 활용해 특수한 비디오게임을 분석할 필요성을 북돋으면서 이론과 문학 영역 사이를 오갈 것이다. 이 기법은 일반적 소프트웨어, 특수하게는 비디오게임에 적용될 뿐 아니라 시, 문학, 영화, 미술과 같은 전통적인 표현 인공물 분석에도 유용하다. 그러므로 나는 이 책 전반에 걸쳐 근본적으로 비교 접근법(comparative approach)을 취하며, 비교 절차 비평(comparative procedural criticism)이 지닌 유용성과 중요성의 증거로 앞서 말한 분야 모두에서 사례를 가져왔다. 특히 나는 시적, 문학적, 영화적, 계산적인 모든 매체를 이산적(discrete)이고 서로 맞물려 있는 표현적 의미 단위체들의 배열, 즉 짜임 체계(configurative system)로 읽을 수 있다고 주장할 것이다. 나는 이러한 절차적 표현의 일반 사례들을 '단위조작(unit operation)'[1]이라고 명명한다.

문학 이론과 계산의 실질적 결합은 이 두 분야가 상대의 적절한 존중과 관심을 받게 할 수 있을 뿐 아니라 두 분야에 걸쳐 있는 문화적 인공물을 조사하는 데 유용한 틀을 만들 수 있다. 그러한 텍스트에 지적으로 접근할 방법을 세우려는 인문학자들은 기술을 진지하게 여겨야 한다. 마찬가지로 기술자는 소프트웨어 기술의 발전을 추적하고, 그것과 동행하며 그것에 영향을 미치는 비판 이론, 철학, 문학의 선례를 이해해야 한다. 이 책은 두 영역 사이 골을 메우며 미래에 분석적·실용적 협업의 모델이 될 도구 모음을 제공한다.

비디오게임은 산업 예술에 기반을 두고 있다. 비디오게임과 그 외 디지털 아트·소프트웨어의 제작을 뒷받침하는 하

---

1) [옮긴이] 영어 단어 'operation'은 '조작', '작동', '운영', '운용', '수술', '작전', '처리', '연산' 등으로 다양하게 번역된다. 이 중 '작동'은 일반적으로 기계나 사물이 자기 일을 하는 상황을 가리킬 때 쓰이며, 따라서 'operation'을 '작동'으로 옮기면 단위체나 객체의 자율성을 부각할 수 있다. 그런데 보고스트가 한 블로그 게시물에서 밝혔듯 'unit operation'이라는 개념은 화학공학에서 유래했다. 화학 공정에서 '단위조작'은 물질의 상태를 물리적으로 변화시키는 기본 작업(전열, 증발, 건조, 증류, 정출, 흡수, 추출, 분쇄, 혼합, 여과 등)을 의미한다. 이 책에서 'unit operation'의 'operation'은 사물이 자기 일을 한다는 의미뿐 아니라 화학 공정에서처럼 사물들 간 상호작용이 다른 사물을 만들어 낸다는 의미도 함축하므로 '조작'으로 번역했다. https://bogost.com/writing/blog/units_and_objects/ 참조.

드웨어와 소프트웨어 도구는 여전히 시장의 흐름에 뿌리를 두고 있다. 에니악(ENIAC)에서 인터넷에 이르기까지 정보 기술 발전 대부분은 어떤 방식으로든 정부의 이해관계에 의해 (그리고 대부분 군대에 의해) 촉발되었지만, 지난 40년 동안에는 셀 수 없이 많은 기술 발전이 산업계의 손에 의해 이루어졌다.

이 책이 가장 큰 관심을 두는 두 가지 발전은 소프트웨어 공학에 '객체 기술(object technology, OT)'을 도입하고 채택한 것과 자연, 정보, 컴퓨터과학에 복잡 적응계 이론(complex adaptive systems theory)을 도입한 것이다. 객체 기술은 소스 요소를 다시 컴파일할 필요 없이 다양한 방식으로 다양한 애플리케이션에 재사용할 수 있는 프로그래밍적 의미 단위체를 만들 틀을 개발자에게 제공한다. 객체 기술은 약 35년 전 제록스 팰로앨토연구소(PARC)의 학습 연구 그룹에서 앨런 케이가 스몰토크(SmallTalk) 프로그래밍 언어를 만들면서 처음 대중화했다.[2] 이후 소프트웨어 산업 전체가 그 핵심 원리를 채택했다. 스티븐 울프럼을 위시한 복잡한 네트워크 이론(complex network theory) 지지자들은 객체 기술이 소프트웨어를 위해 만들어 내는 객체 효과, 관계 효과 같은 것이

---

2) 케이는 원래 스몰토크를 아이들이 배우고 사용할 수 있을 정도로 쉬운 언어로 구상했으며, 자신의 접근법이 산업적으로 실현되는 것을 불쾌해하며 종종 조롱했다.

인간 사회나 뇌 등 자연 체계에 구축되어 있다고 주장한다. 다양한 범위의 사회적·생물학적 체계에 대한 이러한 접근법은 인간 과정의 모든 범위가 지닌 짜임적 양상을 또렷이 보여 준다.

나는 인문학과 정보학만큼 종사자에게 다양한 자질을 요구하는 분야는 거의 없다고 생각한다. 이때 내가 말하는 인문학과 정보학은 대학 내 분야에만 한정되지 않는다. 오히려 나는 이 두 분야가 학계 안팎에서 보여 주는 변형들 전체를 염두에 두고 있다. 인문학에는 영화와 연극, 문학과 미술, 음악과 무용, 철학과 비평이 포함된다. 정보학은 컴퓨터과학, 생물학, 의학, 화학, 생태학, 인지과학, 심리학을 다룬다.

이들 각 영역은 몇몇 소수 전문가에 의해 이루어진다는 점에서 엄청나게 비전적(祕傳的, esoteric)이다. 이들 영역을 효율적으로 실천하는 데에는 상당한 양의 난해한 지식과 경험이 필요하다. 그런데 인문학과 정보학은 지적 모호성뿐 아니라 전문적 신비에도 시달린다. 아마도 두 학문이 우리의 일상생활에 깊이 뿌리박고 있기 때문일 것이다. 영화 대본이나 윈도우 애플리케이션을 제작해 본 사람이라면 두 분야의 작품 제작에 비전성(esotericism)이 얼마나 큰 걸림돌이 되는지 잘 알고 있을 것이다. 마찬가지로 비디오게임을 하면서 자라지 않았거나 인문학 관련 학과에서 시간을 보내지 않은 사람이라면 누구나 이 두 영역의 전문적 맥락에서 방향을 잡는 것이 얼마나 어려운지 증언할 수 있다.

이러한 어려움 중 일부는 이 분야들이 전문 용어를 다루는 성향과 관련된다. 예를 들어 조너선 컬러는 문학 이론에 관해 "이론은 명백할 수 없다"[3]고 말한다. 좋든 나쁘든 이 공리는 인간의 활동과 생산에 관해 이야기하고, 창조하고, 비평하는 데 고도로 특정화되고 종종 난독화된(obfuscated) 방식이 범람하게 했다. 이런 면에서 인문학은 생각보다 (심지어 그것이 바라는 것보다) 정보학의 산업적 애플리케이션과 비슷하다. 전문 용어와 난독화는 새로운 생산에 토대를 마련하는 방식이다. 이는 산업 자본에서 지적 자본으로의 이행을 목격한 20세기에 특히 참이었다. 미학자와 교수를 제외하면 문학 독자, 영화 관객, 예술 애호가 중 신비평의 미학적 통일성이나 아포리아(aporia) 또는 파르마콘(pharmakon) 등의 개념이 어떻게 해체주의가 상반된 텍스트의 힘을 드러내는 데 도움이 되는지 설명할 수 있는 (또는 설명하기를 원하는) 사람은 거의 없다. 마찬가지로 어떻게 다형성(polymorphism)과 상속(inheritance)의 원리가 워드 프로세스 문서에서 실시간 데이터로 도표를 그릴 수 있게 하는지 설명할 수 있는 (또는 설명하기를 원하는) 마이크로소프트 워드 사용자는 거의 없다. 실물 자산에서 지적 재산으로의 전환이 지난 30년간

---

3) Jonathan Culler, *Literary Theory: A Very Short Introduction*(New York: Oxford University Press, 1997), 3.[조규형 옮김(2016). ≪문학 이론≫. 교유서가.]

급성장한 기술 산업의 원동력이었다면, 전문 용어는 업계가 지적 재산을 구축하는 데 도움을 준 원재료였다.

산업 시대 실물 자산에서 정보화 시대 지적 재산으로의 전환은 제도화된 도제식 교육에서 분산된 교육으로의 전환과 여러 공통점을 지닌다. 현대 비평 이론은 반복과 숙달을 위해 전승되는 학설이라기보다는 비평 생산을 위한 무료 라이선스가 제공되는 지적 재산에 훨씬 가깝다. 이러한 이유로 문학 이론이나 정보 기술의 창작자들은 기계보다는 톱니바퀴를, 집보다는 벽돌을, 가구보다는 압정을 만드는 식의 다른 태도로 자신들의 작업에 접근한다. 문학 비평이나 기술의 산물들은 잠재적인 사용자 가이드이며, 당신의 비평적이고 물질적인 산물에 접목할 수 있는 도구다.

비디오게임과 비디오게임 연구에는 고유한 전문 용어가 있다. 나는 대중적 관점에서든 비평적 관점에서든 독자들이 비디오게임에 익숙하지 않을 수도 있다는 점을 인지하고 있다. '루돌로지(ludology)'는 게임이 무엇이며 어떻게 작동하는지 설명하기 위한 한 가지 방식이다. 게임 또는 스포츠를 의미하는 라틴어 루두스(ludus)에서 유래한 루돌로지는 "일반적으로 게임, 특수하게는 비디오게임"을 다룬다.[4] 루돌

---

4) Gonzalo Frasca, "Ludology Meets Narratology: Similitude and Differences between (Video)games and Narrative," *Parnasso* 3(1999): 365-371.

로지적 접근법은 종종 놀이 이론과 인류 문화 전반에 걸친 게임의 역사를 다루며, 이는 로제 카유아, 요한 하위징아, 브라이언 서튼스미스, 스튜어트 컬린의 연구를 포함한다.[5] 일부 비평가들은 루돌로지를 기술·문화 연구를 포함해 모든 의미의 게임 연구를 수반하는 것으로 취급하며 그 취지를 확장하기도 한다. 나는 정확성을 위해 이 용어를 게임에 대한 인류학적이고 특히 형식적인 연구라는 좀 더 좁은 의미로 사용하겠다.

루돌로지는 비디오게임 연구에서 중요한 부분이고, 실제로 게임과 놀이의 역사 속에 비디오게임을 위치시키는 것은 가치 있는 작업이다. 일반적 관행에 따라 나는 새롭게 떠오르는 이 분야가 그 연구 대상, 특히 존재론·유형론·분류에 접근할 때 지나치게 형식주의적 접근에 의존하는 열정에 의심을 품고 있다. 나는 4장, 5장, 12장에서 이 분야의 현황을 논

---

5) Roger Caillois, *Man, Play, and Games*(Chicago: University of Illinois Press, 2001)[이상률 옮김(2018). ≪놀이와 인간≫. 문예출판사.]; Johan Huizinga, *Homo ludens*(New York: Beacon, 1971)[이종인 옮김(2018). ≪호모 루덴스≫. 연암서가.]; Brian Sutton-Smith, *The Ambiguity of Play*(Cambridge, Mass.: Harvard University Press, 1997); Stewart Culin, *Games of the North American Indians*(New York: Dover, 1975); Stewart Culin, *Korean Games, with Notes on the Corresponding Games of China and Japan*(New York: Dover, 1991)[윤광봉 옮김(2003). ≪한국의 놀이: 유사한 중국·일본의 놀이와 비교하여≫. 열화당.] 참조.

할 것이다. 그러나 지금은 일차적으로 비디오게임이 문화적 인공물로서 어떻게 기능하는지, 그리고 어떻게 다른 인간 표현의 양태와 함께 기능하는지 이해하기 위한 도구로 비평을 사용하길 장려하고 싶다. 나는 구체적으로 비평과 계산의 교차점에 관심이 있으며, 특히 짜임적 혹은 절차적 인공물, 즉 긴밀하게 캡슐화된(encapsulated) 의미 단위체들로 구축된 인공물의 한 유형으로서의 비디오게임에 관심이 있다. 따라서 나는 이 책을 게임의 역사나 놀이의 역사 내에 일반적으로 위치시키려 하지 않는다. 이러한 이유로 나는 방금 기술한 문화적 맥락에서 게임을 연구하는 특정 시도를 언급하는 경우가 아니라면 일반적 의미에서의 "게임 연구" 또는 루돌로지를 언급하지 않을 것이다.

나는 일반적으로 형식주의를 염두에 두고 있지만, 그럼에도 내가 점점 더 필요하다고 느끼는, 특히 인문학자들 사이에서 필요하다고 느끼는 한 가지 존재론적 요지를 명료히 하고 싶다. 즉 비디오게임 연구와 게임 이론은 비록 불투명하게 연관되어 있지만, 비디오게임 연구가 필연적으로 게임 이론의 하위 분야인 것은 아니다.

게임 이론(game theory)은 갈등 상황에서의 의사 결정을 연구하는 데 사용되는 수학의 한 분야다. 게임 이론의 예시는 ≪탈무드≫나 ≪손자병법≫처럼 오래된 작품에서도 찾아볼 수 있지만, 일반적으로 현대 게임 이론은 1940년대에 존 폰 노이만(계산 이론에 대한 그의 공헌은 어느 정도 상세히 다룰 것이다)이 발전시킨 것으로 여겨진다. 폰 노이만은 포커에서의 블러핑 행위를 이론화하면서 게임 이론이 경제학에 대해 지닌 심오한 함축을 인식하기 시작했다. 그는 경제학자 오스카어 모르겐슈테른과 함께 ≪게임과 경제 행동의 이론(Theory of Games and Economic Behavior)≫을 저술했다.[6] 처음에 게임 이론은 포커, 전쟁, 경제와 같은 전략적 문제의 결과에 관심을 두었다. 게임 이론의 가장 잘 알려진 주제는 아마도 격리된 두 명의 죄수가 서로의 운명을 결정하는 게임인 '죄수의 딜레마'일 것이다. 게임의 논리에 따르면 두 죄수가 모두 협력할 때는 두 죄수 모두 이익을 얻지만, 한 명만 협력하면 다른 한 명만 이익을 얻는다. 2001년 생애를 다룬 영화가 나와 이제는 잘 알려진 수학자 존 내시는 각 참여자의 선호에 따라 결과를 예측하는 '내시 평형(Nash equilibrium)'이라고 알려진 접근법을 비롯해 협동 게임에 대한 일련의 영향력 있는 접근법을 추가했다. 따라서 게임 이론의 형식적 기원은 포커와 같은 실내 게임에 대한 분석에 있으며, 게임 이론에서 "게임"은 추상적인 전략 구조를 가리킨다.

내가 비디오게임이라 말할 때 가리키는 바는 아케이드 게임기, 개인용 컴퓨터, 가정용 콘솔을 위해 제작되고 거기서

---

6) Oskar Morgenstern and John von Neumann, *The Theory of Games and Economic Behavior*(Princeton: Princeton University Press, 1980).

플레이되는 모든 종류의 디지털 인공물이다. 비록 비디오게임은 실내 게임, 테이블 게임, 술집 게임 그리고 체스나 바둑과 같은 고전 게임에서 진화한 다양한 종류의 보드게임의 오랜 전통을 따르고 있지만, 그것들 사이 필연적 관계는 이러한 공통된 역사를 이룬다는 데 그친다. 나는 게임 일반에 대한 확실한 정의에는 관심이 없다. 그러한 존재론과 유형론의 구축 작업은 이미 그 기획에 착수하고 있는 여러 유능한 이론가에게 맡기고 싶다.[7] 일반적으로 나는 독자들이 내가 말하는 비디오게임이라는 용어를 (치점을 따라) "느슨하고 대중적인 의미"로 이해한다면 그것으로 만족하려 한다.[8]

---

7) Espen Aarseth et al., "What's in a Game?—Game Taxonomies, Typologies, and Frameworks," in *Proceedings of Level Up, Digital Games Research Conference*, ed. Marinka Copier and Joost Raessens(Utrecht: Universiteit Utrecht, 2003); Staffan Björk and Jussi Holopainen, *Patterns for Game Design*(Hingham, Mass.: Charles River Media, 2004).

8) Joseph Butler, "Of Personal Identity," in his *The Analogy of Religion*(New York: Everyman, 1906); Roderick Chisholm, "The Loose and Popular and the Strict and Philosophical Senses of Identity," in *Perception and Personal Identity: Proceedings of the 1967 Oberlin Colloquium in Philosophy*, ed. Norman Grimm and Robert Care(Cleveland: Press of Case Western Reserve University, 1969) 참조. 버틀러와 치점은 어떻게 한 사물이 시간이 흐르면서 동일하면서도 다를 수 있는가(즉 변화를 겪을 수 있는가)라는 동일성의 문제를 다룬 일반적인 철학자에 속한다. 이러한 문제는 매체로서 게임에 관한 형식주의적 연구와 간접

이 책에 관해

이 책은 지난 수십 년 동안 문학 이론과 정보학이 공통으로 초점을 맞춘 영역에 해당하는 네 부로 나뉜다. 각 부에서는 비디오게임 연구의 주요 주제를 소개하고 이론적 분석에서 구축된 도구들을 사용해 비디오게임 분석을 수행한다. 각각의 부분에서 나는 철학, 정신분석학, 문학, 영화, 소프트웨어, 비디오게임의 다양한 작품을 논할 것이다.

1부 "체계에서 단위체로"에서 나는 교환성 있는(fungible) 의미의 이산적이고 압축된 요소들을 살피기 위한 일반적인 개념적 틀, 즉 '단위조작'이라는 개념을 소개한다. 나는 단위조작을 바탕에 두는 비평의 실천을 전개할 것인데, 이를 '단위분석(unit analysis)'이라고 부른다. 그리스 시대의 고전에서 초소형 컴퓨터(microcomputer)에 이르기까지, 나는 단위조작에 대한 개념적 선구자들(플라톤, 아리스토텔레스, 라이프니츠, 스피노자, 바디우)에 관해 논한다. 이어 나는 구조주의와 포스트구조주의에서 표상이 더욱 압축되어 온 과정을 추적하고, 이 압축을 존 폰 노이만의 조건 제어 전송

적으로 연관되어 있다. "느슨하고 대중적인 의미"는 시간의 경과에 따른 동일성이라는 철학적 문제를 일상적 말투로 회피하는 방식을 설명하는 치점의 방식으로, 예를 들어 시점$_0$에는 손잡이가 있고 시점$_1$에는 손잡이가 부러져 없어지지만 동일한 컵으로 남는 컵에 관해 이야기할 때 사용된다.

(conditional control transfer)과 같은 계산 분야의 발전과 연관 짓는다. 나는 정신분석 이론(프로이트, 라캉, 지젝)과 매체 이론(매클루언, 키틀러, 포스터)의 주요 목소리들이 취하는 존재론적 전략을, 체계로 무너질 항시적 위험에 처한 단위조작의 예시로서 살펴본다. 그런 다음 나는 소프트웨어 구조의 역사를 소개하고 사업 체계를 위한 실질적 단위조작 모델로서 객체 기술에 관해 논한다. 나는 객체 기술의 네 가지 핵심 원리를 바탕으로 디지털 매체(레프 마노비치, 조지 랜도, 제이 볼터)와 유전학(다윈, 인간 게놈 프로젝트, 도킨스)에 관한 여러 저명한 학술서를 비판한다.

2부 "절차적 비평"에서 나는 여러 매체의 짜임적 표현을 식별하고 분석하는 비디오게임 비평에 대한 비교 접근법을 주장한다. 나는 <퐁(Pong)>에서 <하프라이프(Half-Life)>에 이르는 소프트웨어와 게임 엔진의 서사 구조를 탐구하고, 이러한 텍스트가 단위조작을 통해 기능하고 상호작용하는 방식을 보여 준다. 그런 다음 나는 루돌로지와 내러톨로지(narratology) 사이 지속적 갈등에 대한 비판을 포함해 비디오게임 연구를 둘러싼 현재의 접근법에 관한 관점을 제시한다(올세트, 프라스카, 젱킨스, 머리). 이어 나는 시, 영화, 게임의 절차적 표현에 대해 장기간을 아우르는 비교 분석을 제공한다(보들레르, 부코스키, 죄네, 라이트).

3부 "절차적 주체성"에서 나는 물질세계와 표상세계 사이를 오가는 단위조작으로서 복잡 적응계와 기본 세포 자동자[기본 셀룰러 오토마타(elementary cellular automata)]를 탐구한다(울프럼, 콘웨이, 라이트). 그런 다음 나는 내장된 표상과 주관성 사이의 상호작용을 탐구하고, 단위조작 체계에서 의미는 짜임적 표상과 주관성 사이의 위기가 도사린 장소에서 발생한다고 주장한다. 이어 나는 놀이와 예술이 지닌 사회적 힘 사이의 관계(벤야민, 하위징아, 가다머)를 조사하고, 이 관점에서 비디오게임을 단순 오락보다 더 높은 지위로 끌어올리는 비평의 능력을 탐구하며, 특히 사회적 텍스트로서 <스타워즈 갤럭시즈(Star Wars Galaxies)>에 대한 분석에 초점을 맞춘다. 마지막으로 나는 게임이 지닌 편향성의 양상에 관해 논하면서 미래 비평을 촉진하기 위해 수정된 시뮬레이션 개념을 제공한다(터클, 프라스카, 크로퍼드).

4부 "설계에서 짜임으로"에서는 분열분석(Schizoanalysis) 분야(들뢰즈와 가타리)를 복잡한 네트워크 이론(에르되시, 밀그램, 그래노베터)과 관련지어 지속적으로 분석한다. 알랭 바디우의 들뢰즈 비판을 통해 나는 단위조작의 표현으로서 노마디즘과 복잡성이 지닌 잠재력과 한계를 탐구한다. 이러한 원리를 바탕으로 나는 비디오게임과 근대 소설(<그랜드 테프트 오토 III>, <젤다의 전설>, ≪마담 보바리≫, ≪율리시스≫)을 아우르며 대규모 가상 공간에서의 자유에 대한 확장된 분석을 수행한다. 마지막으로 나는 비디오게임 비평과 연구의 미래에 대한 비전을 제시할 것인데, 이는 내가 이 책에 걸쳐 전개한, 분석에 대한 짜임적 접근법을 모델로 삼는다.

비평 이론, 정보학, 비디오게임은 모두 고도로 전문화된 분야로, 그 종사자들은 진지하게 글을 쓸 때 외부인보다는 서로를 대상 독자로 삼는 경향이 있다. 나의 의도는 비디오게임 같은 절차적 인공물에 대한 비평의 접근법을 인문학자와 기술학자 모두가 활용할 수 있는 방식으로 만드는 것이다. 이를 위해 나는 각 분야의 복잡한 주제를 소개할 때 그 분야의 전문성을 해치지 않으면서도 분석과 함께 적합한 설명을 제공하려 노력했다. 나는 이 분야들의 실질적이고 가시적인 협업의 미래를 희망하며, 그 미래에 진심 어린 기대를 품고 있다.

차례

2부 절차적 비평

3부 절차적 주체성

4부 설계에서 짜임으로

일러두기

- 이 책은 *Unit Operations: An Approach to Videogame Criticism*(Ian Bogost, Massachusetts Institute of Technology, 2006)을 저본으로 삼아 번역했습니다.
- 원문에서 이탤릭체로 강조된 부분은 작은따옴표로 표시했습니다.
- 중복되는 괄호나 옮긴이가 첨언한 내용, 이중적으로 해석될 수 있는 단어의 뜻에는 '[ ]'를 사용했습니다.
- 외래어 표기는 현행 한글어문규정의 외래어표기법을 따랐습니다. 단, 윈도우(Windows), 발터 벤야민(Walter Benjamin) 등은 국내에서 통용되는 표기를 따랐습니다.

1부

체계에서 단위체로

01 단위조작

나는 '단위조작'이라는 개념에 기대어 비평과 계산의 관계를 분석할 것이다. 단위조작은 결정론적이고 점진적인 체계보다 이산적이고 단절된 행위(action)를 우선시하는 의미 형성 양태다. 단위조작은 소프트웨어 기술, 물리학, 사이버네틱스 등 여러 분야에서 느슨하게 종합된 용어이지만, 문학 이론의 세계와도 잘 어우러질 수 있다. 나는 단위조작이 체계조작(system operation)으로부터의 전환을 의미한다고 주장하지만, 이들 전략이 서로 영구히 분리되는 것은 아니다.

문학 이론에서 단위조작은 이산적 독해들(readings)의 네트워크를 해석하고, 체계조작은 단일한 문학적 저자성(authority)을 해석한다. 소프트웨어 기술에서 객체 기술은 단위조작을 활용하고, 구조화된 프로그래밍은 체계조작을 보여 준다.[1] 인간 생물학에서 DNA 뉴클레오티드 결합은 단위조작을 보여 주고, 다윈주의의 획득형질(acquired charac-

---

1) 소프트웨어 기술의 역사에 관한 좀 더 자세한 내용은 2장과 3장에서 확인할 수 있다.

teristics)이라는 관념은 체계조작을 설명한다. 사실상 생물과학은 단위조작의 발전을 엿볼 수 있는 특히 중요한 창을 제공한다. 지난 200년 동안 생물학은 자연선택의 무작위한 전체성(다윈)에서 게놈학의 명령과 통제 지향성(멘델, 크릭, 왓슨), 단속 평형의 주기성(굴드), 자가촉매 작용의 복잡성(코프먼)에 이르기까지 자연 생명에 관한 개념을 수정해 왔다. 1980년대와 1990년대 독립 연구자들은 조울증과 조현병 같은 정신 질환의 "원인"으로 광범하게 이질적인 유전적 변형을 지목했다.[2] 과학자들은 인간 게놈에 관해 더 많이 알게 될수록 인간 병리에 대한 만능열쇠는 존재하지 않으며, 생명의 본성은 유기체가 분자 관광 안내서처럼 따르는 생물학적 과정의 지도를 만드는 일만큼 간단하지 않음을 점차 깨닫고 있다. 생물학은 2000년 인간 게놈을 성공적으로 해독한 이래, 유전자 자체에 관한 지식은 그다지 유용하지 않다는 점을 인식하면서 "포스트게놈" 단계에 접어들었다. 이제 과학자들은 개별 유전자들 간 기능, 그리고 유전적 기능성의 복잡한 짜임이 복잡한 행동의 근간이 되는 방식을 이해하려 한다. 전체론적 조절 체계(regulatory system)로 간주되던 유전자가 더 큰 상호유전적 놀이 속에서 기능하는 행위자로 전환된 것은 체계조작에서 단위조작으로의 전환을 나타낸다. 단위

2) 이 현상을 명료하게 논의하려면 Albert-László Barabási, *Linked: The New Science of Networks*(Cambridge: Perseus, 2002), 179-183 참조.

조작은 간결하고, 이산적이며, 참조적이고, 동적인 특징을 띤다. 체계조작은 장기적이고, 종속적이며, 순차적이고, 정적인 특징을 띤다. 일반적으로 단위조작은 맥락보다 기능을, 지속되는 것보다 사례들을 우선시한다.

그러나 단위체(unit)와 체계(system)의 관계는 이분법적인 상충이 아니다. 단위조작의 세계는 체계의 종말을 의미하지 않는다. 체계는 그 어느 때보다 중요한 역할을 수행하는 것처럼 보인다. 그런데 이때 체계란 새로운 종류의 체계로, 단일하고 절대적인 전체론의 결과물이 아니라 다수성의 자발적이고 복잡한 결과물이다. 단위조작적 구조에서는 설령 가장 이산적인 유형의 단위 기능이 전개되더라도 체계성을 재확인할 수 있으며, 이는 전체론을 넘어 확장하려는 시도 속에서 전체론을 재배치하는 일종의 성장통이다. 우리가 물리적, 개념적 혹은 문화적 현상을 식별하려면 체계의 진실성이 필요하다. 그러나 이 새로운 유형의 체계는 모든 것을 아우르는 조절 기관이 아니라 단위조작적 구성요소들로 이루어진, 변동을 거듭하는 회집체(assemblage)다. 단위체들의 체계와 체계 그 자체의 차이점은 전자가 체계의 구성요소들이 맺는 상호관계에서 의미를 도출하는 반면, 후자는 체계의 구성요소들에 대한 의미를 조절한다는 데 있다. 포스트게놈 생물학은 유전자의 모든 가치를 제거하는 것이 아니다. 오히려 유전자가 유기적 생명 시스템에서 수행하는 역할을 인과적 역할에서 기여적 역할로 재구성한다. 유전학은 유전자의 현존이라는 상황이 아니라 유전자 조합의 과정이 된다.

초점이 체계에서 단위체로 옮겨 가는 것은 특별한 형태의 복잡성으로도 이해될 수 있다. 지난 반세기 동안 복잡성은 순수 수학의 비전적 영역에서 물리·자연 과학의 모든 분야로 서서히 이동했다. 복잡성의 첫 형태는 1940년대에 생물학자 루트비히 폰 베르탈란피가 고안한 체계 이론에서 찾아볼 수 있다. 체계 이론은 어떤 체계를 이해할 일차적 기반으로서 그 체계의 부분들 간 상호관계에 중점을 둔다.[3] 체계 이론은 20세기 중반 성장 중이던 사이버네틱스 분야뿐 아니라 복잡성 이론과 자기 조직화 분야 전반에 영향을 미쳤다. 지난 10년 동안 '복잡한 체계[복잡계] 이론(complex systems theory) 또는 복잡한 네트워크 이론'이라고 불리는 특정 종류의 복잡성 이론에 관한 관심이 폭발적으로 증가했다. 복잡성은 네트워크의 논리와 밀접하게 연관되며, 컴퓨터 네트워킹과 인터넷의 동시대적 인기는 그것에 대한 관심을 촉진했다. 복잡성 이론은 조직화되어 있지만 예측할 수 없는 개체화된 기능들의 집합으로 안정적 체계의 조작을 이해하는 메타과학이다.

단위체, 체계, 조작 개념을 형식적으로 정의하면 이러한 전환, 그리고 그것이 우리의 논의에 띠는 특정한 중요성을

3) Ludwig von Bertalanffy, *General Systems Theory: Foundations, Development, Applications*(New York: George Brazilier, 1976) 참조.

이해하는 데 도움이 될 것이다. 나는 '단위체'라는 용어를 선택했는데, 그것이 특정 분야와의 연관성을 함축하지 않기 때문이다. 본질적으로 '단위체'는 물질적 요소, 사물이다. 단위체는 체계를 이루는 구성요소처럼 구성적이거나 우연적일 수도 있고, 체계 그 자체처럼 자율적일 수도 있다. 종종 체계들은 다른 체계들의 단위체들이 된다. 소프트웨어 클래스(class)[4]는 여러 소프트웨어 프레임워크에서 사례화(instantiation)되는 계산적 행동의 모델이며, 소프트웨어 프레임워크는 여러 소프트웨어 애플리케이션으로 조립된다. 철학자 그레이엄 하먼이 '객체지향 철학(object-oriented philosophy)'이라는 혁신적인 관련 개념에서 사용한 '객체(object)'라는 단어는 적절한 포괄적 유비다.[5] 하먼은 용재성

---

4) [옮긴이] 닉 몬트퍼트는 클래스에 관해 다음과 같이 말한다. 클래스는 "객체의 청사진이다. 예를 들어 특수한 소포가 택배 서비스의 컴퓨터 체계에서 객체로 표상된다면, 소포 클래스는 이 체계에서 소포와 연관될 수 있는 모든 데이터를 기술하며, 여기에는 그 데이터에 접근하고 그 데이터를 업데이트하는 메서드들이 포함될 것이다.… 특수한 소포 객체는 이 클래스의 사례(instance)가 되며, 이는 사례화(instantiation)를 통해 생성된다". Nick Montfort, *Exploratory Programming for the Arts and Humanities*, second edition(Cambridge: The MIT Press, 2021) 참조.

5) Graham Harman, *Tool-Being: Heidegger and the Metaphysics of Objects* (Chicago: Open Court, 2002), 217-296 외.

(Zuhandenheit), 즉 손안에-있음에 대한 하이데거의 분석을 현존재(Dasein) 외의 존재자들에 적용될 수 있는 성질로 해석한다. 하먼은 하이데거의 전문적 용법에서 벗어나, 인간뿐 아니라 세계의 모든 객체가 근본적으로 참조적(referential)이거나 자신의 제한성을 넘어서는 관계들로부터 형성된다고 말한다.[6] 이는 생물학, 병리학, 사회학, 경제학에서 복잡한 네트워크 이론가들이 탐구하고 있는 유형의 주장이다.

나는 '객체'라는 용어, 특히 '객체지향'이라는 표현을 사용하지 않으려 하는데, 그 이유는 나중에 설명하겠지만 이러한 개념이 컴퓨터과학에서 특별한 의미를 갖기 때문이다.[7] 그럼에도 단위체를 객체로 이해하는 것은 세계 속 '이산적인

6) 같은 책, 24-35.

7) [옮긴이] 보고스트는 혼란을 피하기 위해 "객체"가 아니라 "단위체"라는 용어를 사용하는데, 그 이유는 다음과 같다. (비록 추상화와 다형성 같은 객체지향 프로그래밍의 여러 특성은 객체와 특성 사이의 불안한 관계에 접근하는 출발점이 될 수 있지만) 계산적 의미의 객체는 ① 사물이 아닌 패턴을 기술하며, ② 그것이 지닌 특성들과의 안정적 관계로 현존하고, ③ 그것이 지닌 능력들과의 안정적 관계로 현존하며, ④ 자신의 특성과 능력을 통해 다른 객체에 직접적으로 접근할 수 있고, ⑤ 실재적 객체가 아니며, ⑥ 언제나 지향적 객체(intentional object)와 관련된다[그것이 설계된 객체이며 세계에 대한 직접적 모델링(modeling)을 구현하고 실행하려 하기 때문이다]. https://bogost.com/writing/blog/objectoriented_p/ 참조.

물질적 사물'로서 그것의 지위를 강조한다는 점에서 유용하다. 아울러 객체라는 개념은 문법 술어처럼 다른 사물에 대한 참조 또는 관계의 음색을 전달한다[동사는 그것이 작용하는 '직접 목적어[객체](direct object)'를 취한다]. 하먼은 무생물 객체가 철학에 필요한 주제라고 주장하지만, 나는 하먼이 선호하는 것("사람, 망치, 샹들리에, 곤충 등")과 같은 일상적 객체를 단위체에 관한 나의 이해에 포함하면서도 단위체가 질투, 인종적 긴장, 정치적 옹호 같은 복잡하고 추상적이거나 개념적인 구조의 물질적 표현까지 아우른다고 주장한다.[8]

이렇게 생각하면 단위체는 사람, 네트워크 라우터, 유전자, 전자 기계뿐 아니라 감정, 문화적 상징, 사업 과정, 주체적 경험도 정의한다. 문학 작품과 인간 조건, 해부학, 경제와 같은 이러한 단위체들의 집합체를 마땅히 '체계'라고 부를 수 있지만, 그러한 체계는 앞서 언급한 여러 학문 분야에서 단위체가 밀어낸 종류의 체계와는 근본적으로 다르다. 게다가 그러한 체계는 결국 단위체로 이해될 수 있다. 유명한 예시로 자기생산 체계 이론가 프란시스코 바렐라와 움베르토 마투라나는 개구리의 신경이 유기체의 행동을 조절하는 체계로서 조작한다(operate)는 것을 보여 주었다.[9] 그러나

---

8) 같은 책, 19.

9) Jonathan Lettvin, Humberto Maturana, Warner McCulloch, and W. H. Pitts, "What the Frog's Eye Tells the Frog's Brain," in *Proceedings*

그 체계는 신경학적 지시의 형태로 단위체의 특성을 드러내기도 했다. 혀를 잽싸게 내밀어 곤충에 반응하는 것처럼 말이다. 개구리는 자신의 환경 내에서 주변의 다른 체계와 정보를 교환해 유기체와 환경 사이에 "구조 접속(structural coupling)" 또는 피드백 고리[10]를 만든다. 더 나아가 늪지 생태계 내부의 포식자-먹이 관계에서처럼 신경계 자체가 하나의 단위체로 행위할 수 있다. 사회학자 니클라스 루만은 동일한 권한을 사회 체계로 확장해, 사회 체계는 "자신과 자신을 둘러싼 환경의 차이를 만들고 유지하며, 그 차이를 조절하려 자신의 경계를 [사용해]" 스스로를 조절한다고 주장한다.[11] 루만의 체계 이론에서 소통은 사회 체계의 기본 단위체다.

따라서 체계조작은 현상이나 행동, 상태를 그 전체성에서 설명하려 하는 총체화하는 구조다. 체계는 질서와 혼돈 사이에서 번성하는 복잡한 네트워크와 달리 벗어날 수 없는

47(1959); Francisco Varela and Humberto Maturana, "Autopoiesis: The Organization of a Living System, Its Characterization, and a Model," *Biosystems* 5(1974).

10) [옮긴이] 피드백 고리는 체계의 출력이 다시 입력에 영향을 미치는 과정을 뜻한다.

11) Niklas Luhmann, *Social Systems*(Palo Alto: Stanford University Press, 1995), 16.

질서를 통해 모든 것을 설명하려고 한다. 수 세기 동안 체계성은 과학의 원천이었다. 자연선택은 몇 가지 근본적이고 보편적인 규칙을 바탕으로 생명의 기원을 설명했다. 뉴턴주의적 세계는 그와 유사한 정적 행동의 체계 아래서 작동한다. 사회과학과 인문과학에서 체계성과 가장 밀접한 관련을 보여 주는 것은 구조주의다. 마크 C. 테일러는 체계에 대한 구조주의자들의 집착을 "덧없고 임의적인 것이 아니라 영속적이고 보편적인 형상과 패턴을 발견해 역사에서 이성을 발견하려는 시도"로 특징짓는다.[12] 안정성, 선형성, 보편주의, 영속성은 체계조작의 특징이다.

체계조작은 확실성을 위해 개방성을 희생한다. 따라서 체계조작은 애초에 체계를 만든 접근법에 영향을 미치는 태도나 가치에 의존하는 경우가 많다. 더 나아가 체계는 행위자가 "발견"할지도 모르는 근본적 또는 보편적 질서, 즉 자연법·보편법·관습법을 통해 현존하는 질서를 함의한다. 이러한 요인들은 총체화하는 체계와 개체적 단위체들이 관계하는 복잡한 체계를 구분하는 데 도움이 된다. 복잡한 체계는 일반적으로 자기생산적이거나 최소한 임의적이며, 발견보다는 탐구나 해석으로 특징지어진다.

하이데거는 총체화하는 체계의 손아귀를 몰아세움(Ge-

---

12) Mark C. Taylor, *The Moment of Complexity: Emerging Network Culture* (Chicago: University of Chicago Press, 2002), 51.

stell) 혹은 닦달(Enframing)이라고 불렀다. 닦달은 세계 속 구조들의 잠재력을, 미래에 사용할 수 있도록 그 에너지를 은폐하고 붙잡아 두는 방식으로 질서 짓는 근대적 조건이다. 하이데거는 "대기하도록 질서화된 모든 것"의 산물에 존립체(Bestand) 혹은 "비축품(standing-reserve)"이라는 이름을 붙였다.[13] 예를 들어 잘려서 포장된 고기의 가용성은 우리가 사료를 위해 땅을 경작하고 가축들을 돌보는 일과 맺는 관계를 약화한다. 포장된 고기는 존립체 혹은 비축품이다. 농업은 나중을 위해 사물들을 보관하는 관행이 되고, 대지의 에너지는 우리가 원하는 것을 원할 때 언제든지 삼킬 수 있도록 길들여진다. 하이데거의 관점은 생태 목가적이지만, 그의 사유는 몰아세움이 어떻게 우리로 하여금 세계를 수량화할 수 있는 에너지 함량으로만 보도록 강요하는지 보여 준다. 체계적인 과학 연구는 세계를 수량화·측정·통제하려 하면서 그것을 인간 경험과 갈수록 동떨어지게 한다.

총체화하는 구조로서의 체계와 단위체의 집합체로서의 체계 사이 구분은 하이데거의 닦달과 "앞으로 내어옴(bringing-forth)" 즉 포이에시스(poiesis) 사이의 구분과 정확히 일치하지는 않는다. 그러나 기술에 관한 하이데거의

---

13) Martin Heidegger, "The Question Concerning Technology," in *The Question Concerning Technology and Other Essays*(New York: Harper, 1977), 17.

관점은 총체화하는 구조들과 구성요소화된 구조들 사이에서 벌어지는 분투를 지적한다. 우리는 체계를 벗어날 수는 없지만, 체계를 탐구하거나 그 탐구에 관련된 우리 자신을 이해할 수는 있다. 기술에 관한 하이데거의 논문은 산책하는 사람이 숲속을 걸으면서 우연히 관심 가는 문제를 발견하는 것과 유사한 촉각적(haptic) 분석으로 구성되어 있다. 그는 이 가벼운 만남을 저항을 위한 패러다임으로 삼는다. 하이데거의 산책 논리처럼, 단위조작은 이리저리 거닐면서 기회를 닫지 않고 열어 둔다. 하이데거는 닦달에 굴복하지 않고 그 위험한 손아귀에서 벗어날 유일한 길이 그 요소들의 가능한 재짜임(reconfiguration)을 식별하는 것, "기술적인 것을 단순히 응시하는 것이 아니라, 기술 속에서 드러나 현전하게 되는 것을 포착하는 것"이라고 제시한다.[14] 하이데거에게 이것은 예술의 영역, 즉 새로운 방식으로 우리와 기술의 관계를 다시 짜는 표현적 단위체의 영역이다. 단위조작적 체계는 서로에 관련되어 구조화된 단위체들의 집합을 기술한다는 의미에서의 체계일 뿐이다. 그러나 하이데거가 제시하는 바처럼 그러한 조작적 구조는 총체화하는 체계로 무너지는 것을 피하기 위해 자신의 개방성을 유지하려 분투해야 한다.

체계분석에서 '조작'은 하나 이상의 입력을 받고 그것에 변환을 수행하는 기본 과정이다. 조작은 어떤 목적적 행위를

---

14) 같은 책, 32.

실행하는 수단이다. 수학적 조작[연산]은 근본적인 예시를 제공하는데, 레온하르트 오일러가 설명한 함수가 대표적이다. 다른 종류의 조작은 의사 결정, 전환, 상태 변경을 포함한다. 나는 '조작'이라는 용어를 매우 일반적인 의미로 사용하며, 이러한 전통적 이해뿐 아니라 더 많은 것을 포괄한다. 차를 끓이는 것은 조작이다. 보행자를 피하려 자동차 핸들을 꺾는 것은 조작이다. 사랑에 빠지는 것은 조작이다. 조작은 비행기 덮개의 위치를 조정하는 것처럼 기계적일 수 있으며, 병력 연대를 전투에 투입하는 것처럼 전술적일 수도 있고, 취업 면접을 보는 것처럼 담론적일 수도 있다. 물질적이고 개념적인 논리는 언제나 조작을 지배한다. 조작의 일반적 형태에서 볼 때 이 책에서 관심을 두는 두 가지 논리는 단위체의 논리와 체계의 논리다. 하이데거의 언어로 표현하자면, 단위조작은 창의적인 반면 체계조작은 정적이다. 소프트웨어 공학의 언어로 표현하자면, 단위조작은 절차적(procedural)이지만 체계조작은 구조화된(structured) 것이다.

복잡한 네트워크는 끊임없이 변화하는 다양한 구성요소의 단순하지 않은 상호작용으로 결정되는 개방형 네트워크다. 인터넷, 뇌, 인간 유전, 사회적 유행은 단위체가 주도하는 복잡한 네트워크의 예시다. 단위조작이 벗어나는 체계는 이러한 복잡한 체계가 아니다. 체계 사유에서 벗어나는 움직임은 사물을 단순하고 질서정연하며 정적으로 범주화하는 것에서 벗어나는 움직임이다. 체계조작의 제스처(gesture)는 정의나 설명이다. 체계조작은 문화적 신화에 대한 레비스트로스의 해석처럼 조직하는 체계의 원리를 반복적으로 확인할 수 있지만, 이는 오직 조절하는 체계의 타당성과 완전성을 확인하기 위한 것일 뿐이다. 단위조작은 네트워크의 마디들(nodes) 간 연결을 절합한다(articulate). 즉 단위조작은 관계를 구축한다. 단위조작은 보편화하는 원리를 구성하거나 확인하려 시도하기보다는 수익 극대화에서 새로운 기능적 역량 창출에 이르는, 넓은 범위의 다양한 논리에 따라 움직인다. '조작'에 관한 이러한 폭넓은 이해는 내가 주제로 삼는 예술적·기술적 행위의 공통 과정을 촉진하는 데 필요하다.

철학사의 두 인물이 복잡성의 기원, 그리고 체계조작과 단위조작 사이의 상호 전환을 명확히 설명하는 데 도움을 준다. 이 두 인물은 각각 베네딕트 데 스피노자와 고트프리트 빌헬름 폰 라이프니츠다. 스피노자는 10장에서 질 들뢰즈에게 근본적 영향을 끼친 역할로 다시 언급할 것이지만, 그것과는 별개로 그의 사상 자체가 오늘날 복잡성에 대한 관심으로 정점을 찍은 전통에 영향을 미쳤다.

스피노자는 우주 전체를 구성하는 실체는 단 하나라고 주장했다. 이 실체는 스피노자에게 신 혹은 자연[데우스 시베 나투라(Deus sive Natura)]이며, 둘은 하나로서 행위한다. '데우스 시베 나투라'는 스피노자주의의 근본 원리로서 그 자체로 단위조작의 원형적 패러다임을 제공한다. 신과 자연이라는 두 항은 복잡한 이접 시베(sive)를 통해 관계한다. 라틴어에서 '시베'의 엄밀한 의미론적 뜻은 여기에서 번역된 것처럼 '혹은(or)'이다. 그런데 시베의 힘은 대안적 동등성의 힘, 즉 '이것 혹은 저것 중에서 어느 쪽이든 상관없음' 혹은 '한편으로는 … 다른 한편으로는 …'의 힘이다. 이것은 "치킨 혹은 파스타"의 "혹은"이지 "가톨릭 혹은 개신교"의 "혹은"이 아니다. 이런 식으로 이해하면 데우스 시베 나투라는 스피노자의 단일한 실체를 표현할 뿐 아니라, 단위조작적인 "시베"의 다리를 통해 실체의 두 형태 사이에 영구적이고 서로에게 개방적인 관계를 설정하기도 한다. 하나의 실체가 무한히 다양한 양태로 우리에게 나타나는 속성들의 형태로 자신을 표현한다. 스피노자의 급진적 전체론은 행위성의 모든 제스처에 대해 존재(Being)라는 단일한 틀을 제공한다. 혹은 들뢰즈의 말을 빌리자면, "관련된 것은 더는 단일한 실체에 대한 확인이 아니라 모든 신체, 모든 정신, 모든 개체가 위치한 '내재성의 공통 평면[배치도](common plane[plan] of immanence)'의 펼쳐짐"15)이다.

이 내재성의 공통 평면이라는 관점에서 스피노자의 철학은 자연 아래로 통합된 실체들 사이의 다양한 관계를 개방한다. 이 놀라운 급진적 보편성의 원리는 우주 전체를 조직

---

15) Gilles Deleuze, *Spinoza: Practical Philosophy*(San Francisco: City Lights Books, 1988), 122.[박기순 옮김(2001). ≪스피노자의 철학≫. 민음사.]

한다. 통합된 실체는 그 자체 사이에서 여러 양태 혹은 "실체의 정동 작용들(affectations of a substance)"을 오간다.[16] 스피노자의 ≪에티카(Ethics)≫에서 발췌한 다음 구절을 생각해 보라. "정신이 신체를 상상하는 것은, 인간 신체의 특정한 부분이 외부 신체 자체와 마주쳤을 때 인간 신체가 정동되었던(affected) 대로 인간 신체가 정동되고 배치되기 때문이다."[17] 그리고 스피노자는 곧이어 다음과 같이 말한다. "이로써 우리는 기억이 무엇인지 명확하게 이해한다. 기억은 인간 신체의 바깥에 있는 사물들의 본성을 포함한 관념들의 특정한 연결일 따름이기 때문이다."[18] 스피노자의 세계관은 존재론적 물질성과 인식론적 물질성을 병합한다. 위의 발췌문에서 기억은 다른 신체와 인식론적으로 상호작용하는 고정된 신체를 떠올리는 대신, 파계적(transgressive)이고 경계 없는 공간이 된다. 인간 정신은 기억의 객체를 만나고 통제하는 것이 아니라 그 정신과 뒤엉켜 있는 객체를 기억한다.

스피노자의 철학은 거의 모든 종류의 물질적 관계에 네트워크 같은 상부구조(superstructure)를 설정한다. 모든 점이

---

16) Benedict de Spinoza, The Ethics, Pl, Def 5, in *The Ethics and Other Works*, ed. and trans. Edwin Curley(Princeton: Princeton University Press, 1994).[조현진 옮김(2019). ≪에티카≫. 책세상.]

17) 같은 책, P18 Dem.

18) 같은 책, P18, Schol 1.

서로 닿도록 뭉쳐진 실타래처럼, 스피노자의 단일한 실체는 복잡한 체계의 미래 형태를 위한 무대를 마련한다. 스피노자는 객체들 사이의 무수히 재생 가능한 관계들이라는 중요한 씨앗을 심었다.[19] 이러한 언어는 바렐라와 마투라나의 자기 생산과 같은 물질적 관계의 형태와 소프트웨어 정보 체계의 동적 구조를 예견한다.

스피노자가 제시한 열린 관계들의 우주는 동시대인 라이프니츠의 우주와 오묘한 대조를 이룬다. 라이프니츠는 모나드(monad)라고 불리는 단위체들로 구성된 세계를 구상한다. 라이프니츠는 이러한 모나드가 "창이 없는" 것, 즉 처음부터 끝까지 완전히 자립적인 것이라고 주장한다. 우주는 "가장 맑은 것"(신)에서 "가장 흐린 것"(무기물)에 이르기까지 무한한 수의 모나드가 이루는 순차적 연쇄로 구성된다. 모나드는 창이 없으므로 현존의 시작부터 그 본질이 미리 정해져 있다. 모나드들 사이의 상호관계는 스피노자주의적 의미에서 관계적이지 않고, 모나드들 사이의 상호작용을 지시한 신에 의해 완전히 사전 결정되어 있다. 이산적 원자(discrete atoms)에 대한 라이프니츠의 개념화는 우리의 단위체와 여러 공통점을 지닌 것처럼 보이지만, 라이프니츠는 우주를 사전에 운명이 정해진 규정 상태들(compunctions)의 집합

---

19) 절대적 인과성과 같은 스피노자 사상의 다른 양상은 여기서 우리가 관심을 두는 현대적 사고 양태에는 영향력이 덜한 선례다.

으로 고정시킨다. 스피노자의 변화하는 속성들의 세계가 주체들 사이에서 유동하는 자연의 이산적 정동들을 주관하는 것과 달리, 라이프니츠의 우주는 근본적인 신적 질서에 따라 정렬되도록 체계를 고정한다. 이진법이 라이프니츠의 여러 발명 중 하나이기는 하지만, 좀 더 디지털적인 사상가는 스피노자다.

단위조작에 대한 가장 가까운 철학적 선례는 아마도 현대 철학자 알랭 바디우가 존재론에 집합론을 적용한 데서 찾을 수 있을 것이다. 19세기 독일 수학자 게오르크 칸토어가 처음 고안한 초한집합론(transfinite set theory)은 이전까지 사색에만 머물렀던 개념인 무한의 표상을 다룬다. 철학과 수학 양쪽에서 무한은 대체로 종교와 상관되었다("헤아릴 수 없는 것" 또는 "무한정적인 것"으로서 무한). 칸토어의 해결책은 무한의 개념을 집합의 개념, 즉 정합적 총체성(coherent totality) 개념과 조합하는 것이었다.[20]

칸토어의 핵심 혁신은 중요하다. 무한은 수학적으로 측정할 수 없기 때문에 칸토어는 측정의 대체물을 고안해야 했다. 칸토어는 무한의 크기를 계산하려고 하는 대신 서로 다른 무한들의 수적 순서에 집중해 이를 집합으로 나타냈다. 칸토어에 따르면 "집합 S란, 우리의 직관이나 사고에서

---

20) Georg Cantor, *Contributions to the Founding of the Theory of Transfinite Numbers*(New York: Dover, 1955) 참조.

한정적이고 분리된 대상들 m을 하나로 모은 전체를 의미한다".[21] 자연수와 상응하게 만들어질 수 있는 모든 원소 집합은 가부번(denumerable)이며, 모든 무한한 가부번집합은 동일한 크기를 갖는다. 칸토어는 모든 자연수의 집합 크기에 상응하는 이 집합의 크기를 $\aleph_0$, 즉 "알레프 널(aleph-null)"로 나타냈다.

집합론은 집합에서 원소들의 서로 다른 가능한 배열을 표현하는 "부분집합"을 고려한다. 예를 들어 집합 {a, b, c}는 {a, b}와 {b, c} 등을 부분집합으로 갖는다. 칸토어는 무한집합의 가능한 부분집합의 수가 여전히 무한하지만 분명 $\aleph_0$보다는 크다고 말했다. 칸토어는 이 두 번째, 더 큰 무한 기수(cardinal)를 C라고 불렀다. C는 $\aleph_0$ 크기의 무한집합에서 가능한 부분집합의 총개수와 같을 것이다. 크기가 n인 유한집합에서 가능한 부분집합의 수는 2^n이며, 이는 주어진 집합의 '멱집합(power set)'이라고 불린다. 따라서 C는 $2^{\aleph_0}$과 같다. 칸토어의 유명한 "연속체 가설(continuum hypothesis)"(수학에서는 간단히 CH라고 불린다)에 따르면, 멱집합 C는 $\aleph_0$보다 큰 초한 기수(transfinite cardinal)일 수 있으므로 $\aleph_1$이라고 부를 수 있다. 연속체 가설은 20세기에 다채로운 역할을 수행했고, 수학의 표준 규정에 따라서는 증명도 반증도 할 수도 없는 것으로 남아 있다.

---

21) 같은 책, 85.

칸토어 이후 집합론에 대한 철학의 관심은 주로 구조적 응용에 집중되었다. 그중 가장 잘 알려진 것은 의심의 여지 없이 고틀로프 프레게와 버트런드 러셀의 것으로, 공통 술어로 묶인 객체들의 모임으로서의 집합이라는 "내포적" 개념화다.[22] "모든 붉은 사물의 집합" 같은 내포적 집합에서 "붉음"은 집합의 기반 역할을 한다. 그러한 집합에는 정합적이고 명확하게 정의된 특성들의 집합이 필요하며, 그렇게 성립된 내포적 집합은 하향식 사태다. 즉 체계조작이다. 이와 반대되는 "외연적" 개념화는 집합을 그것에 포함된 객체들의 모음으로만 이해한다. 외연적 집합은 근본적으로 아래에서 위로 구성된다. 피터 홀워드가 기술한 것처럼, "그러한 집합은 결과, 즉 일정한 원소들의 다발을 한데 모은 결과일 따름이다".[23]

바디우의 철학은 정합적 개념들을 절합하면서 동시에 그 구성요소들 각각의 단일성을 유지하는 다수성 개념을 제공한다. 바디우에게는 "자신의 다수성 외에는 그 어떤 술어도

---

22) Gottlob Frege, *Philosophical and Mathematical Correspondence*(Chicago: University of Chicago Press, 1980); Bertrand Russell, *The Principles of Mathematics*(New York: W. W. Norton, 1996) 참조.

23) Peter Hallward, *Badiou: A Subject to Truth*(Minneapolis: University of Minnesota Press, 2003), 333.[박성훈 옮김(2016). ≪알랭 바디우: 진리를 향한 주체≫. 길.]

가지지 않는 다수체"만이 존재한다.[24] 이런 이유로 바디우는 내포적 집합에 거의 관심을 보이지 않는다. 바디우에게 집합은 원소들의 무한한 가능 모임에서 선택된 원소들의 모임이다. 이러한 원소들은 결국 집합들 자체, 즉 다수성들로 간주되어야 한다. 집합론에서 가져온 이 소속(membership) 개념은 바디우 존재론의 기초를 형성한다. "현존한다는 것은 무언가의 원소로 있다는 것이다."[25] 집합 속에 포함되는 방법은 전적으로 열려 있으며, 선택과 구성의 내포적 원리에 의존하지 않는다.

바디우의 철학은 존재론과 윤리학, 예술과 정치, 정신분석과 사랑을 아우르며 그 바탕이 되는 수학처럼 풍부하고 복잡하다. 현재의 맥락에서 바디우의 사상을 완전하게 다루고자 하는 환상은 없지만, 두 가지 핵심 원리는 단위조작을 이 사상가의 새로운 유산과 연관시키는 데 도움이 될 것이다. 바디우가 "하나로 셈하기(count as one)"와 "상황(situation)"이라고 부르는 것들이다.

다수성은 결국 다수성들로 구성되기 때문에(모든 집합은

---

24) Alain Badiou, *Briefings on Existence: A Transitory Ontology*, trans. Norman Madarasz(Albany: State University of New York Press, 2003), 29.[박정태 옮김(2018). ≪일시적 존재론≫. 이학사.]

25) Alain Badiou, "Politics and Philosophy," *Angelaki* 3, no. 3(1998), 130.

다수성이기 때문에), 주어진 다수성은 반드시 절합되거나 "단수로 만들어져야 한다". 모든 다수성은 어떻게든 사례화되어야 한다. 홀워드가 말했듯 "제시된 모든 다수성은 하나-화(one-ified)된 것으로 제시된다".[26] 바디우는 이 과정을 "하나로 셈하기(compte-pour-un)"라고 부른다. 한 다수성을 위한 과정 또는 틀로서, 하나로 셈하기는 '특수한 집합을 생산한다'. 하나로 셈하기는 다수성을 취해 완성된 전체로 취급한다. 바디우에게 각각의 "하나"는 언제나 다수이기 때문에 집합 자체를 통합체(혹은 단위체)라고 부르는 것은 결코 적절치 않다. 그러나 하나로 셈하기의 결과 혹은 "출력(output)"은, 동어반복의 위험을 무릅쓰고, 하나로 여겨진다. 그것은 하나로 취해졌다. 바디우는 집합의 외연적 정의에 의존하기 때문에 모든 하나로 셈하기는 그 자신의 제스처, 그 자신의 조작이다.

이는 "상황"이라는 바디우의 개념으로 이어지는데, 이때 상황이란 집합론적 소속의 특별한 확장을 말한다. 상황은 바디우가 무한집합에 붙인 이름이며, 있음(being)이란 상황에 속하는가의 문제다.[27] 상황은 그 자체로 "구조화된 현현", 즉 일정한 방식으로 배열된 '특정' 원소들의 집합이다.[28]

---

26) Hallward, *Badiou: A Subject to Truth*, 63.[박성훈 옮김(2016). ≪알랭 바디우: 진리를 향한 주체≫. 길.]

27) Alain Badiou, *L'etre et revenement*(Paris: Seuil, 1988), 408-409.

집합으로서 상황은 하나로 셈될 수 있지만, 그 셈 행위의 형태는 조작에서 생략된다. 하나로 셈하기 자체는 결코 그것이 회집하는 집합의 부분이 아니다. 하나로 셈하기 자체는 하나로 셈하는 바로 그 행위에 할당된다. 바디우는 이 문제를 다루기 위해, 구조화 과정 자체가 어떤 상황 속 원소들에 대한 선택과는 독립적으로 하나로 셈될 수 있다고 주장한다. 이 메타구조는 칸토어가 말한 멱집합의 철학 버전으로, 바디우는 이를 상황의 "상태(state)"라고 부른다.[29] 홀워드는 바디우가 집합의 정치적 의미와 존재론적 의미를 모두 가리키기 위해 "상태[국가]"라는 용어를 사용한다는 점을 상기시킨다. 상태는 "상황의 부분들을 분별하고, 명명하고, 분류하고, 질서 짓는 것이다".[30] 초한멱집합의 기수성(cardinality)이 집합론의 수학적 법칙 내에서 일정하게 정의되지 않는 것처럼, 메타구조는 집합 구조의 근본적 교란(disruption), 언제나 발생할 수 있는 것으로 남는 교란을 억제한다. 바디우는 모든 다수성이 이러한 공백에 의존한다고 지적하며, 모든 집합에 언제나 현재하는 공집합(Ø)이라는 집합론적 개념에 공백을 새겨 넣는다. 그러면서 집합의 이러한 교란을 '사건(event)'이라

28) 같은 책, 35.

29) 같은 책, 113.

30) Hallward, *Badiou: A Subject to Truth*, 96.[박성훈 옮김(2016). ≪알랭 바디우: 진리를 향한 주체≫. 길.]

고 표현하는데, 이 개념은 8장과 9장에서 다시 다룰 것이다.

20세기 초, [폰 노이만을 비롯한] 수학자 집단은 체르멜로-프렝켈(Zermelo-Fraenkel, ZF) 체계로 알려진 일련의 공리에 근거해 칸토어의 이론을 정립했다. 체르멜로-프렝켈 체계는 집합 정의에서 외연적 접근법에 대한 현대 집합론의 전념을 정식화했다. 바디우의 철학은 집합론을 철학의 영역으로 확장하는 동시에, 이전에 분석철학이 지식의 하향식 구조를 뒷받침하는 데 집합론을 동원하면서 발생한 문제를 바로잡는다. 바디우는 내포 대신 외연을 폭넓게 지지하는 등 나의 목표와 공명하는 여러 제스처를 취한다. 그러나 이보다 중요한 것은 바디우가 존재론의 근본적 구성요소로 "단위체"를 주장했다는 데 있다.

단위분석

바디우에게 단위체로서의 집합은 결코 실제로 단일하지 않으며, 언제나 다수성, 더 정확하게는 다수성들의 다수성이다. 이 근본적 원리는 바디우의 철학을 내가 단위조작이라고 부르는 비평적 접근법에서 떨어뜨리는 것처럼 보일 수 있지만, 실제로는 모든 종류의 구조에 내재한 조직화와 재조직화의 근본적 특성들을 드러낸다. 집합론과 바디우에 의한 그것의 철학적 적용은 모두 짜임(configuration)의 전략을 표현한다.

바디우는 스피노자의 사유를 상대로, 특히 그것이 무한을 지성적 방식으로 다루려 한 점에서 논쟁을 벌이지만, 두 사람 모두 존재의 중심에 소속(belonging)을 상정한다.[31] 짜임의 역할은 스피노자주의적 사상과 라이프니츠주의적 사상의 갈등, 즉 향후 관계적 단위조작과 보편화하는 체계조작의 차이와 평행을 이룰 갈등에서 이미 분명하게 드러난다. 스피노자는 거의 무한히 상호교환 가능한 실체들(단위체들)의 집합이 복잡한 관계 양태(조작)들을 맞닥뜨린다고 주장하는 반면, 라이프니츠주의적 사상은 정적 구조가 세계를 조직한다고 주장한다.

바디우가 스피노자를 훨씬 뛰어넘는 지점은 바로 짜임의 과정을 다루는 데 있다. 바디우는 모든 종류의 사물들(집합들의 다수체들)을 단위체들로 짜는 과정, 즉 하나로 셈하는 과정을 생각할 수단을 제시한다. 하나로 셈하기는 형식적이든 추상적이든, 개념적이든 실체적이든 특정한 다수성을 구성하는 과정으로, 행위자에 의해 행화(enact)한다. 바디우는 수학의 형식적 구조에 기대어 계산적 표상으로 연결되는 논리적·역사적 통로를 제공한다. 이와 동시에 집합론을 철학적 담론으로 전환해 수학적 표상과 비교 절차 비평의 핵심 요건인 문화적 표상을 통합한다.

---

31) Badiou, *L'etre et l'evenement*, 130-140.

재닛 머리는 ≪인터랙티브 스토리텔링(Hamlet on the Holodeck)≫에서 디지털 환경들이 절차적 특성, 참여적 특성, 공간적 특성, 백과사전적 특성이라는 네 가지 본질적 특성을 공유한다고 주장한다.[32] 머리는 이 중 첫째이자 내가 생각하기에 가장 중요한 특성인 절차성을 컴퓨터가 "일련의 규칙을 실행하는 결정적 능력"으로 정의한다.[33] 좀 더 구체적으로 말하자면, 절차성은 특정한 현실 세계 행동을 프로그래밍적 표상으로 캡슐화하는 실천을 가리킨다. 머리가 가장 좋아하는 절차적 체계의 예시는 조지프 와이젠바움의 유명한 일라이자 행위자(Eliza agent), 즉 로저스학파 심리학자(Rogerian psychologist)에 대한 계산적 표상이다. 일라이자는 자연어 변환 규칙 집합에 기반해 일반적으로 유도신문 형태를 띠는 적절한 응답을 만들어 냈다. 예를 들어 일라이자는 "어쩌면 어머니와 잘 지내는 법을 배울 수 있을 것 같아요"와 같은 진술에 "당신 가족에 관해 좀 더 말해 주세요"라고 응답할 수 있다.[34] 절차성은 다양한 표상적 요소들

---

32) Janet Murray, *Hamlet on the Holodeck: The Future of Narrative in Cyberspace*(Cambridge, Mass.: MIT Press, 1997), 71.[한용환·변지연 옮김(2001). ≪인터랙티브 스토리텔링≫. 안그라픽스.]

33) 같은 책.

34) Joseph Weizenbaum, "ELIZA: A Computer Program for the Study of Natural Language Communication between Man and Machine,"

의 짜임과 행동을 형식화하는 컴퓨터의 특별한 효율성을 가리키는 용어다.

하나로 셈하기라는 상(像, figure)은 계산적 표상과 전통적 표상을 연결하는 역할을 하며, 모든 종류의 텍스트를 짜인 것으로 이해할 수 있게 하는 공통 토대를 만든다. 하나로 셈하기는 현존하는 철학적 개념 중 내가 단위조작이라고 부르는 것에 가장 가까운 개념으로, 특수한 상황을 압축해 전체로 취하는, 대체로 임의적이고 확실히 우연적인 이해다.

이와 동시에 하나로 셈하기는 집합의 짜인 원소들이 기능하는 방식, 즉 그것들이 하는 일과 그 방식에 관해서는 거의 알려 주지 않는다. 이런 식으로 바디우의 존재론(ontology)은 컴퓨터과학자들이 보통 "온톨로지(ontology)"라는 말로 의미하는 바와 어느 정도 유사성을 지니고 있다. 컴퓨터과학, 특히 인공지능에서 온톨로지는 일반적으로 개체들과 그 개체들 간의 소속 관계로 구성되는 계층적 구조, 즉 "도메인의 개념적 모델"일 따름이다.[35] 이러한 온톨로지는 특수한 도메인 개념을 중심으로 설계된 이후의 계산 체계를 위한 틀 역할을 한다. 따라서 컴퓨터과학적 의미의 온톨로지는 그것을 구성하는 부분들 사이 기능적 관계를 가능하게 하지만 특

Murray, *Hamlet on the Holodeck*, 69에서 인용.

35) Grigoris Antoniou and Frank van Harmelen, *A Semantic Web Primer* (Cambridge, Mass.: MIT Press, 2003), 89, 110.

정하지는 않는다. 그러나 단위조작은 특수한 상황의 구성원들, '그리고' 그 구성원들 간 특정한 기능적 관계를 모두 표현하려 노력한다. 바디우의 철학에서 이는 상황과 그 상태에 해당하며, 컴퓨터과학에서는 온톨로지와 그 절차적 실행에 해당한다.

인공물 자체의 형식적 특성으로서 짜임에 의존하는 에스펜 올세트의 사이버텍스트(cybertext) 개념과 달리, 단위조작은 텍스트적 수준과 비평적 수준 모두에 위치한다. 올세트는 텍스트적 기호들의 가능한 나열[그가 "텍스턴(texton)"이라고 부르는 것]에서 독해 가능한 기호들의 특수한 문자열[그가 "스크립턴(scripton)"이라고 부르는 것]을 회집하는 "횡단적 기능"을 설명한다.[36] 언뜻 이 제스처는 바디우의 하나로 셈하기나 나의 단위조작과 상당히 유사해 보일 수 있으며, 실제로 올세트는 짜임적 실천을 기술하고 있다. 그러나 올세트는 짜임적 텍스트에 관한 그의 이해를 비평적 도구가 아니라 존재론적 도구로 동원한다. 사이버텍스트는 특수한 비평적 실천의 사례가 아니라 하나의 작품이다. 극단적으로 말하자면, 사이버텍스트적 분석은 심지어 체계조작이라고 할 수 있다. 사이버텍스트적 분석은 특정 작품의 전반적 기

---

36) Espen Aarseth, *Cybertext: Perspectives on Ergodic Literature*(Baltimore: Johns Hopkins University Press, 1997), 62.[류현주 옮김(2007). ≪사이버텍스트≫. 글누림.]

능에 따라 그 작품을 포함하거나 배제하는 존재론적 도메인을 구축하려 한다.

이와는 대조적으로 단위조작은 모든 인공물 또는 인공물의 부분에서 다소 임의적으로 관찰될 수 있다. 나는 단위조작의 논리가 문학에서 영화, 소프트웨어, 비디오게임에 이르기까지 다양한 표현 형식에 걸쳐 공명할 수 있도록 단위조작에 관한 이러한 폭넓은 이해를 주장한다. 매체마다 짜임성에서 질적 차이를 드러낸다는 점은 분명하지만 (비디오게임은 "스크립턴적" 의미에서 시보다 짜임성이 높다) 비평 과정은 어떤 텍스트 속에서든 교환성 있는 단위조작이 작동하고 있음을 드러낼 수 있다. 더 중요한 것은, 텍스트의 짜임성 정도가 특수한 상황 속 그 텍스트의 표현적 관련성(relevance)에 정비례한다고 믿을 그 어떤 이유도 없다는 점이다. 따라서 단위조작을 통한 분석적 실천은 컴퓨터 텍스트에만 국한될 필요가 없다.

재닛 머리는 디지털 환경에 관한 설명에서 절차성과 T. S. 엘리엇의 객관적 상관물(objective correlative)이라는 개념, 즉 감정 생산을 위한 일종의 문학적 정식 사이 유사점을 도출한다.[37] 머리는 문학의 주제들을 디지털에 적용하는 "새로운 서사 예술"의 발전을 촉구한다. 나는 문학과 디지털 사이

37) Murray, *Hamlet on the Holodeck*, 93.[한용환·변지연 옮김(2001). ≪인터랙티브 스토리텔링≫. 안그라픽스.]

분리를 설명하는 대신, 단위조작이 인간 생산의 모든 형태를 잠재적으로 절차적인 것으로 이해할 수 있는 지렛대를 제공한다고 말하고 싶다. 게다가 나는 단위조작이 서사 제작의 필연적 구성요소라고는 주장하지 않는다. 이는 게임 연구에서 가시처럼 되어 버린 주제로, 5장에서 다시 다룰 것이다. 나는 새로운 온톨로지를 통해 작품을 식별하고 분류하는 데에는 특별히 관심이 없다. 또한 나는 모든 작품을 짜임적인 것으로 읽을 수 있다는 점에서 그것들이 선구적으로(avant la lettre) 디지털 작품이었다는 환원주의적 시사를 하고 싶지도 않다. 실제로 나는 모든 종류의 매체 형식에 관한 일반적 진술을 세우는 데에는 관심이 없다.

나는 하나 또는 여러 개의 원천 텍스트에서 작동하는 단위조작을 발견하고 해명함으로써 수행되는 비평의 일반적 관행에 '단위분석'이라는 이름을 붙일 것을 제안한다. 단위분석은 특히 레거시 미디어와 계산적 매체에 걸친 비교적 비평에 유용하며, 문학이나 영화, 기타 예술 작품 비평에도 동등하게 유용하다는 점이 증명될 것이다. 각 매체는 특수한 표현 잠재력을 지니고 있지만, 단위분석은 비평가가 모든 종류의 텍스트에서 이산적 의미 형성을 발견하는 데 도움이 될 수 있다.

스티븐 스필버그의 2004년 작 영화 <터미널(The Terminal)>을 고려해 보라. 영화사 홍보물과 온라인 영화 웹사이트는 이 영화의 이야기를 상대적으로 전통적이고 다소 평범한 것으로 특징짓는다. 빅터 나보스키(톰 행크스)는 아버지의 마지막 소원, 즉 미국 재즈 거장들의 앨범 표지 종합 모음집에서 빠진 단 하나의 사인을 받기 위해 크라코지아(Krakozia)라는 허구의 동유럽 국가에서 뉴욕으로 오게 된다. 나보스키가 대서양을 건너는 동안, 쿠데타가 일어나 크라코지아 정부가 전복된다. 미국은 반란 정부와의 외교 관계를 일절 거부하고 나보스키의 비자를 취소한다. 미국 이민국은 나보스키의 입국을 거부하지만 그를 추방할 수도 없다. 당국은 나보스키에게 상황이 해결될 때까지 공항 국제선 도착 라운지에 머물라고 말한다. 이 영화는 1988년부터 파리 샤를드골 공항 출국 라운지에 살았던 이란 난민 메흐란 카리미 나세리라는 실존 인물을 모티브로 제작되었다. 나세리는 1999년에 난민 지위와 거주 허가를 받았지만 공항을 떠나기를 거부했다. 나세리는 [파리에] 도착한 이후로 일기를 썼으며, 이 일기는 자서전과 프랑스 영화 <이동 중 길을 잃다(Tombés du ciel)>로 각색되었다.[38]

큰 관심을 불러일으키는 스필버그의 할리우드 영화에서 나세리는 그저 영감의 원천일 뿐이다. 스필버그의 드림웍스 스튜디오가 나세리에게 "수십만 달러"[39]를 지불하고 그의

38) Sir Alfred Mehran, *The Terminal Man*(London: Transworld, 2004) 참조.

39) Guardian, "The Man Who Lost His Past," September 6, 2004,

놀라운 이야기에 대한 판권을 구매한 것으로 알려졌지만, <터미널>은 대체로 엇갈린 평가를 받았으며 여러 비평가가 진부하고 지나치게 달콤한 만화적 낙관주의에 경멸을 쏟아 냈다.[40] <터미널>에서 나보스키는 공항에 불특정 기간, 아마도 1년 동안 거주하며, 이는 영화가 수많은 등장인물과 주제를 다루기에 충분한 시간적 배경을 제공했다. 스필버그는 공항 터미널의 시간 지평들을 재조합해 여러 등장인물의 중기적 분투, 몇몇 인물의 장기적 분투, 공항 자체의 단기적 분투를 그려 낼 수 있었다. 다양한 등장인물이 하나 이상의 이러한 시간 지평을 따라 상호작용하면서 영화의 단위조작이 분명해지며, <터미널>은 자신의 정체성을 위해 정부에 맞서 싸우는 한 남자의 이야기가 아니라 '기다림'의 다양한 양태에 관한 영화로서 스스로를 드러낸다.

가장 명백한 것은 빅터 나보스키가 입국을 기다리고 있다는 점이다. 영화의 이야기 맥락에서 그는 미국이 허구적 국가인 크라코지아의 새 정부에 어떻게 대응할지 결정하기를 기다린다. 그러나 좀 더 추상적인 의미에서, 빅터는 일반적인

---

http://film.guardian.co.uk/features/featurepages/0,4120,1298104,00.html.

40) 리뷰 집계 웹사이트 메타크리틱은 이 영화에 100점 만점에 55점의 메타스코어를 부여했다. 구체적인 리뷰들을 보려면 http://www.metacritic.com/video/titles/terminal 참조.

종류의 관료주의를 기다리고 있다. 그는 이례적 변화에 대한 거대 조직의 느린 대응이라는 부조리에 사로잡혔다. 여기서 조직이란 정부 기관이지만, 빅터가 참아 낸 경험은 관료주의의 "선의의 오류"에 억압받아 온 사람들과 공명한다(신원 도용 피해자가 우발적 난민 못지않게 쉽게 떠오른다). 빅터는 자신이 사로잡힌 부조리한 상황에 아랑곳하지 않고 인내심 있게 기다리며, 자신을 억류한 관료주의의 불필요한 요식을 수용하고 심지어 포용한다. 그는 매일 이민국에 같은 서류를 제출하고, 매일 같은 세관원(영화의 단위체들 중 또 다른 핵심 등장인물인 토레스)이 그것에 빨간 도장을 찍는다. 관료주의적 이민 규칙에 대한 빅터의 부조리한 묵인은 이민국 자체에 혼란을 초래하기도 한다. 최고 책임자 프랭크 딕슨은 나보스키가 터미널에서 탈출을 시도할 것이라고 예상하는데, 왜냐하면 빅터와 미국 사이에는 미닫이문 하나만 있을 따름이기 때문이다.

그러나 빅터는 고국의 소식을 기다리고 있기도 하고, 터미널 곳곳에 흩뿌려지는 CNN 방송의 알아들을 수 없는 보도를 이해할 정도로 영어에 숙련되기를 기다리고 있다. 이런 의미에서 빅터는 완전히 불분명한 상황, 즉 자신을 그 상황으로 몰아넣은 추진력과 그에 대한 해결책을 알 수 없는 상황에서 명확성을 기다린다. 빅터는 이러한 불확실성을 견디며 조국이 예전의 모습을 되찾을 것이라는 희망을 포기하지 않는다. 딕슨이 나보스키에게 미국 난민 지위를 신청하라고 압박하자, 나보스키는 "[자신의] 고향은 크라코지아"임을 딕슨에게 상기시키며 거부한다.

끝이 보장되지 않는 기다림의 관료주의적 상과 확실한 해결책이 없는 기다림의 정치적 상은 모두 우리가 "기약 없는 기다림", 즉 해결이 보장되지 않는 기다림이라고 부를 만한 더욱 기본적인 종류의 기다림을 보여 준다. 이 상은 영화에서 작동하는 근본적 단위조작을 구성한다.

실제로 빅터가 미국을 방문한 동기는 바로 이러한 기약 없는 기다림에서 비롯했다. 빅터는 땅콩 통조림통을 가지고 다니는데, 영화 중반에 마침내 그 비밀이 밝혀진다. 그의 아버지는 재즈 애호가였고, 젊은 시절 아트 케인의 유명한 1958년 ≪에스콰이어(Esquire)≫ 잡지 사진에 등장하는 모든 미국 재즈 거장에게 편지를 보내 사인을 요청했다.[41] 천천히 크라코지아로 답장이 돌아왔고, 빅터의 아버지는 그 답장을 캔에 모아 두었다. 오직 한 명, 하드 밥 테너 색소폰 연주자 베니 골슨의 사인만 남았고, 50여 년이 지난 지금 빅터는 오로지 아버지 컬렉션의 마지막 사인을 얻으려는 목적 하나로 뉴욕에 간다.

영화는 각각의 조연 등장인물을 통해서도 기약 없는 기다

---

41) 이 사진은 <할렘의 멋진 하루>로 알려져 있으며 http://www.harlem.org/에서 볼 수 있다. 57명의 재즈 아티스트에 대한 번호별 가이드는 http://www.greatmodernpictures.com/pictures.htm/ 참조.

림의 단위체를 되풀이한다. 두 등장인물은 사랑을 기다린다. 항공사 음식 카트 운전사 엔리케는 매일 빅터의 입국을 거부하는 세관원 돌로레스 토레스에게 구애한다. 처음에 엔리케는 빅터를 일종의 사랑 정찰병으로, 몇 달 뒤에는 청혼과 상호적 사랑의 메신저로 이용한다. 비행 승무원 아멜리아도 사랑을 기다리는데, 이번에는 도시에 중간 기착하는 동안 그녀가 산발적으로 불륜을 저지르는 상대인 한 유부남에 대한 짝사랑이다. 아멜리아는 서로 다르지만 상호 보완적인 여러 종류의 기약 없는 기다림에 동시에 매달려 있다. 첫째로 아멜리아는 다음 업무 일정이 그녀를 어디로 향하게 할지 확신하지 못함에도 아랑곳하지 않고 연인을 만날 수 있는 도시에 도착하기를 기다린다. 둘째로 그녀는 연인이 아내를 떠나 합법적으로 자신을 데려가기를 기다린다. 그리고 셋째로 그녀는 합법적 반려 관계를 맺을 희망이 없는 30대 후반 독신녀로 자신을 내버려두며 이 관계를 끝낼 것을 기다린다. 빅터는 아멜리아의 대인 관계 드라마에 휘말리게 되고, 아멜리아는 겉으로 보이는 빅터의 일정에 끌린다. 빅터는 그녀와 마찬가지로 끊임없이 이동 중인 것처럼 보이기 때문이다.

빅터는 딕슨에게 특별한 문제를 초래하는데, 딕슨의 승진 심사가 빅터의 도착과 우연히 겹쳤기 때문이다. 딕슨에게는 빅터의 특수한 상황을 처리할 선택지가 거의 없다. 그는 법적으로 입국을 허가할 수도 없고, 나보스키를 체포하거나 가둘 수도 없다. 아울러 공항에 임시로 상주하는 빅터의 바람직하지 않은 존재는 딕슨의 승진 심사 중에 원치 않은 관심을 끌 위험이 있다. 나보스키가 자신의 애매한 정치적 상황이 해결되기를 기다리듯, 딕슨은 자신의 애매한 직업적 상황이 해결되기를 기다린다. 하지만 빅터와 달리 프랭크 딕슨은 자신의 승진 심사에서 알 수 없는 상황을 마주하는 데 훨씬 더 어려움을 겪는다. 심지어 딕슨은 나보스키를 제거하는 데 필사적인 나머지 다른 법 집행 기관이 빅터를 데려가게끔 그에게 터미널을 탈출하라고 부추기기까지 한다. 그러면 빅터는 딕슨이 아니라 그 기관의 문제가 될 것이었다. 조연인 심술궂은 청소부 굽타 라한은 공항 승객들을 향한 악의적인 태도를 딕슨과 공유한다. 굽타는 종종 푸드 코트에 앉아 그가 바닥을 새로 닦으며 조심스럽게 준비한 지점들에 순진한 관광객들이 미끄러져 넘어지기를 기다리는 모습으로 묘사되면서 블랙 유머를 효과적으로 구현한다. 그러나 골칫거리 여행자들에 대한 딕슨의 독설이 불확실성을 가로질러 기다리지 못하는 자신의 편협함을 드러내듯, 굽타 역시 비슷한 상황의 부담을 떠안고 있는 것으로 드러난다. 고국 인도에서 폭력 범죄로 수배된 굽타는 지난 26년 동안 자신의 신원이 발각되지는 않을까 기다리며 지냈다. 나보스키의 의연한 법 준수가 보여 주는 기다림보다는 분명 덜 고결한 종류의 기다림이지만, 영화는 딕슨보다 더 인간적인 공감력을 보이는 비통한 굽타를 그려 낸다. 굽타가 딕슨보다 위태로운 상황에 처해 있음에도 말이다.

빅터 나보스키와 프랭크 딕슨이 관료적 체계 안에서 서로 대립하는 이야기인 <터미널>은 위태롭게 구성된다. 그 서사 구조로 시간의 흐름에 혼란을 주고, 각 등장인물의 동기는 기껏해야 전개되지 않은 채로 남으며 최악의 경우 진부하고 작위적인 수준에 머문다. 하지만 관객이 이 영화를 한 남자의 여정에 관한 이야기로 생각하길 멈춘다면, <터미널>은 다양한 종류의 기약 없는 기다림을 구현하는 단위조작에 관한 훨씬 오묘한 성찰이 된다. 나는 <터미널>을 적절히 맥락화할 때에만 이런 관점에서 볼 수 있겠다고 직감했다. 나는 대서양을 횡단하는 비행기 안에서 이 영화를 다시 관람했다. 기내 영화는 그 자체로 기다림의 매개체이며, 승객이 기내에서 도착을 기다리는 동안 주의를 분산하기 위해 제공된다. 우리는 음식 또는 음료 카트를 기다린다(혹은 다시 기내 영화를 볼 수 있도록 카트가 지나가기를 기다린다). 우리는 우리가 일어나서 화장실에 자리가 나기를 기다릴 수 있도록 안전띠 표시등이 꺼지기를 기다린다. 우리는 우리가 세관을 통과하기를 기다릴 수 있도록 하륙을 기다린다.

기내 영화는 <터미널>에 특히 적합한 전파 수단이다. 영화로서 이 작품은 선형적이며, 나보스키가 아버지의 마지막 바람을 이루려 떠나는 모험에 관한 특별한 것 없는 다소 진부한 이야기의 형태로 전개된다. 그러나 항공사의 비행 경험에 푹 빠지면, 공항에서의 경험에 대한 관객의 근접성은 이 영화를 주요 등장인물을 둘러싼 특정 서사가 아니라 기다림을 위한 일반적 상의 틀로서 다르게 관람하게 한다. 이러한 임페투스(impetus)는 관객이 영화에 대한 단위분석을 수행하고, 영화를 서사적 체계가 아니라 절차적 체계로 이해하도록 유도하는 역할을 한다. 영화는 빅터, 딕슨, 아멜리아의 얽히고설킨 이야기를 펼치면서, 관객에게 기다림에 대한 영화의 특정한 표상을 일반적이고 개별적인 의미 단위체들로 추상화해 이를 관객 자신의 경험과 자연스럽게 재조합하도록 한다. 이러한 시청과 비평의 과정은 <터미널>이 그 평범한 서사적 정합성과는 대조적으로 내재적으로는 단위조작적임을 드러낸다.

따라서 <터미널> 같은 인공물을 소수 등장인물의 이야기에 관한 체계조작적 영화가 아니라 기다림이라는 주제에 관한 단위조작적 영화로 분석하려면 새로운 비평적 틀이 필요하다. 영화에 대한 나의 단위분석에 따르면, 이야기는 기약 없는 기다림의 특정 양태들을 둘러싼 짜임적 작품에서 접착제 역할을 한다. 이러한 접근법은 빅터, 아멜리아, 딕슨 등의 이야기를 기다림이라는 공통 주제하에서 공통 접점을 통해 분석하는 반대의 접근법과는 상당히 다르다. 이 구별은 포괄적인 서사 진행보다 의미의 이산적 구성요소들을 우선시하는 단위분석의 비판적 과정의 핵심이다. <터미널>을 단위조작들의 집합으로 보면, 그것이 전통적인 영화로서 기능하기를 멈추고 소프트웨어 또는 비디오게임 작품과 비슷해지기 시작한다고 주장하고 싶어진다. 그러나 나는 그런 결정론적 관점을 피하고, 그 대신 단위조작은 매체 전반에 걸쳐 자연스럽게 발생하며 이에 빛을 비추는 것이 비평의 역할이라고 제안하고 싶다.

02
구조주의와 계산

컴퓨터 기술과 비판 이론은 모든 것을 아우르는 표상 모델을 만들겠다는 공통된 의지를 공유한다. 기호학은 문학과 이론을 보편화해 의미의 생산을 지배하는 규칙들의 자족적인 결정적 구조를 생성하려고 시도한다. 논리학은 정보 기술을 보편화해 추상적 조작을 위한 모든 형태의 의미 생산을 부호화하려고 시도한다. 대개 보편화하는 계산의 논리는 디지털, 특히 디지털 계산과 상관된다. 이 책은 문학 이론과 정보 기술 분야 양쪽과 연관되기에 각 분야 내에서 단위조작과 체계조작이 어떻게 기능하는지 해명하는 것은 유용할 것이다.

보편자 문제는 철학에서 가장 오래된 문제 중 하나다. 그 문제는 개별적인 것(개별자)을 포괄하는 추상적 개념(보편자)이 인간 이해 밖의 어떤 영역에 현존하는지 묻는다. 플라톤과 같이 인간의 사고로는 접근할 수 없는 보편의 "형상"[에이도스(eidos), 이데아]을 구상한 사상가들은 실재론자로 알려져 있다. 실재론자들은 보편자가 개별적인 경험의 객체만큼, 또는 그 이상으로 "실재적으로 현존"한다고 믿는다. 이 주제의 반대편에는 유명론자들이 있는데, 이들은 보편자가 이름[노미나(nomina)]에 지나지 않으며 실제로는 개별적인 사물만 현존한다고 주장한다. 가장 극단적인 유명론자는 14세기 사상가 윌리엄 오컴이었지만 로크, 흄, 버클리도 덜 극단적인 형태의 유명론자에 해당한다. 경험주의자로서 이 철학자들은 인간 경험을 우선시하며, 그 어떤 형태의 추상적 관념에 대한 개념도 거부한다. 유명론자들에 따르면 보편자는 현존하지 않을 따름이며, 오직 개별자만이 현존한다. 흄이 말하기를 "어떤 사람에게 이등변도 아니고 부등변도 아니며, 특수한 변의 길이나 비율을 지니지도 않은 삼각형 일반을 구상해 보게 한다면, 그 사람은 곧 추상화와 일반 관념에 관한 모든 스콜라학파적 개념의 부조리함을 지각하게 될 것이다".[1)]

아리스토텔레스는 보편자에 관한 철학에서 결정적인 제스처를 취한다. 아리스토텔레스는 플라톤 같은 실재론자였지만, 보편자의 위치를 인간 경험 외부에서 내부로 옮겼다. 객체는 두 종류의 양태에 참여한다. 즉 객체는 사과의 붉음이나 둥긂 같은 보편적 양태와, 그 객체가 소유할지도 모르는 다른 가능한 특성으로 구성된 개별적 양태에 참여한다. 아리스토텔레스주의적 형식주의는 체계조작과 단위조작에

1) David Hume, *An Enquiry Concerning Human Understanding*(New York: Hackett, 1993), section XII, part I.[김혜숙 옮김(2012). ≪인간의 이해력에 관한 탐구≫. 지식을만드는지식.]

두 가지 중요한 방식으로 영향을 미친다.

첫째, 아리스토텔레스는 보편자(형상)가 현존하지만 오직 '질료(matter)', 즉 경험들의 물질세계 속에만 현존하는 이원론적 세계를 만든다. 플라톤의 형상은 세계가 오직 조잡하게 모방할 수 있을 뿐인 완벽한 보편자다. 그것은 엄격한 분리[코리스모스(khorismos)]를 통해 세계로부터 격리된 초월적인 것이다. 이러한 형상이 세계에 자신의 인상을 넘겨주는 메커니즘은 형상 자체와 마찬가지로 신비하면서도 이상적이다. 아리스토텔레스에 따르면 물질과 형상은 근본적으로 묶여 있으며 서로에 의존한다. 물질과 형상의 결합은 초월주의에서 엄격한 유물론으로의 전환을 표시한다. 아리스토텔레스는 우리가 물질 속 형상, 개별자 속 보편자를 이해할 수 있게 하는 정신적 기능을 고려했다. 그는 이 능력을 '추상화(abstraction)'라고 부르는데, 이는 현대 객체 기술에 근본적인 개념으로, 다음 장에서 다시 다룰 것이다. 아리스토텔레스에게 보편적 형상은 비록 사고를 통해서만 접근할 수 있지만, 그럼에도 물질세계 속에서 접근할 수 있는 것이다.

아리스토텔레스는 객체와 초월적 영역 사이 경계를 허물어 단위체에 대한 최초의 개념화 중 하나를 정립한다. 아리스토텔레스주의적 객체가 여전히 형식주의를 포용하고 있다는 점을 고려하면, 이는 일견 반직관적 주장으로 보일 수 있다. 그럼에도 플라톤주의적 분리의 부재는 형식주의를 급진적 개체성으로 몰아넣는다. 그레이엄 하먼이 말하듯

"우리는 '형상'이 언제나 어떤 '구체적' 사물의 형상이라고 말할 수 있다".[2] 아리스토텔레스의 이해는 형식적 범주에 대한 흄의 노골적 거부와는 다르다. 전자는 정신적 능력에 의해 매개되는, 형상과 객체 사이 관계를 보존하기 때문이다. 흄은 정신이 추상적 형상을 구상할 수 있다는 점을 명시적으로 거부한다.

둘째, 아리스토텔레스는 인과성에 관한 특정 개념을 상정한다. 목적인(final causality)은 물질이 자신의 형상을 실현하기 위한 자연스러운 과정이다. 고전적인 예시로, 도토리는 자신을 참나무로 실현하려고 한다. 참나무는 잘리고 가구로 만들어져 또 다른 형상을 실현할 수 있다. 목적인은 객체가 전개되고 변화하며 향하는 목적이다. 이런 의미에서 아리스토텔레스의 세계는 깊이 목적론적이며, 그곳에서 사물은 형상적이고 이상적인 목적을 추구한다. 그러한 분투는 우주를 질서 짓고 조절하는 목적성, 즉 객체의 운동이 정해진 목적을 향하도록 지시하는 체계에 의존한다. 아리스토텔레스는 형상의 현전을 체계화하려고 시도한다. 형상은 필연적으로 '공유된' 특성이며, 형상을 개체화하는 동시에 일반화하는 것은, 설령 플라톤주의적 코리스모스에 걸쳐 있지는 않더라도, 어떤 사전 구상된 목적을 향해 분투하는 보편적 평면으로 아리스토텔레스주의적 단위체의 이산성을 효과적으로

2) Harman, *Tool-Being*, 270.

무너뜨린다. 라이프니츠는 모든 모나드의 통제권을 신의 손에 돌려주면서 동일한 철학적 제스처를 취한다. 고대 실재론자들의 보편자처럼 개체가 세계를 신비롭게 거닐도록 허용하는 스피노자의 전략이나 상황을 구성하는 객체들의 예상치 못한 재짜임을 제공하는 바디우의 전략과 이 전략을 비교해 보라.

아리스토텔레스의 이원론과 목적인 사이 긴장은 단위조작과 체계조작 사이 긴장에 대한 유익한 모델을 제공한다. 이 긴장은 2500년 후 아리스토텔레스가 남긴 방식과 거의 동일한 방식으로 지난 세기 기호학자들과 구조주의자들의 연구에서 다시 나타난다. 페르디낭 소쉬르는 일반적인 언어 기호는 긍정적 가치가 아니라 차이의 연쇄를 통해 작동한다는 사유를 발전시켰다. 소쉬르(그리고 그 뒤를 이은 라캉, 데리다, 그 외 다른 사람들)에 따르면 기호는 더 큰 체계 내부에서 일어나는 관계들의 놀이 속에서만 의미라는 열매를 맺는다. 기호학은 구조주의와 포스트구조주의의 문학·사회 분석 방식이 단위조작을 향한 흐름으로 진화하는 데 토대가 된다.

19세기 말과 20세기 초 C. S. 퍼스와 소쉬르가 각기 제창한, 기호에 관한 일반 과학의 두 변형은 기호와 세계 속 객체의 형식화되고 구조화된 관계에 의존한다. 예를 들어 퍼스에 따르면 도상(icon)은 유사성을 통해 기능하는 기호의 한 종류다. 오늘날 독자들에게 친숙한 예시로는 그림 문자를 사용해 파일이나 물리적 디스크를 나타내는 컴퓨터 아이콘이 있다.[3)]

소쉬르는 레비스트로스에서 바르트에 이르는 20세기 구조주의·포스트구조주의 분석에 큰 영향을 미친 언어 기호학을 발전시켰다. 그는 퍼스가 '상징(symbol)'이라고 부르는 종류의 기호, 즉 언어적 발화와 물체적 세계 사이의 필연적 연결성을 가지지 않는 자의적 기호에 집중한다.[4] 소쉬르와 그의 후예들에 따르면 기호는 더 큰 체계 내부에서 일어나는 대립의 놀이를 통해서만 의미라는 열매를 맺는다. 소쉬르는 파롤(parole), 즉 단일한 발화 또는 기호의 단일한 사용을 랑그(langue), 즉 어느 특수한 기호를 사용하든 그 기저에 놓인 일반적 체계와 구별한다.

기호학에서 기호의 특수한 사용(파롤)은 단위조작이다. 의미작용(signification)의 더 넓은 흐름(랑그)은 체계조작이다. 레비스트로스 이전의 인류학자들이 문화적 전통의 일환으로 여겼을 의식과 의례는 체계조작이다. 그것들은 내적

---

3) "기호란 무엇인가?"에서 퍼스는 표상적 기호인 도상(icon), 인과적 기호인 지표(index), 자의적 기호인 상징(symbol)이라는 세 가지 기호를 설명한다. Charles Sanders Peirce, "What Is a Sign?" in *The Essential Peirce: Selected Philosophical Writings 1893-1913*, ed. The Peirce Edition Project(Bloomington and Indianapolis: Indiana University Press, 1998), 4, 10-26 참조.

4) Ferdinand de Saussure, *Saussure, Course in General Linguistics*, trans. Roy Harris(La Salle, Ill.: Open Court, 1983)[김현권 옮김(2022). ≪일반언어학 강의≫. 그린비.] 참조.

폐쇄를 향해 분투하는 정합적 사회에 대한 묘사를 제공한다. 레비스트로스는 신화를 문화적 현상이 아니라 구조적 현상으로 분석하면서 문화적 생산 '체계'를 버리고 단위 의미 '사례'[5]를 선호하기 시작했다.[6] 기호학은 의미를 좌우하는 엄격하고 포괄적인 코드를 정의하려는 분석의 세계를 열어젖혔다.

1960년대 후반 비판적 분석에 대한 구조주의의 입지는 데리다, 바르트, 푸코와 같은 포스트구조주의자들의 새로운 비판적 관점에 힘입어 약해졌다. 포스트구조주의자들은 체계의 외부에 있으면서 체계의 연결을 조절하는 안정적 구조라는 관념을 공격했다. 포스트구조주의가 독해, 독자, 분석 과정의 대상으로서 보편적인 "텍스트"에 기댄 것은 구조주의적 체계의 불안정화를 더욱 심화했다. 데리다의 '의미의 차이적 놀이(differential play of meaning)'나 바르트의 '저자의 죽음(death of the author)'과 같은 포스트구조주의적 전술은 단위조작의 역동적이고 참조적인 기능주의를 구조주의

5) 사례와 사례화라는 용어는 문학계에서는 단지 산문적인 의미를 떠올리게 하지만, 정보 기술, 특히 객체 기술이라는 맥락에서는 근본적인 기술적 의미를 지닌다.

6) Claude Levi-Strauss, *The Raw and the Cooked*(New York: Harper Collins, 1969), 21[임봉길 옮김(2005). ≪신화학 1: 날것과 익힌 것≫. 한길사.] 참조.

이상으로 강조한다.7)

이러한 이산적 비평 단위체로의 결정적 전환에도 불구하고, 열린 의미에 대한 여러 포스트구조주의적 접근법은 교리적이고 폐쇄적인 방법으로 변질해 체계조작으로 무너질 위험에 처한다. 그러한 문제에 아랑곳하지 않고 오랜 시간 견뎌 온 접근법 중 하나는 해체주의(deconstruction)다. 해체주의는 비평가가 거의 모든 프로그램에서 전개할 수 있는 다양한 신조어 도구[흔적(trace), 차연(différance) 등]로 구성된다. 이러한 전술은 매우 단위조작적으로 보인다. 해체주의는 겉보기에 안정적인 체계를 무너뜨리는 내적 비일관성을 드러내려 하는 독해 접근법을 동원한다. 데리다는 총체화하는 체계를 분해하는 데 집착했으며, 그 목표는 문학에서 건축에 이르는 다양한 분야에 광범위하게 적용될 만큼 상당한 호응을 얻었다. 그러나 전체적으로 보자면 해체주의는 가공할 체계성을 보여 준다고 말할 수 있다. 데리다는 이분법적 체계의 위계를 뒤엎는 데는 성공했지만, 이로써 해체 과정 자체가 폐쇄된 정적 체계가 될 위험에 처했다. 모든 분석 대상이 불안정해질 수밖에 없다는 확실성은 영원회귀, 근본적 불안정성으로의 회귀라는 새로운 대안적 체계로 이해될 수 있다. 그것은 문제적인 것이나 물음으로서만 유보될 수 있다. 마크

7) Roland Barthes, "The Death of the Author," in *Image, Music, Text*, trans. Stephen Heath(New York: Hill and Wang, 1978) 참조.

테일러의 말을 빌리자면, "데리다가 상상할 수 없는 것은 '전체로서 작용하지만 그럼에도 총체화하지 않는 체계나 구조다'".[8] 고정된, 총체화하는 의미의 안정성은 놀이의 아이러니한 안정성으로 대체될 위험이 있다. 마찬가지로 해체주의에서는 생각할 수 있는 모든 체계가 필연적으로 총체화하는 것으로 가정된다고 말할 수 있다. 알랭 바디우는 해체주의가 근본적으로 부정 철학이며, 총체성에 반대하는 것을 지향하고 그 대신 불안정성에 집착하는 철학이라고 주장한다. 바디우는 이러한 불안정성이 진리에 대한 다가치성(polyvalence)의 최종 승리를 의미한다고 주장한다.[9] 단위조작과 체계조작 사이 긴장은 위계적인 것이 아니다. 단위조작을 통해 스스로를 전개하는 프로그램은 여전히 자신의 경계를 넘어서는 파계(trespass)를 신중하게 허용해야 한다.

구조주의와 포스트구조주의가 인기를 얻으면서 컴퓨터 처리과정(processing)에 대한 수요가 급증했다. 제2차 세계대전을 기점으로 군사적·산업적 수요에 발맞춰 문제 해결을 위한 계산이 발전했다. 이러한 필요에 따라 펜실베이니아대학교 무어전기공학부 공학자들은 무기 조작을 위한 계산을 처리할 수 있는 고속 전자 컴퓨터를 개발했다. 그 기계는 에니악

8) Taylor, *The Moment of Complexity*, 65.

9) Alain Badiou, *Infinite Thought*, trans. and ed. Oliver Feltham and Justin Clemens(New York: Continuum, 2003), 44-47.

[ENIAC, 전자식 수 적분기 및 계산기(Electrical Numerical Integrator and Calculator)]이라고 불렸다. 에니악은 약 1만 8000개의 진공관과 약 2000평방피트의 물리적 공간을 사용하는 대형 장치였다.10)

최초의 진정한 고속 전자 디지털 컴퓨터인 에니악이 지닌 가장 큰 단점은 프로그래밍 명령어가 기계의 여러 분리된 세그먼트에 포함되어 있다는 점이었다. 이 세그먼트들은 주어진 작업을 위한 정보 흐름의 경로 설정을 위해 적절히 연결되어야 했다. 에니악을 프로그래밍하려면 상당한 물리적 노력과 유지 보수가 필요했는데, 새로운 계산을 할 때마다 연결을 다시 정렬해야 했기 때문이다. 1945년 에니악 공학자이자 저명한 수학자인 존 폰 노이만은 그 한계에 주목하며, 컴퓨터는 컴퓨터 자체의 물리적 변경이 아니라 프로그래밍할 수 있는 제어만으로 모든 종류의 계산을 수행할 수 있는 단순한 물리적 구조를 가져야 한다고 주장했다. 계산의 역사는 대체로 이 관찰에 기반한 구조적 발전을 폰 노이만 자신의 공으로 돌렸지만, 좀 더 최근의 역사가들은 연구 결과에 대한 폰 노이만의 공로가 부당하게 인정받았으며 공동 연구자인 존 에커트, 존 모클리, 허먼 골드스타인의 공헌이 가려졌다고 주장한다.11) 이러한 공로 적절성 논쟁에도 불구하고,

---

10) Martin Davis, *Engines of Logic: Mathematicians and the Origin of the Computer*(New York: W. W. Norton, 2000), 181.

역사는 컴퓨터 설계에 대한 새로운 접근법을 '폰 노이만 구조' 또는 더 일반적으로 '저장 프로그램 기법(stored-program technique)'이라고 부른다. 저장 프로그래밍은 각 프로그램의 단위체를 물리적 배열이 아니라 프로그램적 필요에 따라 재사용하고 실행할 수 있게 한다. 폰 노이만, 에커트, 모클리, 골드스타인은 이러한 목표를 달성하기 위해 '조건 제어 전송'이라는 제어 명령어를 설계했다. 조건 제어 전송을 통해 프로그램은 프로그램이 작성된 선형적 흐름대로뿐 아니라 어떤 순서로든 명령어를 실행할 수 있게 되었다. 통상적으로 사용되는 명령어 집합[서브루틴(subroutine)]이 라이브러리(library)에 보관되고 여러 프로그램에서 불러올 수 있게 되면서, 소요되는 프로그래밍 작업이 크게 줄었다. 필요할 때 빠르게 접근[액세스]할 수 있게 명령어를 저장하도록 설계된 RAM[랜덤 액세스 메모리(random access memory)]과 같은 저장 프로그래밍의 발전을 채택한 기계로는 실현되지 않은 에드박(EDVAC)과 세기 중엽에 나타날 유니박(UNIVAC)이 있다.

일반적으로 에니악의 문제는 기계의 구조와 관련이 있었다. 폰 노이만은 수학자이자 논리학자였으며, 기계가 실행

---

11) Martin Campbell-Kelly and William Asprey, *Computer: A History of the Information Machine*(New York: HarperCollins, 1997), 79-95 그리고 그 외 여러 곳.

명령어를 검색할 수 있게 하는 에드박(조건 제어 전송)을 위한 새롭고 일반적인 논리 구조를 만드는 작업에 관심이 있었다. 최우선 사항은 모든 용도의 일반 계산이 가능한 다목적 컴퓨터로서 에드박의 미래였다.[12] 조건 제어 전송은 프로그램들 간에 개별 계산 기능을 유지할 수 있게 했으며, 이는 필름 카메라가 노출(exposure)과 같은 개별 사진 기능을 이미지들 간에 유지할 수 있게 한 것과 같다. 폰 노이만 구조는 계산이 체계조작이 아니라 단위조작으로 자리 잡기 시작한 출발점이다.

인간 뇌 구조를 모방하는 보편 컴퓨터는 폰 노이만과 앨런 튜링의 비전이었으며, 튜링은 ACE[자동 계산 엔진(automatic computing engine)]라는 계산 구조를 별도로 개발했다.[13] 폰 노이만과 튜링 모두 자신의 보편적 계산 프로젝트를 인간 뇌를 모델링하려는 시도와 지나치게 동일시했으며, 유명한 튜링 시험은 그러한 목표를 잘 보여 준다. 이는 뇌의 복제본을 만드는 것과는 같지 않다는 점에 유의할 필요가 있다. 조건 제어 전송 설계로 잘 알려진 폰 노이만 구조는 모든 현대 계산의 기초다. 폰 노이만의 성공 비결은 해결책의 내용이 아니라 계산의 문제에 대한 그의 접근법이었다. 그는 보편적 계산을 공학적 문제로 취급하기보다는 특정 사례화에

---

12) 같은 책, 183.

13) 같은 책, 189.

선행하는 논리적 문제로 인식했다.[14)]

튜링과 폰 노이만에게 보편적 표상은 그로부터 인간 인지와 디지털 계산이 모두 파생되는 공통 관념이다. 그러나 계산이 정신적 인지보다 더 높은 차원에서 표상 양태를 모방할 수 있다는 개념은 튜링과 폰 노이만이 플라톤의 에이도스나 칸트의 이성과 유사한 초월성을 믿었다는 것을 시사하지는 않는다. 보편적 인지의 전례를 만들려 한 그들의 열망은 그저 총체화된 이해, 혹은 데리다가 순수한 현전이라고 부른 것에 대한 서양 형이상학의 집착을 보여 주는 또 다른 예시가 아니다. 오히려 두 사람은 인지와 계산을 위계적으로 구분하지 않고, 뇌가 그것들의 전조가 되는 잠정적 개념 모델이라고 보았다. 즉 그들에게 뇌는 보편적 표상에 대한 필연적 모델이 아니라 가설적 모델이었다. 이러한 기여의 결과는 결정적이다. 이 기여는 계산과 인지를 위계적 관계가 아니라 통약 가능한 관계에 놓는다.

종합하자면 구조주의와 포스트구조주의 이론은 정보 기술과 함께 물질세계의 보편화를 향한 새로운 추세를 이끈다. 보편화에 대한 일반적 개념 대부분은 참조적 의미들이 논박할 수 없는 단일한 근원으로 무너지는 것을 시사한다. 20세기 비판 이론과 정보 기술의 바탕을 이루는 보편화는 의미

---

14) H. H. Goldstine, *The Computer from Pascal to von Neumann*(Princeton: Princeton University Press, 1972), 191-192.

형성이 보편'화하는' 목적을 따른다는 개념을 뿌리째 뒤흔들었다. 그러나 이러한 분야는 그 자리에 또 다른 종류의 보편주의, 즉 되풀이될 수 있는 전략적 과정 또는 실천을 상정한다. 이 실천은, 매우 우발적인 환경에 적용될 수 있지만, 의미를 생성하기 위해 내용보다는 구조와 방법에 의존하는 관계의 장을 만든다.

레비스트로스주의 유형의 구조주의는 질서 짓는 보이지 않는 중심(체계)을 가정할지도 모르지만, 이 중심에 대한 접근은 개별적 의미의 단위체들을 통해 출현하기 시작한다. 영향의 지점들이 아니라 관계의 지점들로 가득한 포스트구조주의는 체계로부터 돌아서는 구조주의의 움직임을 증폭해 매체, 학문, 문화 전반에 걸쳐 단위분석과 창조성을 좀 더 집중적으로 적용하는 것을 선호한다. 폰 노이만 구조의 등장으로 계산 체계의 소프트웨어는 하드웨어와 전략적으로 단절되어, 공학자가 가장 복잡한 체계 내에서조차 작은 계산 문제를 원자화하는 데 좀 더 집중할 수 있게 해 주었다. 두 분야 모두에서 보편화는 결과라기보다 접근법이 되었으며, 조직의 총체성들을 좀 덜 눈에 띄는 방법의 총체성들로 분산했다. 이런 의미에서 예술, 인문학, 기술 산업에서 표면 효과와 최종 산물이 계속 존속하는 것에는 의문을 제기할 필요가 있다.

디지털 문화에서 가장 일반적으로 언급되는 보편주의, 즉 비트(bit)는 살펴볼 가치가 있다. 디지털 매체 이론가들은 어떤 종류의 소재(이미지, 텍스트, 비디오)든 비트로 번역하는 기능을 그 매체의 가장 탁월한 패러다임 전환으로 꼽는다. 그러한 관찰은 타당하며 때로는 유용하기도 하다. 그런데 레프 마노비치나 프리드리히 키틀러 같은 이론가들은 정보 기술이 이진 데이터로 작업할 때 사용하는 전략보다는 디지털화 '그 자체의' 영향을 논하는 데 많은 시간을 할애한다. 예를 들어 마노비치는 영화와 여타 매체를 그가 디지털 매체에 귀속하는 조합 기능(combinatorial facility)의 "기원"으로 묘사하지만, 디지털 조작을 뒷받침하는 소프트웨어 구조를 탐구하는 데는 거의 시간을 할애하지 않는다.[15] 나는 이러한 특권의 제스처, 이론을 보이지 않는 초월적 기의로 착각하는 함정을 피하고 싶다. 오히려 나는 그러한 매체의 힘과 권력은 물질적 구조뿐 아니라 논리적 구조와 기능적 구조의 혼합(계산적 작품과 문화적 작품이 만들어지고 사용되는 방식)으로부터 나온다고 주장한다. 단위조작적 인공물과 체계조작적 인공물의 차이는 인공물의 형식적 본성이나 문화적 장르보다 훨씬 더 중요하다.

레프 마노비치는 ≪뉴미디어의 언어(The Language of New Media)≫에서 이진 디지털 데이터는 표상의 지각 변동을 의미하며, 디지털 컴퓨터는 이전에 서로 다른 매체 형식

---

15) Lev Manovich, *The Language of New Media*(Cambridge, Mass.: MIT Press, 2002), 48, 52-53.[서정신 옮김(2014). ≪뉴미디어의 언어≫. 커뮤니케이션북스.]

(오디오, 비디오, 텍스트, 이미지 등)으로 이루어졌던 내용을 조작해 단일한 구조로 표상한다고 주장한다. 아날로그 매체와 달리 컴퓨터는 내용을 바이트(byte) 데이터로 결합하고, 이로써 보편적인 표상 양태로 보이는 것, 즉 비트를 제공한다. 계산을 위한 도구를 논할 때 디지털을 아날로그와 대조하는 것은 옳지만, 디지털화가 계산에 보편주의 개념을 도입했다고 주장하는 것은 잘못이다.

아날로그 계산과 디지털 계산의 주요 차이점은 전자가 측정할 물리적 체계에 대한 물리적 대용물(아날로그)을 사용한다는 것이다. 아날로그 계산 작업은 실제로 보편'화하는' 것이지만, 폰 노이만 구조의 디지털 계산처럼 '일반적으로 보편적이지는' 않았다. 수학자 조르주 이프라는 그의 가공할 계산의 역사에서 이러한 구분을 명확히 한다. 이프라에 따르면 "그 구조가 아무리 복잡하거나 확장되더라도, 임의의 문제 범주를 해결할 만큼 충분히 일반적인 것이 될 수 있는 아날로그 장치는 없다. 아날로그 계산기는 '보편적이지' 않다".[16]

보편적이지는 않을지 모르지만, 아날로그 계산 체계는 나중에 조건 제어 전송이 확장되는 것과 같은 방식으로 특정한 표상을 보편화하기 시작한다. 아날로그 체계는 현실 세계에서 일어나는 현상을 일대일로 표상한다. 예를 들어 필름

---

16) Georges Ifrah, *The Universal History of Computing*, trans. E. F. Harding(New York: John Wiley, 2001), 161.

카메라는 렌즈로 들어오는 빛의 패턴을 화학 처리된 필름의 패턴과 일치시킨다. 자연 현상에 대한 이 정밀하고 되풀이 가능한 표현을 통해 셔터를 누르는 것만으로 물질세계를 그릴 수 있으며, 이 행위는 전문 교육이나 관습을 거의 또는 전혀 요하지 않는다. 발터 벤야민은 기계적으로 복제된 인공물의 "아우라(aura)의 몰락", 즉 예술적 생산과 의례 사이 유대가 해체되는 것을 관찰한다.[17] 벤야민의 개념화에 따르면 언제 어디서나 표상적 실천이 가능해지면서 예술과 전통 사이 유대가 풀렸고, 예술을 시위와 혁명 같은 다른 맥락에서 사용할 수 있게 되었다. 이 역시 일종의 보편화, 즉 이전까지 예술에서 이용 불가능했던 보편적인 "서비스 가용성(serviceability)"이다. 저장 프로그램 기법의 보편화하는 능력 역시 이와 같으며, 이는 사실상 모든 종류의 계산적 표현에 대한 보편적 서비스 가용성이다. 개별 계산적 표현들은 체계 계산적 표현의 그늘에 가려진 단위조작이다.

사이버네틱스에 대한 N. 캐서린 헤일스의 접근법은 디지털 중심적 집착과 이론 중심적 집착 양쪽에 대한 유용한 대안을 제시한다. 헤일스는 사이버네틱스 체계가 패턴과 무작위성의 변증법 내에서 기능한다고 주장한다.[18] 방대한 이진

---

17) Walter Benjamin, "The Work of Art in the Age of Mechanical Reproduction," in *Illuminations*, trans. Harry Zohn, ed. Hannah Arendt (New York: Shocken, 1969), 222.

데이터의 세계에서는 작성자 또는 사용자가 패턴을 생성하거나 인식하는 곳에서 의미가 출현한다. 폰 노이만에게는 유감스럽게도 패턴 생성 또는 인식 체계는 통상적으로 데이터에 한 가지 종류의 작업을 수행하는 단위조작의 형태를 취하며, 그 결과 '특수한' 패턴으로서 데이터가 지니는 가치에 관한 어떤 판단을 내린다. 어떤 사람의 신호는 다른 사람에게 소음일 수 있다.

그러나 패턴 인식 역시 단위조작으로 작동할 수도 있고 체계조작으로 작동할 수도 있다. 현대의 예시를 들자면, 테러리스트일 가능성이 큰 항공사 고객을 가려내기 위해 고객들을 프로파일링하는 데이터 분석 체계를 고려해 보라. 이 경우 패턴 인식은 단위조작적인가 체계조작적인가? 헤일스의 접근법은, 이러한 질문을 던지고 논쟁을 벌일 수 있는 새로운 맥락으로 단위조작으로서의 패턴 인식이 빠져나갈 일방통행의 문으로서 변증법에 기댄다. 무작위 데이터의 장에서 패턴을 식별하는 개별적인 정보 처리 행위, 예를 들어 항공사 승객의 위험성을 판단하기 위한 소프트웨어 하위체계는 실제로 단위조작이다. 이러한 체계는 승객 이름에 언어

---

18) N. Katherine Hayles, *How We Became Posthuman*(Chicago: University of Chicago Press, 1999), 25. 같은 변증법을 가리키는 다른 이름은 신호/소음이다.[허진 옮김(2013). ≪우리는 어떻게 포스트휴먼이 되었는가≫. 열린책들.]

분석을 수행하거나 이를 알려진 테러리스트 동조자 데이터베이스와 대조해 어떤 개인이 의심할 만한지 판단할 수 있다. 그러한 데이터 분석 체계는 이산적 계산 단위체로서 실제로 모든 입력에 대해 출력을 생산한다. 그런데 체계의 조작자[운영자]는 그 출력으로부터 어떤 결론을 도출할 수 있을까? 이러한 정치적, 사회적, 경제적, 윤리적 문제는 기계 처리과정으로 간단히 도출할 수 있는 것이 아니다. 그럼에도 컴퓨터과학자들은 계산하기 어려운 이러한 현상의 모델을 세우고 캡슐화할 방법을 계속 찾고 있다.

한 가지 예시는 베이즈 필터링(Bayesian filtering)으로, 이전에 컴퓨터를 매개 삼아 이루어진 인간 의사 결정을 기반으로 예측 모델을 생성해 절댓값이 아니라 확률 형태로 출력을 제공한다. 베이즈 알고리즘은 스팸 방지 소프트웨어에 사용되지만, 테러리스트 대응 체계에서는 그다지 유용하지 않다. 결국 거짓 음성(false negative)에 따른 귀결은 스팸보다 테러에서 훨씬 심각하다. 승객을 "테러 확률" 60퍼센트 혹은 70퍼센트로 검문·체포할지 결정하는 일을 누가 좋아하겠는가?

미국의 국토 안보 자문 체계 또한 단위조작과 체계조작 사이 긴장을 드러낸다. 2002년 신설된 미국 국토안보부(Department of Homeland Security, DOHS)는 미국 대중에 대한 테러 위협 전언을 표준화 및 정식화, 규제하기 위한 체계를 발표했다. 국토 안보 자문 체계라고 불리는 이 체계는 테러 위협을 낮음, 경계, 높음, 매우 높음, 심각함의 다섯 가지 이산적 수준에 따라 명시한다. 국토안보부는 녹색(낮음)부터 빨간색(매우 높음)까지 각 수준에 색상 코드를 할당했다. 국토 안보 자문 체계가 설립된 이래 정부는 일반 언론을 통해 국가 경보 수준의 변화를 전파하고 있다.

9·11 테러 이후, 대중은 자신이 진지하게 두려워하는 위험에 대한 광범위한 해석을 끊임없이 상상해 왔다. 정부는 테러 위협의 유형을 매우 간결한 시각적 표상을 통해 전개 가능한 단위조작으로 표준화함으로써 국가가 언제든 직면할 수 있는 위험 범위에 대한 해석을 명확하고 간결하게 전달하고자 했다. 국토안보부와 백악관은 테러 위협 수준들을 발생 가능한 위험의 안정적 연속체로 제시했다. 이 체계가 발표된 이후 정부는 경계(노란색)와 높음(주황색) 사이를 오르내리며 테러 경보 수준을 여러 차례 조정했다.

미국 국토안보부는 이로써 정부와 법 집행 기관에 행동 계획을 제공했다. 그러나 개별 시민들은 위협 수준과 그 척도의 일반적인 상승 또는 하락 사이 상대적 관계를 인지하는 것 외에는 체계의 상태에 따라 그들의 대응을 조절할 역사적·정치적 맥락을 거의 알지 못했다. 시간이 지나면서 국토안보 자문 체계의 한계는 더욱 명확해졌다. 비록 그 체계는 복잡한 안보 위협 조건을 유한한 표상 집합으로 보여 주지만, 이는 전적으로 "외관적(extrospective)" 도구에 불과하다. 이 체계는 테러리즘과 이에 대항하는 분투를 안정적이고 흠 하나 없는 국토라는 유일한 시점에서 배치한다. 그 체계는 미국인들이 국경 안에서 가혹한 외부 세계의 공포를 응시하며 안전하게 지낼 수 있다고 가정한다. 9·11 테러를 통해 우리가 배워야 할 점이 있다면, 그것은 물론 우리가 그 가혹한 세계와 매우 밀접하게 연관되어 있다는 점이다. 이에 따라 국토안보부의 단위조작은 미국이 유일하게 유의미한 항으로 있는 더 광범위한 지정학적 체계조작을 실행하는 것으로 드러난다. 보편적 계산에 대한 약속은 단위조작의 논리가 신중히 넘어서야 할 바로 그 사항이다. 만약 우리가 실제로 다양한 조건을 포함하기도 하고 배제하기도 하는 이산적이고 캡슐화된 논리를 통해 세계를 표상하고 이해하기 시작했다면, 이러한 단위조작들이 어떻게 작동하는지, 서로 어떻게 연결되고 세계에 대한 우리의 이해에 어떻게 연결되는지, 사용자·제작자·비평가로서 우리가 그것들에 어떻게 접근해야 하는지 이해해야 한다.

03
인본주의와 객체 기술

객체에 관한 물음은 종종 존재론적 물음, 즉 무엇이 현존하는지 또는 현존하는 사물이 어떤 형태를 취하는지에 관한 물음이다. 역사적으로 존재론적 물음은 깊이(depth)와 정태(stasis)에 관한 물음이었다. 즉 '현존이란 무엇인가?' 또는 '어떤 것이 현존하는지 현존하지 않는지 어떻게 알 수 있는가?' 앞서 나는 아리스토텔레스의 추상화 개념, 즉 개별자 속 보편자를 이해할 수 있게 하는 정신적 기능을 논했다. 아리스토텔레스에 따르면 보편적 형상은 오직 사고를 통해서만 접근할 수 있지만, 그럼에도 물질세계 속에서 접근할 수 '있는' 것이다. 아리스토텔레스는 객체와 초월적 영역 사이 구별을 무너뜨려 단위체에 대한 최초의 개념화 중 하나를 확립한다. 최근에는 구조주의와 포스트구조주의의 움직임이 존재론을 정태에서 참조(reference)로, 체계적 존재론에서 차이적 존재론으로 전환했다. 해체주의와 같이 다양한 주제에 유연한 전술을 구사해야 하는 실천은, 이와 함께 분석 자체를 그 무엇도 빠져나갈 수 없는 폐쇄된 정적 체계로 무너뜨릴 위험을 지닌다.

정보 기술과 문학 이론의 존재론적 주장에는 공통점이 많으며, 존재론적 물음을 통해 이산적 단위체들 사이의 일시적 관계를 밝혀내는 비판적이고 기술적인 접근법에서 특히 그러하다. 특히 정신분석학은 개별 의미 단위체들에서 이론적 논증과 임상적 접근을 회집하는 경향이 있다.

임상 전략으로서 프로이트주의 정신분석학은 이산적 구조들에 호소하는 데 거의 전적으로 기댄다. 이러한 구조들은 분석가에게 촉각적 이해를 제공할 뿐 아니라 무의식의 기능을 추상화하는 데 도움이 된다. 정신분석학의 존재론 상당 부분이 전문 용어의 사용에 의존한다. 프로이트에 따르면 꿈은 전치(displacement), 응축(condensation), 상징화(symbolization), 저항(resistance)[1]이라는 네 가지 힘을 수반한다.[2]

---

1) [옮긴이] 변위, 이동 등으로도 번역되는 전치는 무의식적 꿈-사고의 중요한 요소가 의식적으로 봤을 때 부차적이거나 이차적인 다른 요소와 결합해 드러나는 원리다. 압축으로도 번역되는 응축은 무의식적인 꿈-사고의 요소들을 모두 표상할 수 있는 (따라서 왜곡된) 형태로 압축하는 원리다. 상징화는 잠복해 있는 사고를 은폐하면서 간접적으로 묘사하는 원리며, 저항은 꿈-사고가 의식으로 드러나는 것을 방해하는 원리다. Sigmund Freud, *The Interpretation of Dreams*, trans. and ed. James Strachey(New York: Avon, 1965), 311-439.[고낙범 옮김(2020). ≪꿈의 해석≫. 열린책들.]

2) Sigmund Freud, *The Interpretation of Dreams*, trans. and ed. James Strachey(New York: Avon, 1965), 311-439.[고낙범 옮김(2020). ≪꿈의

이 힘들은 꿈을 구성하는 것이 아니라 (그것은 무의식의 일이다) 분석하는 동안 손쉽게 사용할 수 있는 공통 원리다. 이러한 원리는 플레이북의 수(手, move)와 같으며, 분석가는 코치와 같아서 분석 과정에서 환자가 진전을 이룰 수 있도록 도울 수 있을 따름이다. “정신분석학이란 무엇인가?”라는 물음에 대한 가능한 대답은 이러한 프로이트주의적 “놀이”의 목록일 수 있다. 놀이들은 적절한 짜임새로 회집되면 치료 과정에 대한 접근법의 단위체를 구성한다. 푸코는 그의 유명한 “담론의 창시자들(founders of discursivity)” 중 하나로 프로이트를 꼽았지만, 프로이트 정신분석학에서는 여전히 단위조작의 담론적 적용과 사전 결정된 조건의 체계조작 사이에 갈등이 존재한다.[3] 성적 상징주의와 히스테리에 대한 프로이트의 집착은 이러한 충동을 증언한다. 그럼에도 정신분석학은 프로이트의 개인적 특질을 극복하는 데 강박적으로 매달리지 않았으며, 이로써 그러한 긴장을 상당히 줄였다.

자크 라캉은 프로이트의 전략을 확장하는 동시에 변형했다. 의식의 조작과 무의식의 조작 사이의 단절에 집중한 라캉은 자기 작품 전체를 바로 이 간극의 물질적 수행으로

해석≫. 열린책들.]

3) Michel Foucault, “What Is an Author?,” trans. Josue V. Harari, in *Textual Strategies: Perspectives in Post-Structuralist Criticism*, ed. Josue V. Harari(New York: Cornell University Press), 141.

설계했다. 라캉은 종종 자신의 정신분석 개념에서 알고리즘적 단위체로 기능하는 대수적 기호와 “수학소(mathemes)”를 고안해 프로이트가 시작한 프시케(psyche)의 캡슐화된 표상을 더욱 압축했다.[4] 거기서 다룰 수 있는 단위체로는 여러 가지가 있으므로, 나는 그중 하나인 대상 a(objet a) 혹은 “소타자(little other)”를 선택하겠다.

라캉은 무의식의 간극[벌어짐(béance)]이 ‘전(前) 존재론적’이며, 따라서 그 자체로는 “현존”하지 않는다고 주장한다.[5] 라캉에 따르면 주체가 의식 속에서 자신을 구성할 때, 주체는 간극의 상징을 결코 메울 수 없는 틈으로 남긴다. 대상 a의 a는 대타자(Autre)와 대조되는 것으로서 “소”타자(autre)다. 대타자는 의식에 동화될 수 없는 급진적 타자성, 즉 언어와 법의 영역이다. 대상 a는 욕망의 원인과 목표, 주체의 욕망을 조장하는 대타자의 “조각”으로서 기능한다. 라캉에게 주체가 대상 a와 맺는 관계는 불가능한 관계다. 욕망의 대상을 찾아낸다는 것은 그것을 손에 넣는 것이 아니라 그 기능과 위치를 결핍으로서, 전 존재론적 간극으로서 재정립하는 것일 따름이다. 라캉은 판타지의 기능을 $◇a라는 수학소에

---

4) 라캉의 수학소는 클로드 레비스트로스가 신화의 기본 단위체를 나타내기 위해 고안한 신화소와 유사하다.

5) Jacques Lacan, *Seminar XI: The Four Fundamental Concepts of Psychoanalysis*, trans. Alan Sheridan(New York: W. W. Norton, 1981), 29-30.

캡슐화하며, 이는 "빗금이 그어진 주체(barred subject)가 타자와 맺는 관계"로 읽힌다.

라캉주의적 욕망의 헛된 반복 속에서, 체계를 온전한 상태(uncompromised state)로 되돌리는 것을 목적으로 하는 고도로 이산적이고 구조화된 단위조작($ ◇a)이 출현한다. 단위조작과 체계조작 사이의 프로이트주의적 긴장은 라캉에게서 수학소의 사용과 예측 가능한 규정 상태로 돌아가는 체계의 내재적 회귀를 통해 극대화된다. 여기서 주목할 만한 것은 라캉의 판타지의 단위체와 스피노자의 하나의 실체 사이 유사점과 차이점이다. 라캉은 두 항을 그것들의 대수적 형태로 압축하고, 재귀적 마름모꼴 혹은 벨(vel, ◇)로 매개한다. 이 연접적 이접은 스피노자의 데우스 시베 나투라에 나오는 시베와 유사한 어원적 울림이 있다. 스피노자와 라캉의 단위조작적 체계들 간 근본적 차이는, 전자가 세계 속의 물질들 사이에 존재하는 개방적 관계들의 집합을 뒷받침하는 반면 후자는 언제나 그 관계를 의식 자체 속의 불가능한 균열로 되돌린다는 점이다.

슬라보예 지젝의 풍부하고 창의적인 작업은 분명히 이 단순한 특징화를 넘어서지만, 지젝은 라캉주의 정신분석학의 이산적 원리를 단위조작으로 응용하고 사용함으로써 그의 이름을 알렸다. 수많은 예시가 있지만, 히치콕의 고전 영화 <이창(Rear Window)>에 대한 이 특징적인 독해를 고려해 보라.

이창은 본질적으로 판타지 창이다(회화에서 창의 환영적 가치는 이미 라캉에 의해 지적되었다). 행위에 동기를 부여할 수 없는 제프는 (성적) 행위를 무한정 미루고, 그가 창을 통해 보는 것은 정확히 '그와 그레이스 켈리에게 일어날 수 있는 일에 대한 판타지 형상이다'. 그들은 행복한 신혼부부가 될 수도 있고, 그레이스 켈리를 버리고 괴짜 예술가가 되거나 미스 론리 하트처럼 절망적이고 고립된 삶을 살 수도 있으며, 작은 개를 키우는 평범한 부부처럼 함께 시간을 보내며 그들의 근본적 절망을 간신히 숨기는 일상을 따를 수도 있고, 마지막으로 그녀를 '죽일 수도 있다'. 요컨대 주인공이 창 너머에서 지각하는 것의 의미는 창의 이쪽 측에서 일어나는 실제 상황에 의존한다. 주인공이 "창을 가로질러 보는 것은" 자신의 실제 교착 상태에 대한 여러 상상적 해결책의 진열일 따름이다.[6]

이와 같은 해석에 대한 합리적인 질문은 어떤 부분이 유리에 비친 반영이고 어떤 부분이 바깥 풍경이냐는 것이다. 이 인용문이 담긴 대중적이고 접근하기 쉬운 작품 ≪삐딱하게

---

6) Slavoj Žižek, *Looking Awry: An Introduction to Jacques Lacan through Popular Culture*(Cambridge, Mass.: MIT Press, 1991), 92-93.[김소연·유재희 옮김(1995). ≪삐딱하게 보기: 대중문화를 통한 라캉의 이해≫. 시각과언어.]

보기: 대중문화를 통한 라캉의 이해(Looking Awry: An Introduction to Jacques Lacan through Popular Culture)≫를 읽은 한 영리한 독자는 온라인 책 리뷰에서 다음과 같이 언급했다.

> 이 책은 매우 흥미롭지만 "자크 라캉을 통한 대중문화 이해"라고 부르는 편이 더 좋았을 것 같다. 이 제목은 적절할 것인데, 지젝은 자크 라캉의 이론을 설명하거나 심지어 개괄하기보다는 … 대중문화의 일부 산물이 지니는 의미가 무엇인지 설명하는 데 더 많은 지면을 할애하고 있기 때문이다. 이것은 그 자체로는 비판이 아니며, 나는 제목에 오해의 소지가 있음을 말하려 했을 따름이다. 당신은 여기서 라캉에 관한 설명이나 소개가 아니라 대중문화의 일부 산물에 대한 라캉주의적 독해나 해석을 발견할 것이다.[7]

표면적으로 이는 단순한 구성 문제에 불과한 것처럼 보일 수 있지만, 이 리뷰는 비평의 본성에 관한 통찰력 있는 물음을 던진다. 비평가는 비평의 주제를 조명하고자 하는가, 아니면

---

7) Http://www.amazon.com/exec/obidos/ASIN/026274015X/ref=ase_kensaiinternatio/002-0554595-1496032/. 문제의 리뷰는 2001년 7월 7일에 작성된 "삐딱한 것은 제목"이라는 제목의 글이다.

단지 비평 행위 자체를 조명하고자 하는가? 지젝은 그 물음 전체가 외양(appearance)과 인간 판타지 사이의 간극, 혹은 라캉주의적 실재계, 혹은 대상 a에 대한 욕망으로 되돌아가야 한다고 주장할지도 모른다. 즉 라캉주의 정신분석학에 대한 통찰을 추구하는 것은 그 추구를 연기하거나 연장할 따름이다. 지젝의 분석은 종종 이러한 소급적 인과성에 의존하는데, 지젝의 말을 빌리자면 소급적 인과성에서 "모든 맥락은 언제나 이미 결단에 의해 소급적으로 구성된다".[8] 달리 말해 리뷰어가 제기하는 바로 그 "이의"는 라캉주의적 주체가 수행하는 기능의 핵심 부분이다. 지젝의 저작 전반에 걸쳐 존속하는 긴장은 라캉주의적 실재계, 즉 욕망의 간극을 교란함으로써 라캉주의적 단위조작을 전략적이고 실재론적으로 사용하는 것으로 이해될 수 있다.

그레이엄 하먼에 따르면 지젝의 소급적 인과성이 지닌 문제는 이러한 긴장 자체가 아니라, 지젝이 인과성을 인간 지각에 엄격히 제한한다는 데 있다. 하먼이 주장하기를, "무생물 객체조차 이런 종류의 판타지를 드러낸다.… [소급적] 인과관계는 좁은 정신분석학적 구조가 아니라 전 지구적인 존재론적 구조다.… 인간의 소급 작용에는 존재론적으로 특

---

8) Slavoj Žižek, *The Ticklish Subject*(London: Verso, 1999), 19.[이성민 옮김(2005). ≪까다로운 주체: 정치적 존재론의 부재하는 중심≫. 도서출판b.]

별한 것이 없다".[9] 피터 스타는 숭고한 신체라는 지젝의 개념, 혹은 라캉주의적 대상 a의 발현을 다루며 유사하지만 덜 급진적인 비평을 제시한다. "그러한 숭고한 신체에 대한 지젝의 대표적인 예시는 영묘에 있는 레닌의 시신이다.… 그러나 나는 이 모델이 무엇보다도 라캉주의 이론가의 숭고한 신체에 가장 잘 적용된다고 주장하고 싶다. 이 숭고한 신체의 주요 기능은 라캉주의 체계에 고유한 악순환을 은폐하는 것이며, 따라서 그것은 라캉주의 법칙에 고유한 것이다."[10]

하먼과 스타의 분석은 단위조작의 전략이 체계로 무너지고 통제권이 체계로 되돌아가는 오묘한 티핑 포인트를 파악하는 데 도움이 된다. 그러한 이의에도 불구하고, 나는 지젝이 라캉주의적 단위체를 사용하는 것을 체계성으로부터의 근본적인 단절로 지각한다. 지젝의 라캉주의적 단위체는 프로이트와 라캉에게 존재하는 단위조작과 체계조작 간 긴장과 유사한 긴장을 겪으면서도, 정신분석학의 폐쇄된 체계 외부의 문제와 관련됨으로써 추가적 재짜임의 대상으로 남아있다(또는 그렇게 된다). ≪삐딱하게 보기≫에 대한 리뷰어의 반응이 이러한 성공을 입증한다. 지젝의 비판적 능력은 라캉주의의 도구들을 성공적으로 활용하면서도 라캉주의

---

9) Harman, *Tool-Being*, 208.

10) Peter Starr, *Logics of Failed Revolt: French Theory after May '68*(Palo Alto: Stanford University Press: 1995), 200.

프로젝트에 그 통제권을 되돌리지 않는다.

수학소는 라캉주의적 사상을 응축해 표상하는 역할을 하지만, 그것은 순수 수학, 언어, 컴퓨터과학 같은 현존하는 그 어떤 상징체계에서도 교환될 수 없다. 이런 의미에서 라캉이 단위조작을 영역 특정적으로 사용한 것은 바디우가 수학화를 모든 영역으로 확장하는 데 영향을 미쳤다. 알랭 바디우가 철학에 수학을 적용한 점을 고려할 때, 바디우가 라캉의 수학소 사용이 매우 유용하다고 여기며 상징계와 실재계 사이 핵심 관계에 대한 라캉의 수학적 전달 방식을 가능한 관계 일반이라는 전체로 확장하는 것은 그리 놀라운 일이 아니다. 라캉과 달리 바디우는 상황의 구조를 다시 짜면 상황을 변화시킬 수 있다고 생각했다. 집합론의 멱법칙(power law)에 비견되는 그 구조는 모든 다수성에 근본적인 재조직화를 강제한다.

바디우의 철학에서 라캉의 실재계는 공백, 공집합(∅)과 가장 밀접하게 관련된다. 그러나 라캉이 어떤 단위조작(예를 들어 욕망의 $\$ \diamond a$)에 의해 구조 지어진, 실재계와의 수동적 관계를 주장할 때, 바디우에게 이 구조는 언제나 잠재적으로 유동적이다. 공백은 상황이 다시 짜일 수 있다는 약속을 유지한다. 바디우는 이러한 상황의 재구조화를 "사건"이라고 부르는데, 그 용어를 다소 특이한 방식으로 사용한다. 사건은 일상적인 발생이 아니라 현재 상황의 전례 없는 급진적 변화다.[11] 사건은 지금까지 현존하지 않았던 상황의 구조화다.

피터 홀워드는 유용한 예시를 제공한다.

> 예를 들어 반유대주의로 구조 지어진 상황의 구성원들은 유대인 '개개인'을 의미 있게 볼 수 없고, 정상적인 사회 구조 속 불분명한 간극, 모든 "실증적(positive)"(아리아인) 특징의 생생한 결여만을 볼 수 있다.… 마찬가지로, 동성애자는 동성애 혐오가 지배적인 상황의 한 요소임이 분명하지만, 개별적 관계를 맺는 개별적 남성과 여성으로서는(어떤 실질적인 의미에서는) 아니다.[12]

이 두 상황을 다시 구조 지으면 유대인이나 동성애자를 개별 인격체로 이해할 수 있겠지만, 현재 상황에서 그러한 구조는 생각할 수 없다. 바디우의 철학은 정신분석학의 광범위한 프로젝트와 직접적으로 연관되지는 않지만, 그는 정신분석학이 전개하는 단위조작 자체가 어떻게 세상의 사물들에 대한 새로운 표상을 뒷받침하기 위해 재짜임될 수 있는지 입증한다.[13]

---

11) Badiou, *L'etre et l'événement*, 214-215.[조형준 옮김(2013). ≪존재와 사건: 사랑과 예술과 과학과 정치 속에서≫. 새물결.]

12) Hallward, *Badiou: A Subject to Truth*, 118.[박성훈 옮김(2016). ≪알랭 바디우: 진리를 향한 주체≫. 길.]

13) 실제로 바디우는 사랑과 성에 관해 글을 쓰며, 비록 그 목적이 라캉

기술 객체

정신분석학의 진화를 특징짓는 위협, 즉 체계성으로의 회귀는 매체 기술의 진화에도 존재한다. 존재론의 관점에서 볼 때, 매체 기술에 관련된 주장들 중 '기술은 우리 몸의 확장'이라는 마셜 매클루언의 견해보다 더 잘 알려진 것은 거의 없다. 매클루언의 사상은 통상 존재론적이라기보다는 현상학적인 것으로 여겨지지만 (그는 기술의 현전이 우리의 감각적·사회적 지각을 어떻게 변화시키는지 묻는다) 그의 사유는 결정적인 존재론적 영향을 미쳤다. 매클루언은 기술의 경계를 다시 그리며 그 안에 인간성을 함축했다. 윌리엄 깁슨의 사이버펑크(cyberpunk) 개념은 초감각 장치에 대한 물리적 연결에 의존한다는 점에서 매클루언주의적이다.

매체 이론가 프리드리히 키틀러는 엄격한 존재론적 관점에서 매클루언을 읽는다. 키틀러는 우리가 사실 우리가 사용하는 기술의 산물이고, 지배자여야 할 우리가 단순한 피지배자에 지나지 않음이 밝혀진다고 주장하며 매클루언의 주장을 역전한다. 키틀러는 20세기 초의 분리되고 비체화된(disembodied) 매체 기계들(축음기, 필름, 타자기)에서 출현한 "부분적으로 연결된 매체 체계"라는 개념을 설명한다.[14]

과는 매우 다르지만, 성적 관계는 불가능하다는 라캉의 주장을 차용하기도 한다. Alain Badiou, *Conditions*(Paris: Seuil, 1992), 280-290 참조.

그러나 이것들은 키틀러가 상상한, 디지털 저장과 계산이 이루는 소름 끼치는 "완전히 연결된 매체 체계"를 실현하지는 못했다.[15] 이는 ≪뉴로맨서(Neuromancer)≫가 아니라 <매트릭스(The Matrix)>의 영역이다.

그러한 보편적으로 번역 가능한 체계를 다룰 때 키틀러의 어조는 애매하다. 키틀러는 인간의 지식과 경험을 전자 저장을 위한 이진 데이터로 전송하는 것에 초점을 맞춘다. 교리적인 사회학자 닐 포스트먼은 그러한 문제에 관한 자신의 의견을 더 솔직하게 말한다. "이제 사람들은 흔히 스스로를 '프로그래밍' 또는 '디프로그래밍'한다고 말한다. 그들은 자신들의 뇌가 '데이터를 검색'할 수 있는 '하드 와이어링(hard wiring)'의 일부라고 말한다. 그렇게 사고를 단순한 처리과정

---

14) 그의 저서 *Discourse Networks 1800/1900*, trans. Michael Metteer (Palo Alto: Stanford University Press, 1990)[윤원화 옮김(2015). ≪기록시스템 1800·1900≫. 문학동네.]에서, 키틀러는 특히 역사성에 초점을 맞춘 기술적 세계관처럼 문화 자료가 기록되는 현재의 방식에 대한 논리인 "담론 네트워크" 또는 기록시스템 개념을 설명한다. 9-15, 20 참조.

15) Friedrich Kittler, "Gramophone, Film, Typewriter," in *Literature, Media, Information Systems*, ed. John Johnston(Amsterdam: G+B Arts, 1997), 32. 키틀러가 가장 좋아하는 예시는 점보제트기로, 승무원은 비공개 주파수, 레이더 화면, 무선 체계에 연결되고 승객은 영화 매체, 무자크(muzak), 전자레인지로 데운 음식에 연결된다.

과 해독의 문제로 생각하는 것이 일반화되었다."[16] 포스트먼은 기술을 위한 기술에 반대하며 다음과 같이 말하기까지 한다. 컴퓨터는 "본성, 생물학, 감정, 영성에 대한 우리의 주장을 종속시킨다. 컴퓨터는 인간 경험의 모든 범위에 대한 주권을 주장하고, 우리보다 더 잘 '생각한다는' 것을 보여 줌으로써 자신의 주장을 뒷받침한다".[17] 우리는 다시 기술의 여파 속에 인간을 함축하는 존재론을 본다.

포스트먼은 잃어버린 인본주의를 그리워하지만, 키틀러는 인본주의를 매체 이론으로 대체하기를 희망한다. 그러나 키틀러와 포스트먼 모두 보편적 이진화의 기원을 튜링에게서 찾는다. 튜링은 키틀러의 편집자이자 비평가인 존 존스턴이 "총체적으로 프로그래밍 가능한 세계라는 계속 돌아오는 유령"이라고 깔끔하게 표현한 것을 처음 제기했다.[18] 포스트먼은 그에 대한 반응으로 어떤 종류의 것이든 은유로 계산이 사용된다는 주장을 열렬히 거부했다. 키틀러의 반응은 좀 더 오묘하다. 키틀러는 컴퓨터 기술을 놀라울 정도로 상세하게 다루는 몇 편의 짧은 논문에서, 껐다 켤 수 있는 기계의 본성에 내재한 한계로 인해 소프트웨어와 하드웨어의 은유

---

16) Neil Postman, *Technopoly*(New York: Vintage, 1993), 113.[김균 옮김(2005). ≪테크노폴리≫. 궁리.]

17) 같은 책, 111.

18) Kittler, "Gramophone, Film, Typewriter," 25.

가 적용될 수 있는 범위에는 제한성이 있음을 보여 주려 한다. 키틀러는 하드웨어 제약이 소프트웨어 프로그램으로 수행할 수 있는 작업과 효과를 제한하는 "프로그래밍 가능성의 대가"를 설명한다.[19] 인간 프로그래머의 재능이나 조작과 관계없이 기계에 대한 인간 경험(언제나 소프트웨어에 의해 매개되어야 하는 것)은 하드웨어 구조에 의해 제한된다. 더 간단히 말하자면 소프트웨어 프로그램이 할 수 있는 일은 컴퓨터 하드웨어가 허용하는 범위 내에서만 가능하다. 컴퓨터와 인간의 관계는 소프트웨어에 기반하기에, 우리는 기술 자체의 행위성과 하드웨어가 개별 소프트웨어 패키지와 관계하는 방식을 이해해야 한다.[20] 키틀러는 인텔 80386 마이크로칩 구조를 상세하게 분석하면서 소프트웨어 표현이 칩의 설계 결단과 제한성에 종속된 방식을 입증한다.[21] 키틀러와 포스트먼의 것과 같은 분석에서 공통적인 것은 워드 프로세싱 프로그램조차 인간이 세계와 관계를 맺는 방식을 급진

19) Kittler, "There Is No Software," in *Literature, Media, Information Systems.*

20) 키틀러의 예시는 워드퍼펙트(WordPerfect)다. 오늘날 법률을 제외한 모든 분야에서 워드퍼펙트는 거의 마이크로소프트 워드로 대체되었으며, 때때로 마이크로소프트 워드의 기능(그리고 비지원성)이 우리가 쓰고 읽는 방식을 정의하기도 한다.

21) Friedrich Kittler, "Protected Mode," in *Literature, Media, Information Systems*, 156-160.

적으로 제한하며, 이는 거의 존재론적 위협을 구성할 정도라는 점이다. 비록 키틀러는 다른 곳에서 컴퓨터 프로그래밍과 그것이 매체에 대한 우리의 이해에 미치는 잠재적으로 유익한 효과를 말하지만, 정보 기술을 인간 지성과 오직 간접적으로만 화해시킨다.22)

---

22) Matthew B. Griffin and S. M. Herrmann, "An Interview with Friedrich A. Kittler about Cultural Studies in Germany, Literature in the Age of Technology and the Blind Spot in Media Theory," *Auseinander* 1, no. 3(1995). 키틀러의 답변은 다음과 같다(http://artematrix.org/kittler/kit1.htm/ 참조).

"종이에 쓴 내용이 실제로 일어나는 경험을 해 본 적이 있는가? 컴퓨터를 프로그래밍하면 끊임없이 무언가가 일어난다. 마치 마술과도 같다. 무언가를 작성하고 '엔터'를 누르면 프로그램에 오류가 없다는 가정하에 방금 작성한 내용이 그대로 일어난다. 이는 완전히 다른 영역에 문자를 입력하는 형태며, 다른 루틴도 수반한다. 당신은 단락과 각주를 작성하는 방법뿐 아니라 회귀(regression)와 문제를 해결하는 방법도 배우게 된다. 나는 이것이 문화 연구에 긍정적이라고 생각한다. 나는 오늘날의 학생들이 알파벳 26개로만 읽고 쓰는 법을 배운다고 상상할 수 없다. 최소한 산수, 적분 함수, 사인 함수 등 부호와 함수에 관한 모든 것을 알아야 한다. 또한 적어도 두 가지 이상의 소프트웨어 언어를 알고 있어야 한다. 그래야 학생들은 '사회'와 대조되는 '문화'가 무엇인지 말할 수 있을 것이다. '사회'에는 '어떻게 행동해야 하는지'나 '무엇을 입어야 하는지'와 같은 훨씬 더 많은 것이 포함되며, 이것들은 '문화'의 일부이기도 하다. 하지만 나는 우리가 '문화'를 기호 체계의 관점에서 이해한다고 생각한다. 문화 연구는 가장 중요한 기호 체계 사실 모든 인간 경험을 디지털 또는 이진 데이터 저장과 번역으로 축소하겠다는 약속 또는 위협은 튜링보다 훨씬 오래전으로 거슬러 올라간다. 라이프니츠는 모든 디지털 기술의 기초가 되는 최초의 이진 산술 체계를 개발했다. 이진 산술은 1과 0만을 사용하기에, 라이프니츠는 모든 실재가 이 개념의 확장인 존재(1)와 무(0)로 구성된다고 결론지었다. 이진 산술에 대한 라이프니츠의 해석이 남긴 철학적 잔재, 즉 인간의 추론 자체를 순수 수학으로 전환하려는 목표는 이제는 소박한 열망처럼 보인다. 라이프니츠와 튜링이 주는 또 다른 교훈은 인간 활동, 즉 문학·예술·영화와 동일한 방식으로 표현적인, 일종의 저자성(authorship)을 제공하는 프로그래밍의 기계화를 기술이 지원하기도 하고 제약하기도 한다는 것이다.

포스트먼은 기술을 괴물이라는 관점에서 이해하고자 한다. 즉 체계가 체계의 주인을 통제할 수밖에 없다는 것이다. 키틀러는 인간 은유로서의 소프트웨어는 그것의 하드웨어 제약과 관련해서만 통용될 수 있다고 주장한다. 그러나 이러한 주장은 소프트웨어를 통해 인간 경험을 구성하거나 재구성하려는 경우에만 이점이 있다. 그 대신 우리는 인간 활동, 필

를 가리키며, 이를 탐구한다."

이 구절만 놓고 보면, 키틀러는 켄 펄린 같은 최근 학자들이 주장한 것과 같은 종류의 절차적 문해 교육을 장려한다고 할 수 있다.

요, 관계를 충족하고 기술하고 논평하려 하는 다른 어떤 것과도 소프트웨어와 프로그래밍이 동등한 표현 양태일 수 있음을 고려해야 한다. 그러면 이진 데이터 저장은 편리함을 위한 우연의 산물이 되며, 이는 부인할 수 없이 중요한 것이지만, 19세기 책에 사용된 제조 잉크나 초기 영화의 단색 영상과 같은 지위를 가지게 된다.

1970년대까지 산업계는 인간 인지의 처리과정을 기계적 계산으로 전환하는 데 상당한 진전을 이루었다. '대규모 집적 회로(large-scale integration, LSI)'로 알려진 이 전기 공학의 시대는 계산이 요구하는 많은 트랜지스터(transistor)를 수용하는 데 필요한 공간을 획기적으로 줄였다. 이윽고 자체 소프트웨어 패키지와 함께 배포되는 소형 컴퓨터가 출시되었다. 지속적 집적화['초고밀도 집적 회로(very large-scale integration, VLSI)']를 통해 디지털 컴퓨터 회로가 단일 칩에 들어갈 수 있게 되었다. 1970년대 후반과 1980년대에 애플, 라디오섀, IBM은 개인이 구매해 사용할 수 있는 초소형 컴퓨터를 생산하고 있었다.

초소형 컴퓨터 이전에는 강력하고 값비싼 소형 컴퓨터가 클라이언트-서버형(client-server) 애플리케이션을 실행했다. 하나의 크고 강력한 컴퓨터(서버)가 자체 메모리 공간 속에서 거대한 애플리케이션을 실행하고 수백 혹은 수천 개의 덤 단말기(dumb terminal. 클라이언트)가 메인프레임에 접근했다. 메인프레임이 한 장소에 있는 하나의 기계인 만큼 보안,

안정성, 제어가 우수하다는 장점이 있었다.

초소형 계산이 등장하면서 프로그램 요소들의 분할이 적극 권장되었고, 이를 통해 초소형 컴퓨터에 공통 명령 기호(instructional symbol)를 포함할 수 있게 되었다. 무엇보다 마이크로소프트와 애플 같은 초기의 초소형 컴퓨터 운영 체제 제작자들은 자신들의 프로그램적 기호의 기반을 통합·보호하고, 소프트웨어 개발자들이 유통사의 플랫폼을 기반으로 창작물을 제작하는 한 동일한 작업을 수행할 수 있게 해 주는 성공적인 방법을 고안했다.[23] 윈도우 같은 운영 체제 이전에는 전체 프로그램이 메모리에 로드되고 실행되었다. 단일 사용 전략은 배포 그리고 단기적으로는 개발을 간소화했지만, 1980년대 중반 그래픽 사용자 인터페이스(graphical user interface, GUI)가 등장하면서 프로그램에 모든 애플리케이션을 연결하는 명령어 및 객체, 기호에 대한 접근이 필요해졌고, 그 결과 운영 체제가 그런 방식으로 구성되었다.[24] 특히 기호 코드를 보호하면서도 해당 코드를 수천 명의 독립 개발자에게 임대해야 하는 상반된 요구를 절충하기 위해, 구

---

23) 지난 10년 동안 선(Sun)은 기호 언어의 기반이 되는 비밀에 대한 영업 비밀 보안을 유지하지 않고 동일한 유연성, 어쩌면 그 이상의 유연성을 허용하도록 자바(Java) 언어를 확장해 왔다.

24) 온칩 명령어(on-chip instruction)의 하위 집합에 접근하는 이 방법은 튜링의 ACE 구조에 기반한다.

성요소[컴포넌트] 객체(component object)라는 개념이 탄생했다. 컴파일된 구성요소는 이산적 작업의 특정 양상을 드러내는 유사한 기호들을 이진 파일 안에 포함하고 있다. 현재 구현된 마이크로소프트의 윈도우 운영 체제에서 이러한 구성요소 객체는 일반적으로 '동적 링크 라이브러리(dynamic link library)', 즉 DLL에 있다. DLL에는 윈도우 구성, 메뉴바 채우기, 스크롤바 처리를 위한 명령어들이 포함된 객체 클래스(object class)들이 담겨 있다.[25] 소프트웨어 유통사와 개발자 모두에게 이 체계의 이점은 분명하다. 한편으로 유통사는 코드베이스(codebase)와 운영 체제의 무결성을 보호하는 동시에 공급 업체가 애플리케이션을 제작할 수 있도록 허용해 유통사의 전체 시장 점유율을 높일 수 있다. 다른 한편으로 개발자는 세계에서 가장 인기 있는 컴퓨터 운영 체제에 무료로 접근할 수 있어 자신의 제품을 위한 거대한 잠재 시장을 확보할 수 있다.

인간과 기계가 접근할 수 있는 블랙박스에 지적 자본을 캡슐화하는 이 방법은 '객체 기술(OT)'로 알려진, '객체지향 프로그래밍(object-oriented programming, OOP)'이라고도 불리는 소프트웨어 개발 관행의 특징이다. 객체 기술은 1960년대부터 다양한 형태로 존재해 왔지만, 1970년대 초 제

25) 그러한 명령어는 특정 목적을 위해 사용되는 여러 구성요소의 집합체, 혹은 프레임워크라고도 불린다.

록스 팰로앨토연구소의 앨런 케이가 만든 스몰토크와 가장 빈번하게 연관된다. 객체 기술의 대중화는 1980년대 후반 윈도우 운영 체제가 시장을 장악하고, 1990년대 초에는 마이크로소프트의 C++ 기반 COM 구조가, 1990년대 중반에는 선의 자바가 등장하면서 이루어졌다.[26] 객체 기술은 재사용 가능한 부분들로 소프트웨어를 구성하는 일련의 기법이다. 객체 기술은 비즈니스 세계에서 큰 성공을 거두었으며, 그것과 포드주의 제조의 유사성은 주목받지 않을 수 없었다. 한 경영진 안내서에 따르면 객체 기술은 "올바르게 사용되면 조직 전체에 걸쳐 기술을 활용할 수 있게 하고, 중장기 소프트웨어 개발 비용을 절감하며, 체계 개발 시간을 단축하고,

---

26) 사실 상업적 운영 체제에서 객체 기술의 진화는 이 간단한 진술에서 알 수 있는 것보다 훨씬 복잡하다. 원조 애플의 리사와 매킨토시 객체 기술 기반 운영 체제는 사실 1990년대 초반 윈도우 3과 그 이후의 COM을 도입하기 전까지 윈도우를 사용자나 개발자에게 유용하게 만들지 못한 마이크로소프트보다 앞선다.

최초의 맥 OS는 유명한 절차적 언어인 파스칼에 대한 객체 기술 변형 버전, 객체 파스칼(Object Pascal)을 기반으로 구축되었다. 1985년 스티브 잡스가 애플에서 쫓겨난 후, 그는 넥스트를 설립하며 앨런 케이의 스몰토크를 수정한 버전에 의거해 만들어진 운영 체제 넥스트스텝(NextSTEP)을 출시한다. 애플로 돌아온 잡스는 넥스트를 인수하고 넥스트스텝을 기반으로 맥 OS X를 개발했다. 맥 OS X 프로그램은 C++보다 스몰토크와 더 밀접하게 관련되는 오브젝티브-C로 저수준 프로그래밍되었다.

더 높은 품질과 안정성을 갖춘 소프트웨어 체계를 생산할 수 있게 한다".[27] 객체 기술이 이러한 찬사를 받은 데는 여러 이유가 있지만, 일차적인 동기는 보편적 계산에 대한 존 폰 노이만의 꿈에서 직접적으로 비롯된다. 만약 보편적 컴퓨터가 인간의 뇌와 같은 방식으로 물질세계를 모델링한다면, 인간 인지와 같은 방식으로 정보를 관리하는 컴퓨터 체계가 1940년대와 1950년대에 자신을 괴롭혔던 번역과 기계화의 비효율성을 줄일 수 있다는 것은 당연한 이치다. 소프트웨어 체계는 물질세계 속 사물, 관계, 사건을 모델링한다. 객체 기술은 인간 경험과 그 프로그래밍적 표상, 그 계산적 실행 사이 간극을 닫으려 시도한다. 따라서 계산 체계는 인간 필요의 자동화를 더욱 성공적으로 구현하기 위해 노력한다.

소프트웨어가 객체지향으로 간주되려면 추상화(abstraction), 캡슐화(encapsulation), 다형성(polymorphism), 상속(inheritance)이라는 네 가지 특성을 갖춰야 한다.[28] '추상화'는 특정 사례와 분리된 객체의 프로그래밍적 표상으로, 실제로 존재하는 것은 객체 모델 또는 클래스의 수정 또는 사례화된 버전뿐이다.[29] '캡슐화'는 소프트웨어 객체의 내용

---

27) William S. Perlman, *No Bull Object Technology for Executives*(Cambridge: Cambridge University Press, 1999), 3.

28) 일부 컴퓨터과학자들은 몇 가지 기준을 결합하기도 하지만, 이 네 가지 기준은 객체지향 체계의 교과서적인 요구사항이다.

이 체계의 다른 부분으로부터 숨겨지는 것을 의미한다. '다형성'은 클래스의 '파생 사례'마다 다른 동작을 가질 수 있음을 의미한다.[30] '상속'은 클래스 자체를 사용해 다른 클래스를 만들 수 있음을 의미하며, 이때 새로 생성된 클래스는 부모 클래스의 구조, 속성, 동작을 채택하거나 물려받는다. 소프트웨어 객체는 알고리즘과 기타 내장형 논리로 구성되지만, 계산적 표상에 관한 평상적 논의에서 허용되는 것보다 몇 단계 더 나아간다.

레프 마노비치는 ≪뉴미디어의 언어≫에서 신매체의 다섯 가지 원리 중 하나로 트랜스코딩(transcoding) 개념을 도입한다. 마노비치에 따르면 트랜스코딩은 비디지털 조직의 여러 양상을 컴퓨터화해 그 구조를 컴퓨터 자체의 구조와 합치는 신매체의 경향이다.[31] 디지털 매체를 저장해야 하는

---

29) 추상화에 대한 한 가지 기능을 명료히 해야 한다. 많은 객체지향 개발 언어에서 코드는 객체 클래스의 사례를 통하지 않고 객체 클래스를 통해 직접 메서드를 호출할 수 있다. 이 구조는 프로그램이 실행되는 동안 공통 루틴의 여러 사례에 메모리를 할당할 필요가 없으므로 효율성을 높여 준다.

30) 다형성은 이해하기 가장 어려운 객체 기술 특성이다. 다음 예시를 고려해 보라. 인간과 치타는 모두 다리를 가지고 있지만 다리의 재질과 기능적 특성은 크게 다르다.

31) Manovich, *The Language of New Media*, 45.[서정신 옮김(2014). ≪뉴미디어의 언어≫. 커뮤니케이션북스.]

물질적 필요성의 결과로 "컴퓨터의 논리는 매체의 전통적인 문화적 논리에 상당한 영향을 미칠 것이라고 예상할 수 있다. 즉 우리는 컴퓨터 층이 문화 층에 영향을 미칠 것이라고 예상할 수 있다".[32] 마노비치는 컴퓨터 문화가 인간 문화에 적용된다고 주장하는 자신의 논리를 통해 트랜스코딩의 특정 사례를 표현한다. "세계는 서로 보완적인 두 종류의 소프트웨어 객체, 즉 데이터 구조와 알고리즘으로 환원된다."[33]

마노비치는 '알고리즘'이라는 용어를 "컴퓨터가 주어진 작업을 달성하기 위해 실행할 수 있는 간단한 조작들의 최종 시퀀스"라는 의미로 사용한다.[34] 역사적으로 알고리즘은 주판의 조작[연산]이 아니라 아라비아 숫자를 사용하는 계산 방법이었다.[35] 시간이 지나면서 이 용어는 "체계적인 계산 절차"를 지시하는 것으로 일반화되었다.[36] 마노비치는 이 용어를 다소 잘못 사용한다. 알고리즘은 실제로는 광범위하게 다양한 복잡성을 지닌 조작[연산]의 집합으로, 이는 객체 기술을 이해하기 위한 중요한 교정 사항이다. 소프트웨어 객

---

32) 같은 책, 46. 알고리즘이라는 용어는 9세기 아랍 수학자 알콰리즈미의 이름을 라틴어로 음역한 것이다.

33) 같은 책, 223.

34) 같은 책.

35) Ifrah, *The Universal History of Computing*, 74.

36) 같은 책.

체는 알고리즘적 구성을 자신의 내부 또는 외부 인터페이스의 일부로 포함할 수 있지만, 객체의 구조는 복잡성과 노출보다는 단순성과 은폐에 기반한다. 따라서 소프트웨어 객체를 구성하는 방법이 반드시 수학적 또는 상징적 환원을 통해 자연 세계의 복잡성을 압축하는 것은 아니며, 오히려 그것은 세계에 대한 표상을 특정 소프트웨어 구조로 캡슐화한다.[37] 그럼에도 마노비치의 관찰, 즉 물질세계를 표상하기 위해 발명된 소프트웨어 설계의 논리적 구조가 물질세계로 재배치(remapping)되기 시작했다는 점은 중요하다.

그러나 객체지향과 재배치는 키틀러와 마노비치가 생각했던 것보다 훨씬 오묘한 문제다. 물질세계가 소프트웨어를 통해 표상되려면 압축되어야 한다는 마노비치의 관찰은 옳다. 그러나 나는 이러한 현상을 인간 문화의 기계적 전복(키틀러)이나 단순히 인간 문화에 영향을 미치는 요소(마노비치)로 생각하기보다는, 이러한 기술이 물질세계에 대한 우리의 경험을 구성하는 구조로 기능하는 동시에 그 경험에 관해 비판적으로 생각하게 만드는 표상을 제공한다고 주장하려 한다.[38] 달리 말해 단위조작은 계산 체계가 세계에 관여하는

---

37) 산업적 맥락에서 이러한 표상은 비즈니스 규칙 또는 비즈니스 논리라고 불리며, 자본의 축적이 객체 기술 표상의 핵심인 방식을 암시한다.

38) 나는 이 관계에 관해 7~9장에서 더 자세히 논한다.

우리의 경험을 구조 짓거나 제한하는 방식뿐 아니라 우리가 세계에 관여하는 일반적 방식을 드러내고 조사하는 데 도움이 된다.

이 점을 설명하기 위해 간단한 예시를 들어 보겠다. 컴퓨터 프로그래밍 입문에서 객체 기술은 은행과 그 고객 사이의 관계처럼 누구나 이미 이해하고 있는 간단한 사업 시나리오를 통해 소개되는 경우가 많다. 고객은 하나 이상의 계좌를 보유하고 있으며, 계좌는 유형에 따라 다른 특성을 가지고 있다. 예를 들어 저축 계좌는 이자를 받을 수 있지만 당좌 예금 계좌는 이자를 받지 못한다. 고객은 자신의 계좌로 예금, 인출, 이체 등의 조작을 수행할 수 있다.[39)]

---

39) 소프트웨어 공학자는 구조 공학자가 청사진이라는 공통된 형식을 사용하는 것과 마찬가지로 객체 기술 구조를 표상하기 위한 공통된 기호 언어를 만들었다. 이 그래픽 언어를 통합 모델링 언어(unified modeling language)의 약자인 UML이라고 한다. UML은 객체지향 체계를 설계하는 데 사용되는 도표 모델링 기법의 체계다. 소프트웨어 공학자는 아마도 다른 분야보다 더 많이 컴퓨터 체계를 사용해 구축하고자 하는 컴퓨터 체계를 설계한다. 이러한 애플리케이션들의 클래스를 컴퓨터 지원 소프트웨어 공학(Computer-Aided Software Engineering, CASE) 도구라고 한다. 1990년대 중반, UML은 경쟁 관계에 있던 세 가지 주요 CASE 체계인 부치(Booch), 객체 모델링 기법(Object-Modeling Technique, OMT), 객체지향 소프트웨어 공학(Object-Oriented Software Engineering, OOSE)에서 파생했다. UML은 자연 언어와 기호 언어 사이의 위태로운 공간에 위치해 소프트웨어

물질세계의 존재자와 계산세계의 존재자 사이의 추상적 관계를 논할 수 있게 하는 객체 기술의 특성은 '캡슐화'다. 캡슐화는 복잡성을 줄이고 조작의 실물 자산 또는 지적 재산을 보호하기 위해 개별 조작[객체 기술 전문 용어로 메서드(method)라고 한다]의 내부 작동을 숨긴다. 위 예시에서 은행은 예금이 매번 동일한 방식으로 처리되게 하고, 고객 자신이 계좌에 돈이 입금되는 과정의 실제 작동 방식을 알지 못하게 하는 데 큰 관심을 기울인다. 캡슐화는 종종 자본 교환과 관련되며, 좋든 나쁘든 소프트웨어 체계의 방어 가능한 지적 재산의 주요 기반을 마련한다.40)

은행업계는 고객과 계좌의 관계를 캡슐화하고 소프트웨어 체계를 통해 은행 업무를 강화함으로써 자본 교환의 물질적 현실을 그것의 객체화되고 캡슐화된 객체 등가물로 재배치하는 데 성공했다. 달리 말해 우리가 은행과 맺는 관계는

공학자가 국가와 언어의 경계를 넘어 UML 도표를 공유할 수 있게 해준다. 따라서 UML은 객체 기술보다 한 단계 높은 수준에, 물질세계에 대한 객체 기술의 표상을 표상하는 추상적이고 (이론적으로) 보편적인 방법으로 존재한다. 그것은 단위조작들을 위한 단위조작들의 집합인 것이다.

40) Perlman, *No Bull Object Technology*, 40-57 외. 자유 소프트웨어와 오픈 소스 소프트웨어 움직임의 경우처럼, 지적 재산을 촉진하는 객체 기술의 이러한 특징이 소프트웨어의 상업적·법적 규제에 대한 거부 역시 뒷받침하고 있다는 점에 주목할 필요가 있다.

단위조작이 되었다. 예를 들어 자기 계좌에 접근해 자금을 찾을 때, 특히 외국 은행의 컴퓨터 체계를 통해 절차가 수행될 경우, 추가 수수료가 발생하는 경우가 많다(ATM 추가 수수료). ATM 추가 수수료와 관련된 정책은 인출 조작 자체에 캡슐화되었다. 겉보기에 무해해 보이는 이 구조는 실제로는 수많은 결과를 초래한다. 한편으로 우리는 은행 거래에 관해 많이 생각할 필요가 없고 돈을 관리하러 주거래 은행에 갈 필요가 없으므로 우리의 정신적·육체적 에너지를 삶의 다른 양상에 재투자할 수 있다. 다른 한편으로 우리는 우리 자신의 노동이 지닌 교환가치에 접근하는 데 비용이 따른다는 사실을 받아들이게 되었다. 이러한 사태 자체는 컴퓨터가 은행 업무 과정을 주도하기 전에도 분명 구상할 수 있는 것이었지만, 객체 기술은 그 실행 규칙을 개인 상거래의 메서드에 캡슐화해 이러한 교환 비용을 다시 물질세계 속에 정립시켰다. 이 경우 물질세계와 소프트웨어세계는 서로 영향을 미치며, 기술은 기본적인 상거래를 위한 단위조작을 드러낸다.

문학과 문화 인공물에서 동일한 단위조작적 전략을 읽어낼 수 있을까? 비평가들은 호메로스의 서사시부터 피카레스크 소설에 이르기까지 오랫동안 문학에서 원형과 모델을 관찰해 왔다. 아폴리네르의 캘리그래피부터 표현주의와 하이모더니즘의 이미지즘에 이르기까지, 시는 문학적 장치를 사용해 의미를 캡슐화했다.[41] 그러나 문학 비평의 비전적 본성은 객체화되고 캡슐화된 특성의 외양을 다소 난해하게 만든다.

제이 볼터와 리처드 그루신은 ≪재매개(Remediation)≫라는 저작에서 이 점에 다가간다. 볼터와 그루신은 역사적 편견 없이 매체를 넘나들며 작품에 접근하는 기법으로, 모든 매체가 이전 매체를 표현하거나 그에 경의를 표함으로써 이전 매체 형태를 "재매개"한다고 주장한다. 예를 들어 월드와이드웹(World Wide Web)은 인쇄 그래픽 설계와 비디오, 인쇄된 책을 재매개한다. 무엇보다 볼터와 그루신은 문화적 산물의 캡슐화를 재매개 과정의 인공물로 여긴다. 두 사람은 배트맨 프랜차이즈를 예시로 든다. "그 목표는 어린이에게 배트맨 망토를 입은 채 배트맨 비디오를 보고, 배트맨 홍보용 포장지가 붙은 패스트푸드를 먹으며 배트맨 장난감을 가지고 놀게 하는 것이다."[42] 제품 라이선싱(licensing)은 통상적인 의미에서 정보 기술은 아니지만, 객체 기술과 동일한 법적 권리 및 사례화의 단위조작을 보여 준다. 라이선싱을 중심으로 구축된 자산이 있다. 1976년부터 일본 기업 산리오는 자사의 인기 캐릭터 헬로키티를 활용한 셔츠부터 봉제

---

41) Apollinaire, *Alcools*, trans. Donald Revell(Hanover: University Press of New England, 1995); Apollinaire, *Calligrames*(Paris: Gallimard, 1966)를 보라.

42) Jay David Bolter and Richard Grusin, *Remediation: Understanding New Media*(Cambridge, Mass.: MIT Press, 1999), 68.[이재현 옮김(2006). ≪재매개: 뉴미디어의 계보학≫. 커뮤니케이션북스.]

인형, 자동차 인테리어, 섹스토이에 이르는 다양한 형태의 문화 자본에 라이선스를 부여해 왔다. 라이선싱은 문화적·상업적·법적 영역에서 단위조작의 교환성 있는 사용을 보여 주는 예시다.

조지 랜도는 하이퍼텍스트를 다룬 저서에서 문학 이론 속 단위체 모델의 표면 효과를 관찰한다. 랜도는 데리다의 글쓰기와 탈중심화된 텍스트성을 비교하면서 다음과 같이 말한다.

> 데리다는 새롭고 자유롭고 풍부한 형태의 텍스트, 즉 우리의 잠재적 경험에 더 충실한, 어쩌면 인식되지 않은 현실적 경험에 더 충실한 텍스트가 이산적인 독해 단위체들에 의존한다는 점을 (아마도 사전에) 적절히 인지한다.… 인용 가능성(citability)과 분리 가능성(separability)이 함축하는 바는 … 하이퍼텍스트에 핵심적인 사실을 통해 나타난다. 그 사실이란, 데리다가 덧붙이는 것처럼, "이를 통해 모든 주어진 맥락과 단절할 수 있고, 새로운 맥락의 무한성을 절대적으로 제한될 수 없는 방식으로 불러일으킬 수 있다는 것이다".[43)]

---

43) George Landow, *Hypertext: The Convergence of Contemporary Critical Theory and Technology*(Baltimore: Johns Hopkins University Press, 1992), 8.

이 인용문은 데리다의 영향력 있는 초기 논문 "서명 사건 맥락(Signature Event Context)"에서 인용한 것이다. 랜도의 분석 내용은 실제로 흥미롭다. 랜도는 암묵적으로나마 문학 이론의 실천과 일종의 기술적 생산의 방법을 연결한다. 실제로 적절한 방식을 취하면, 데리다의 구절을 존 폰 노이만이나 앨런 케이가 조건 제어 전송이나 소프트웨어 객체를 논하며 남긴 구절을 인용한 것으로 가장할 수도 있을 것이다. 랜도가 저지른 결정적 오류는 기술보다 이론을 우선시하는 데 있다. 설령 가벼운 언급이더라도, 랜도는 데리다의 작업이 그가 하이퍼텍스트에 귀속하는 일종의 이산적 독해 과정을 '사전에' 예기하고 있다고 주장한다. 오히려 랜도는 데리다가 진전시킨 특수한 종류의 포스트구조주의가 하이퍼텍스트에 의해 제공된 특수한 종류의 기술적 생산과 동일한 특성을 가지고 있는 것처럼 보인다는 점을 관찰했어야 한다. 몇 가지 논리적인 후속 질문이 저절로 드러난다. 이 좀 더 일반적인 종류의 이산적 조작은 '무엇인가?' 그것은 어떻게 조작하는가? 그리고 그것은 우리가 사는 방식에 관해 무엇을 말해 주는가?

이산성은 단위조작의 주된 특성 중 하나며, 이는 객체 기술을 특징짓는 캡슐화의 특성과 관련된다. 데리다에 대한 랜도의 전유는 비평적 혹은 문화적 목적이 아니라 경제적 목적에 부합한다. 아마도 인용문에서 "제한 불가능성"은 해체주의의 실천을, 가장 문자 그대로에 가까운 의미에서, 다른 텍스트적 활동의 양태보다 투자 대비 수익이 높은 작업으로 만든다. 볼터와 그루신이 든 배트맨의 예시는 좀 더 직접적이긴 하지만 동일한 점을 시사한다(제품 라이선싱과 속편이 포함된 배트맨 영화 한 편의 투자 대비 수익이 개별 영화 네 편의 투자 대비 수익보다 크다). 불현듯 문학적 생산과 기술적 생산은, 각 영역의 사용자가 전문화된 도구 모음을 사용한다고 할 때, 거의 동일한 방식으로 작동하는 것처럼 보인다. 그러나 정보 기술자들은 문학 비평가들보다 그들의 도구 집합을 훨씬 더 정식화했는데, 이는 시장에서 입지를 창출하고 보호하려는 정보 기술자들의 관심 덕이 크다.

인간 객체

상징주의와 사업 과정만이 단위체의 존재론에 참여하는 것은 아니다. 유전의 진화 과정이 DNA의 기능으로 이해된 이래, 인간의 생명은 단위조작의 논리와 연관되어 왔다. 2000년, 인간 게놈 프로젝트는 인간 DNA가 지닌 거대한 구조의 지도를 그린다는 목표를 달성해 몇몇이 인류의 백과사전으로 여기는 두꺼운 책 같은 지도를 발표했다. 이 발견은 무엇보다 "인류 역사상 가장 중요한 과학적 성취"라고 불려왔다.[44)]

인간 게놈 프로젝트는 네 염기쌍의 DNA 염기서열(sequence)이 친자 관계에서 살인에 이르는 가장 발달한 사회적 관계를 대변하기에 충분한 정보를 제공한다고 가정한다. 유전 공학 및 선택, 사회적 정규화의 현황은 아직 갈 길이 멀지만, DNA 지문과 감식은 이미 광범위하고 매우 실제적인 함축을 갖는 법의학적·법적 증거를 제공한다. 이러한 과학적 노력의 목표는 법률부터 행동 유전학, 의학, 유전자 치료까지 아우르는 인류를 위한 뼈대, 즉 다양한 인간 애플리케이션을 위한 가이드북을 구축하는 것이다.

인간 게놈 프로젝트는 아마도 세계에서 가장 대담한 체계 존재론일 것이다. 미국 에너지부(Department of Energy, DOE)가 제시한 그것의 목표는 다음과 같다.

- 인간 DNA에 있는 10만 개의 유전자를 모두 '식별하기'
- 인간 DNA를 구성하는 화학 염기쌍 30억 개의 염기서열을 '밝히기'
- 이 정보를 데이터베이스에 '저장하기'
- 데이터 분석을 위한 도구 '개발하기'
- 관련 기술을 민간 부문으로 '전송하기'
- 프로젝트에서 발생할 수 있는 윤리적·법적·사회적 문

---

44) 이는 이 프로젝트에 참여한 아리 파트리노스 박사가 제기한 주장이다. http://christianity.com/partner/Article_Display_Page/0,,PTID4859%7CCHID101267%7CCIID204717,00.html/ 참조.

제(ethical, legal, and social issues, ELSI)를 '다루기'[45)]

DNA에서 두드러지는 부분(즉 유기체 또는 개인에 관한 정보를 담은 부분)은 당-인산 골격을 따라 배열된 네 가지 종류의 질소염기에 포함되어 있다. 이러한 염기의 유형과 순서(염기서열)는 유기체 또는 개인의 유전적 "부호화(encoding)"를 구성한다. 이 프로젝트는 인간 DNA의 단위체를 식별하고 "이름"을 붙인 다음, 각각이 수행하는 조작 시퀀스를 이해하고자 한다.

인간 게놈 프로젝트의 핵심은 인간 생명의 복잡성이 아니라 그 급진적 단순성에 흥미를 보인다는 데 있다. "데이터 분석을 위한 도구 개발하기"라는 에너지부의 목표는 식별과 순서 정렬이 프로젝트에서 가장 어려운 부분이라는 프로젝트의 가정을 드러낸다. 이 프로젝트는 처음부터 최종 데이터 지도가 압도적인 단순성을 보이리라고 가정한다. 에너지부는 심지어 "윤리적·법적·사회적 문제"를 전문 용어로 감싸진 "ELSI"라는 단위체로 캡슐화해 이러한 문제가 DNA 염기서열 자체만큼 쉽게 관리될 것이라는 희망적인 제스처를 취하기도 한다. 비록 인간 게놈 프로젝트는 인간의 개체성을

---

45) 에너지부 인간 게놈 프로젝트 관리 정보 체계의 "인간 게놈 프로젝트 정보", http://www.ornl.gov/TechResources/Human_Genome/home.html/.

계산하기 위해 증상적 기준(symptomatic criteria)에 중점을 두는 성향을 보이지만, 인류를 복잡하고 담론적인 단위 관계들의 집합이 아니라 전체론적인 체계조작으로 설명하려 시도한다. 인간 게놈 프로젝트는 체계의 틀로 해석되거나 강제된 단위조작적 모델의 예시다. 얼베르트라슬로 버러바시는 다음과 같이 말한다. "살아 있는 체계의 행동은 그 분자 구성 요소들로 환원할 수 있는 경우가 거의 없다."[46]

설령 인간 게놈 프로젝트가 체계적 진리에 대한 추구로 드러나더라도, DNA 모델을 더 성공적으로 응용한 사례는 인간 문화 연구에 유전학을 문화적으로 적용하는 과정에서 나타났다. 사이버네틱스 학자 머리 겔만은 "여러 세대에 걸쳐 공유된 경험을 '캡슐화하는'" "문화적 DNA" 단위체를 구상한다.[47] 에너지부와 달리 겔만은 문화를 이해하는 데 지름길은 없으며, 문화적 진화 단위체들의 조작은 필연적으로 복잡하다는 점을 이해한다.

아마도 문화적 진화의 단위체를 지지하는 이들 중 가장 잘 알려진 사람은 리처드 도킨스일 것이다. 이제는 고전이 된 저서 ≪이기적 유전자(The Selfish Gene)≫에서 도킨스는 '밈(meme)'이라는 문화의 단위체를 설명한다. 도킨스에 따

---

46) Barabási, *Linked*, 181.

47) Murray Gell-Mann, *The Quark and the Jaguar: Adventures in the Simple and the Complex*(New York: W. H. Friedman, 1994), 292, 강조는 저자.

르면 "밈의 예시로는 곡조, 생각, 문구, 옷 패션, 항아리를 만들거나 아치를 짓는 방법이 있다. 유전자가 정자나 난자를 통해 몸에서 몸으로 이동해 유전자풀(gene pool)에 스스로를 전파하는 것처럼, 밈은 뇌에서 뇌로 이동해 밈풀(meme pool)에 스스로를 전파한다".[48] 밈은 문화의 단위체다. 도킨스는 이러한 단위체들의 네트워크와 이들이 조작되는 과정, 밈의 복잡한 단위조작을 '밈플렉스(memeplex)'라고 부른다. 이는 밈이 우리가 인식하고 참여하는 사회 체계에 스스로를 캡슐화하는 일종의 문화적 단위체 무리다.[49]

도킨스의 원리가 상업적으로 도입된 사례를 살펴보는 것은 도킨스를 비롯한 이들의 이론이 미친 영향을 이해하는 데 도움이 된다. 전통적인 광고 시장이 매년 입지를 잃어 가는 가운데, 마케터들은 밈플렉스에 영향을 미치고 변화시킬 방법으로 밈과 같은 개념을 채택했다. 자신을 "미래학자"라고 칭한 라이언 매슈스와 와츠 와커는 최근 저서에서 문화적 단위조작을 이해하기 위한 간단한 척도를 고안했다.[50] 매슈

---

48) Richard Dawkins, *The Selfish Gene*(Oxford: Oxford University Press, 1990), 192.[홍영남·이상임 옮김(1993). ≪이기적 유전자≫. 을유문화사.]

49) Richard Dawkins, *Unweaving the Rainbow: Science, Delusion, and the Appetite for Wonder*(New York: Houghton Mifflin, 1998), 306.[최재천·김산하 옮김(2015). ≪무지개를 풀며≫. 바다출판사.]

스와 와커는 일탈(deviance)의 보급을 통해 문화적 변화를 초래하는, '디복스(devox)'라는 밈 같은 초존재자(superentity)를 구상했다.[51] 유사한 단위조작적 전략으로, 시애틀에 본사를 둔 마케팅 회사 미메틱시스템스(Mimetic Systems)는 도킨스의 이론을 마케팅에 직접적으로 적용하고 있다. 최근 "바이럴 마케팅(viral marketing)"으로 불리는 마케팅 관행이 대중화하면서, 미메틱시스템스는 인터넷상의 전달자를 경유해 핵심 밈을 측정하고 문화에 주입하려 한다.[52] 미메틱시스템스는 문화를 형성하려는 노력의 효과를 측정하는 소프트웨어 도구까지 배포했다. 이 데이터 추출 체계, QL2 소프트웨어의 WebQL은 객체 기술의 단위조작적 프레임워크에 문화적 단위조작의 과정을 통합하며, 이는 사회적 단위조작의 성공을 측정하기 위한 소프트웨어 단위조작이다.[53] 이러한 전략들은 정합적이고 포괄적이지만, 모두 압도적인 체계조작으로 무너지지 않으면서 단위체의 개별 기능을 유지한다.

앞서 기술했듯 객체지향이 되려면 WebQL과 같은 소프

---

50) Ryan Mathews and Watts Wacker, *The Deviant's Advantage: How Fringe Ideas Create Mass Markets*(New York: Crown, 2002), 12.

51) 여기서 일탈은 사회적 또는 법적 일탈이 아니라 문화 단위체가 대중 시장이 되기 전에 소외된 단위체로 시작한다는 개념을 의미한다.

52) http://www.mimeticsystems.com/을 보라.

53) QL2 Software. *WebQL*, http://www.webql.com/.

트웨어 체계는 추상화, 캡슐화, 다형성, 상속이라는 네 가지 토대적 기준을 충족해야 한다. 나는 이미 캡슐화 개념을 상세히 소개했으며, 문학 비평이 이 특성을 캡슐화라고 표현하지 않으면서도 공유하는 방식을 보여 주었다. 객체 기술의 특성에 대한 정의를 검토하면 추상화와 초월적 기의, 혹은 다형성과 상호텍스트성 사이 상관관계를 확인할 수 있다. 실제로 우리는 이미 아리스토텔레스의 용법에서 추상화를 접했는데, 이는 개별자 속 보편자에 접근할 수 있게 해 주는 이성의 기능을 나타낸다. 그러나 문화, 철학, 비평 이론을 어떻게 객체 기술"처럼 보이게" 만들 수 있는지 보여 주는 것은 내가 바라는 바가 아니다.

재닛 머리는 서사와 기술의 관계를 바라보는 또 다른 방식을 제공하는데, 그녀는 이를 '절차적 저자성(procedural authority)'이라고 부른다. 머리에 따르면 "신매체가 우리의 표상력 목록에 추가하는 가장 중요한 요소는 그것의 절차적 본성, 즉 경험을 상호 관계된 행위들의 체계로 포착하는 능력이다".[54] 비평가와 창작자는 공통의 도구 모음을 사용해 문학의 세계와 기술의 세계 양쪽에서 동등한 자리를 차지하는 예술과 문화적 객체에 접근할 수 있다. 우리는 단위조작적 체계를 기술의 내부와 외부 양쪽에서 이해할 수 있다. 머리

54) Murray, *Hamlet on the Holodeck*, 274.[한용환·변지연 옮김(2001). ≪인터랙티브 스토리텔링≫. 안그라픽스.]

의 주장을 더 발전시키자면, 신매체는 상호 관계된 행위들의 체계를 표현할 뿐 아니라 기술 기반 작품과 비기술 기반 작품 모두를 그것들이 공유하는 절차성이라는 단일한 관점에서 읽도록 가르친다. 이를 실천하기 위해 이제 비디오게임으로 주의를 돌리겠다.

2부

절차적 비평

04
비교 비디오게임 비평

구조주의 인류학자 클로드 레비스트로스는 ≪야생의 사고(The Savage Mind)≫에서 신화적 사고와 과학적 사고라는 두 가지 사고 양태를 특징짓는다. 신화적 사고는 감각적 세계에 대한 관찰에 기반을 두는 반면, 과학적 사고는 지각할 수 없는 것에 기반을 둔다. 레비스트로스는 신화적 사고와 '브리콜라주(bricolage)', 즉 영어에 정확한 등가물은 없지만 수리(tinkering), 손댐(dabbling) 개념과 비슷한 프랑스어 단어 사이의 유비를 끌어낸다. '브리콜뢰르(bricoleur)'는 자신의 목적을 달성하기 위해 편리한 기구와 즉석 전략을 사용하는 만능 재주꾼이다. 브리콜뢰르는 위에서 아래를 향하는 전체론적이고 총체화하는 체계를 구성하려 하는 과학적 사고의 공학자와 달리 예비 부품들, 잡다한 것들을 통해 자신의 작업을 수행한다. 과학자는 구조를 통해 사건을 창조하려고 분투하는 반면, 브리콜뢰르는 사건을 통해 구조를 창조하려 한다.[1]

---

1) Claude Lévi-Strauss, *The Savage Mind*(Chicago: University of Chicago

자크 데리다는 레비스트로스가 보편주의의 산물로서의 과학적 사고에 기대는 것을 비판하면서 공학자조차 스스로 브리콜뢰르, 즉 신화임을 보여 준다.

> 자신의 담론에 대한 절대적 기원으로 추정되는 것이자 그 담론을 "무로부터", "완전한 날조에서" 구성하는 것으로 추정되는 주체(subject)는 말(verbe)의 창조자, 말 그 자체일 것이다. 따라서 모든 형태의 브리콜라주와 단절했다고 추정되는 공학자의 개념은 신학적인 관념이다. 그리고 레비스트로스는 다른 곳에서 브리콜라주가 신화생산적(mythopoetic)이라고 말했으므로, 공학자가 브리콜뢰르에 의해 만들어진 신화라는 점은 거의 틀림없다.[2]

데리다가 상기시키는 것처럼, 제라르 주네트는 브리콜라주와 문학 비평 사이에서 직접적인 상관관계를 도출한다. 개념들을 빌려 오고 활용하는 과정이 그것이다.[3] 분석으로

Press, 1968), 22.[안정남 옮김(1996). ≪야생의 사고≫. 한길사.]

2) Jacques Derrida, "Structure, Sign, and Play in the Discourse of the Human Sciences," in *Writing and Difference*, trans. Alan Bass(Chicago: University of Chicago Press, 1980), 285.[남수인 옮김(2001). ≪글쓰기와 차이≫. 동문선.]

3) Gerard Genette, "Structuralisme et critique litteraire," *L'arc* 26

서의 브리콜라주라는 은유는 현재에도 계속되고 있으며, 노먼 덴진과 이보나 링컨은 1994년 영향력 있는 저서 ≪질적연구 핸드북(The Handbook of Qualitative Research)≫에서 사회과학 연구의 은유로 브리콜라주를 사용했다.[4] 덴진과 링컨에게 현대의 연구자는 일종의 브리콜뢰르, 즉 "임무를 수행하기 위해 사용할 수 있는 연구 전략, 방법 혹은 경험론적 소재라면 무엇이든 기꺼이 사용하며", "유연하고 신속하게 대응하는" 행위자다.[5] 이 '연구 브리콜란트(rechercheur bricolant)'는 "엄밀히 말해 호기심이 많고" "성찰적"이며, 그 연구는 "개인 이력을 … 통해 형성된 상호작용적 과정이다".[6] 나는 그러한 분석의 "개인화"에는 공감하지만, 비평과 브리콜라주 개념 사이에 있는 좀 더 문자 그대로의 연결성을 본다.

한편으로 나는 광범위하게 다양한 비판적 연구를 통해 "문학 그리고 다른 형태의 인간 활동 사이 상호작용"을 탐구한다고 알려진 연구 분야, 즉 비교문학을 정식으로 교육받았다.[7] "그리고 다른 형태의 인간 활동"이라는 구절은 미국비

(1965), 34.

4) Norman K. Denzin and Yvonna S. Lincon, eds., *The Handbook of Qualitative Research*(Thousand Oaks, Calif.: Sage, 2005).[최욱 옮김 (2014). ≪질적연구 핸드북≫. 아카데미프레스.]

5) 같은 책, 2.

6) 같은 책, 3.

교문학협회(American Comparative Literature Association, ACLA)의 사명 선언문에서 가져온 것으로, 이는 문학의 끝자락에 서 있는 방대한 잡동사니(et cetera)로서 추가 분석에 사용될 수 있는 자원들이 이루는 일종의 바닥없는 갱을 함의한다.

다른 한편으로 나의 전문적인 배경은 인터넷 기술과 비디오게임 분야에 놓여 있으며, 이들 분야는 신속하고 색다른 발전 방식으로 알려져 있다. 비록 언제나 건전한 사업 원칙에 부합하지는 않았지만, 1990년대에는 열렬한 창의성이 기술 산업을 특징지었다. 월드와이드웹의 탄생은 팀 버너스리가 신속한 소프트웨어 제조를 지향하는 것으로 널리 알려진 넥스트스텝(NextStep) 개발 환경에 과감히 착수한 결과였다.[8] 마찬가지로 비디오게임 개발자는 보통 일상적 기기의 계산적 경계를 밀고 나가며, 일상적인 애플리케이션 프로그래밍 인터페이스(application programming interfaces, APIs)의 안전한 경계를 벗어나 작업하는 경우가 많다.[9] 이 브리콜뢰르는 단순한 재주꾼이 아니라 '맥가이버' 또는 'A 특공대'에

---

7) Http://www.acla.org/.

8) Tim Berners-Lee, *Weaving the Web: The Original Design and Ultimate Destiny of the World Wide Web*(New York: Harper, 2000), 28.

9) Mike McShaffry, *Game Coding Complete*(Scottsdale, Ariz.: Paraglyph Press, 2003)를 보라.

가깝다.

비교 비평과 비디오게임 소프트웨어 개발 모두 기존 의미 단위체들을 회집해 새로운 의미 구조를 형성하는 솜씨 좋은 재주꾼, 브리콜뢰르를 수반한다. 이 두 영역의 교차점인 비교 비디오게임 비평은 비평과 제작이라는 두 가지 브리콜라주 공간이 더욱 긴밀하게 상호 관계되어 있음을 시사한다.

이 교차점을 표현하는 한 가지 방법은 형식적 분석을 통하는 것이다. 그러한 연구에서 비평은 매체 자체를 특징짓는 추상적 원리들에 대한 국소적 표현을 찾으려 시도한다. 에스펜 올세트의 사이버텍스트 개념이 그러한 것으로 불려 왔으며, 이는 텍스트의 기계적 부분들 간 기능적 차이가 그 미적 과정을 결정하는 데 핵심 역할을 하는 텍스트에 대한 접근법이다.[10] 사이버텍스트는 올세트가 "에르고딕 문학(ergodic literature)"이라고 부르는 것, 즉 사용자가 "사소하지 않은 노력"을 기울여야 하는 작품의 예시다.[11] 비디오게임과 하이퍼텍스트는 올세트가 염두에 두는 인공물들 중 일부지만, 그는 사이버텍스트 개념을 디지털 영역 밖에 있는 인공물까지 포함하도록 조심스럽게 확장해 ≪주역≫과 레몽 크노의 ≪백조 편의 시(Cent mille milliards de poèmes)≫와 같은

10) Aarseth, *Cybertext*, 22.[류현주 옮김(2007). ≪사이버텍스트≫. 글누림.]

11) 같은 책, 1.

짜임적 텍스트까지 아우른다.[12] 그러한 접근법은 명백히 비교적이며, 올세트의 배경이 비교문학에 있다는 점은 아마도 놀라운 일이 아닐 것이다.

올세트는 사이버텍스트가 현재 문학 연구의 연장선이지 그와 단절된 것이 아니라고 조심스레 주장하지만, 주로 그러한 인공물의 "물질적 또는 역사적" 양상보다는 기능적 양상에 관심을 둔다.[13] 올세트에 따르면,

> 나의 주된 노력은 … 다양한 텍스트적 매체 간 기능적 차이와 유사성이 문학의 이론과 실천에 관해 무엇을 함의하는지 보여 주는 것이다.…
> 나의 최종 목표는 사이버텍스트 또는 에르고딕 문학 이론의 틀을 만들고 이 관점에서 핵심적인 요소를 식별하는 것이다.[14]

올세트에게 비디오게임과 관련 기술은 더 광범위하고 어쩌면 개척되지 않은 기능적 전통을 들여다볼 창을 제공한다. 올세트에 따르면 비디오게임과 관련 기술은 "그것이 인간

---

12) 같은 책, 9-13.

13) Aarseth, *Cybertext*, 16-17.[류현주 옮김(2007). ≪사이버텍스트≫. 글누림.]

14) 같은 책, 17.

소통의 원리와 진화에 관해 우리에게 무엇을 알려 줄 수 있는지 밝혀내기 위해 연구되어야 한다".[15] 이러한 원리는 주로 짜임[≪주역≫의 괘의 배열 또는 <조크(Zork)>의 가상 공간을 통한 자의적 진행]에 의존한다.

올세트의 개체발생론(ontogeny)에도 불구하고, 그리고 그가 사이버텍스트를 표현하는 데 여러 문학 작품을 동원함에도 불구하고, 그는 자신을 문학 연구와 명확하게 단절한다. 올세트는 "특히 나는 관련 용어와 개념에 대한 재평가 없이 문학 비평의 이론을 새로운 경험론적 분야에 적용하는 반복적 관행에 도전하고 싶다"고 말한다.[16] 올세트에 따르면 문학의 이상에 대한 그러한 집착은 비교문학 같은 분야에서 작동하는 이데올로기를 드러낸다. 결국 미국비교문학협회에서 "다른 형태의 인간 활동"은 주요 연구 대상인 문학에 종속되는 것처럼 보인다. 올세트는 이 문제에 관해 분명한 입장을 취하며, "상호작용적 허구[소설]"와 같은 용어의 사용을 "어떤 분석적 실체에 대한 개념이라기보다는 초점이 맞지 않는 판타지"라고 불렀다.[17]

산업혁명 이후, 기술에 관한 여러 문학 비평이 인류와 기계의 기이한 얽힘에 초점을 맞춰 왔다. 포스트모더니즘의

---

15) 같은 책.

16) 같은 책, 14.

17) 같은 책, 51.

이름 아래 느슨하게 결집한 운동은, 일반적으로 포스트모더니즘이 혼성모방(pastiche)과 자기재귀성(self-reflexivity) 같은 문화적 객체들의 혼합을 중시한 만큼 재조합된 문학-기술 텍스트에 대한 특별한 이론적 방안을 제공했다.[18] 1980년대와 1990년대에 초소형 컴퓨터 기술이 글쓰기의 양상을 대규모로 바꾸기 시작했을 때, 볼터와 랜도 같은 이론가들은 현대 비평 이론, 특히 데리다와 바르트의 이론을 계산적으로 실천하는 것이 지닌 잠재력에 주목했다.[19] 이러한 작업들은 이론적 방법론의 소프트웨어 사례화가 새로운 독해 방식과 글쓰기 방식을 드러냈다는 가정을 발전시켰다. 오늘날에도 "디지털 인문학"의 프로젝트는 전통적인 인문학 연구에

---

18) Frederic Jameson, *Postmodernism, or the Cultural Logic of Late Capitalism*(Durham: Duke University Press, 1991); Linda Hutcheon, *The Politics of Postmodernism*(New York: Routledge, 1989)을 보라.

19) Jay David Bolter, *The Writing Space: The Computer, Hypertext, and the History of Writing*(Hillsdale, N.J.: Lawrence Erlbaum, 1991)[김익현 옮김(2010). ≪글쓰기의 공간: 컴퓨터와 하이퍼텍스트 그리고 인쇄의 재매개≫. 커뮤니케이션북스]; George Landow, *Hypertext: The Convergence of Contemporary Critical Theory and Technology*(Baltimore: Johns Hopkins University Press, 1992)를 보라. 랜도는 이 텍스트의 뒤를 잇는 "업데이트" 버전을 출간했다. *Hypertext 2.0*(Baltimore: Johns Hopkins University Press), in 1996.[여국현 옮김(2001). ≪하이퍼텍스트 2.0: 현대 비평이론과 테크놀로지의 수렴≫. 문화과학사.]

교육용·연구용 도구를 제공하려는 도구적 성격이 강하다.[20] 문학 연구에 대항하는 올세트의 분명한 반응은 부분적으로 이러한 초기의 이론적 실수에 기인한다. 올세트는 비디오게임, 하이퍼텍스트, 시, 문학 간 근본적인 연결성을 끌어내면서도 이 새로운 사이버텍스트 영역이 전통적인 형태의 예술적 표현, 특히 문학으로부터 거리를 두게 한다.

≪사이버텍스트(Cybertext)≫가 처음 출판된 지 10년이 채 지나지 않은 오늘날, 비디오게임 연구 분야는 기능주의적 분리주의를 형성하며 뿌린 대로 거둬들이고 있다. 2004년 비디오게임 국제 연구 단체 디지털게임연구협회(Digital Game Research Association, DiGRA)[21]는 "하드코어(Hard Core)"라는 칼럼 시리즈를 시작했는데, 이는 "디지털게임 연구의 핵심을 구성하는 것이 무엇인지 학자들을 초청해 토론하는 포럼"[22]이다. "하드코어"라는 묘사는 통상적으로 노골적인 포르노에 사용되지만, 비디오게임 업계와 언론에서 가장

20) 예를 들어 UCLA의 디지털인문학센터(Center for Digital Humanities, http://www.cdh.ucla.edu/mission.html/)는 "연구와 교육을 위한 혁신적인 기술 논리적 설루션 개발"을 주요 목표로 삼고 있다. 인문학적 탐구의 대상으로서 디지털 인공물에 대한 언급은 없다. 프로젝트 구텐베르크(http://www.gutenberg.org/ 참조)와 같은 전자텍스트 소싱 도구는 인문학보다는 정보과학의 영역에 속한다.

21) Http://www.digra.org/.

22) Http://www.digra.org/hardcore/hcl/.

적극적이고 헌신적인 청중을 지칭하는 용어로도 자주 사용된다. 가장 열성적인 비디오게임 소비자 집단 "하드코어 게이머"는 때때로 비디오게임을 위해 다른 모든 문화적, 사회적, 심지어 위생적 활동을 포기한다는 안타까운 고정관념을 이행하는 가장 근시안적인 플레이어이기도 하다. 이는 부당한 환원주의이지만, 비디오게임 소비에서 비디오게임 연구로 옮기면 환기적인 비교를 불러일으킨다. 즉 "하드코어"는 비디오게임을 위해 다른 모든 비판적 활동을 포기하는 연구자들로 구성되는가?

그러한 태도는 매체 중심주의가 아니라 사이버텍스트적 기능주의에 특권을 부여하는 올세트의 태도와도 오묘하게 다르다. 디지털게임연구협회 하드코어 편집위원회는 겉으로는 자신들의 게임 연구 브랜드의 잠재적 개방성("코어가 반드시 디지털게임 연구에 대한 중앙화된 접근법을 의미하지는 않을 수 있다")을 말하지만, 거기서 출간된 논문들은 다른 이야기를 들려준다.[23] 그러한 칼럼 중 한 편에서 디지털게임연구협회의 회장 프란스 메이레는 게임 연구의 "세 가지 테제"에 대해 특히 명확한 비전을 제시한다.

테제 1: 게임 연구 전용 학문 분야가 필요하다.

테제 2: 이 새로운 분야는 고유의 핵심 정체성을 가지면

---

23) 같은 사이트.

서도 기존의 분야들과 적극적으로 대화하고 이에 기반해 구축되어야 한다.

테제 3: 게임 연구에 적용되는 교육·연구 관행은 모두 주제가 지닌 핵심적인 놀이적·유희적 성질에 충실해야 한다.[24]

첫 번째 테제(메이레에 따르면 "명백해야 하는 것")는 게임을 다른 문화적 형태와 연결하려는 올세트의 모든 진전을 지워 버린다. 메이레에 따르면 "게임은 다른 문화 형태와 공유되지 않는 그 자신의 고유한 기능과 근본적인 특징 또는 존재론을 가지고 있다".[25] 메이레의 두 번째 테제는 비판적 중첩의 문을 여는 것처럼 보이지만, 그 의도는 비교주의적 접근이 아니라 첫 번째 테제의 전용 분야를 위한 잠재적 습득에 초점을 맞추고 있음이 금방 드러난다. 메이레에 따르면 "게임이 다양한 형태의 스토리텔링, 시청각 매체와 예술, 과학과 프로그래밍 기술, 사업과 마케팅의 다양한 분야 같은 다른 영역들과 중첩되는 방식에는 여러 가지가 있다. 그러므로 모든 것을 완전히 처음부터 시작할 필요는 없다.… 이미

24) Frans Mäyrä, "The Quiet Revolution: Three Theses for the Future of Game Studies," *DiGRA Hard Core* 1, no. 3(March 2005). http://www.digra.org/hardcore/hc4/에서 이용 가능.

25) 같은 책.

학습하고 활용할 수 있는 몇 가지 기존 연구가 있다".[26] 세 번째 테제는 앞의 두 테제에 대한 일종의 규범적 윤리 역할을 한다. 이는 "게임과 놀이의 질적 핵심을 가시화할 수 있는 방식으로 연구 작업과 교과 과정을 조정해야 한다"[27]는 실용적 요청이다.

따라서 "하드코어" 게임 연구 분야는 본질주의적이고 교조적인 것으로 드러나며, 그 이론가들은 문학보다 유희에 특권을 부여하는 다른 종류의 고립주의적인 기술-텍스트 비평을 재창안하려 한다. 이는 우리가 예측할 수 없는 미래의 매체 생태계에서 맹렬한 대립을 조장할 것이다. 좋든 나쁘든, 이러한 본질주의는 설령 "절충적(eclectic)이라" 하더라도 여전히 표현적인 것을 대가로 물질적인 것을 우선시하는 접근법인 올세트의 기능주의에 그 기원을 두고 있다.[28]

나는 이런 종류의 순수 기능주의에서 벗어나는 동시에 게임을 짜임적 텍스트로 분석한 올세트의 유용한 분석은 그대로 유지하고 싶다. 나는 게임이 작동하는 방식에 초점을 맞추는 대신, 게임이 하는 일(미국비교문학협회의 말을 빌리자면 게임이 인간 활동에 영향을 미치고, 변화시키고, 참여하는

26) 같은 책.

27) 같은 책.

28) Aarseth, *Cybertext*, 41.[류현주 옮김(2007). ≪사이버텍스트≫. 글누림.]

방식)에 초점을 맞출 것을 제안한다. 그러한 비교 비디오게임 비평은 주로 게임의 표현적 능력에 초점을 맞추고 인문학 속 그것의 토대에 충실할 것이며, 비디오게임이 인간으로 있다는 것의 의미를 드러내는 방식을 이해하려 노력할 것이다.

전통적인 의미에서 비교문학은 서구 전통의 정합성을 공고히 하려 했다. 19세기에 처음 구상된 비교문학은 주로 다양한 (유럽) 언어와 문학을 통합하는 압도적 전체를 확립하고자 했다. 그러한 유럽중심적 보편주의는 확실히 약화했지만, 다수의 문학적·문화적 전통에 대한 비교주의자의 핵심적인 전념은 사라지지 않았다. 좀 더 현대적인 모델에서 비교주의 비평가는 인간 활동의 여러 영역에 걸친 더욱 특정적인 비판적 분석을 구성하기 위해 이론적 틀을 동원한다. 일부 작업은 이론적 상부구조를 피하고 한 전통에 대한 면밀한 독해를 다른 전통에 직접 적용한다. 일반적으로 비평가는 다른 두 항의 교착 상태에 개입하기 위해, 그것들 사이에 개입하는 문학적 또는 이론적인 세 번째 항을 불러들인다.

비교 비디오게임 비평은 기능주의적 접근을 외면하지 않고, 오히려 게임에 대한 그것의 유용성을 게임에 관해 설명하기 위한 유용한 지렛대로 인식할 것이다.[29] 그러한 비평은

---

29) [옮긴이] 보고스트는 닉 몬트퍼트와의 공저에서 계산적 창조성에 관한 연구의 모델을 제시한다. ① 사용자의 경험에 초점을 맞춘 "수용과 조작", ② 컴퓨터 체계의 가시적·조작적 부분과 사용자의 관계에

사이버텍스트의 부분들이 드러내는 미적 의미에 초점을 맞출 것이다. 비디오게임이 무엇인지, 어떻게 기능하는지 등 비디오게임에 관한 기능주의적 물음은 유효하지 않거나 심지어 환대받지 못하는 것이 아니다. 그러나 그 못지않게, 아니 내가 감히 말하건대 그보다 더 중요한 물음이 있다. 즉 비디오게임은 무엇을 하는가, 플레이어가 비디오게임과 상호작용할 때 어떤 일이 일어나는가, 비디오게임이 다른 종류의 인공물에서 작동하는 문화적 표현과 어떻게 관계하고, 그에 참여하고, 그것을 확장하고, 수정하는가?

브리콜뢰르의 상에서 비평가와 비디오게임은 동일한 선택과 짜임의 과정을 공유한다. 비교 비평의 즉흥적이고 심지어 상투적인 과정에는 올세트의 사이버텍스트가 생략한 인공물들이 포함되어야 한다. 시, 영화, 소설, 텔레비전은 작가에 의해 명백하게 짜임적으로 만들어지지 않았더라도 비평가에 의해 그렇게 만들어질 수 있는 매체다.

초점을 맞춘 "인터페이스", ③ 프로그램의 조작과 행동에 초점을 맞춘 "형식과 기능", ④ 프로그래머에 의해 작업이 프로그래밍되고 이해되는 방식에 초점을 맞춘 "코드", ⑤ 코드 아래의 추상화 층에 초점을 맞춘 "플랫폼"이 그것이다. Ian Bogost and Nick Montfort, *Racing the Beam: The Atari Video Computer System*(Cambridge: The MIT Press, 2009).

05
비디오게임과 표현

비디오게임은 복잡한 소프트웨어 프로그램이다. 소프트웨어로서 비디오게임은 객체 기술의 구성요소화[컴포넌트화(componentization)]를 활용한다. 완전한 3차원 세계를 구현하는 게임에서 객체 물리나 반사 휘도와 같은 공통 요소는 객체 기반 소프트웨어 구성요소[컴포넌트]로 추상화될 수 있다. 그러나 게임 엔진은 다른 형태의 문화적 생산에 비해 단위체 기반 추상화의 범위를 크게 늘린다. 일인칭 슈팅 게임(First-Person Shooter, FPS)은 다른 게임을 만드는 데 사용되는 일반적인 소프트웨어 구성요소와 도구의 회집체, 즉 게임 엔진의 산업을 구축하는 데 근본적인 역할을 했다. 몇몇 사람들은 <둠(Doom)> 같은 FPS 게임의 문화적 가치에 의문을 제기하지만, 이 장르는 새로운 문화적 생산 방식을 인도하며, FPS 게임은 그에 대한 선사적(prehistoric) 인공물일 따름임이 드러날 것이다.

이 장르에 속한 작품들에 공통된 게임 플레이는 기존 게임을 위해 작성된 코드를 기반으로 새로운 게임을 개발할 수 있게 했다. 올세트는 <조크>와 같은 초기 어드벤처 게임에서 이 점을 관찰했다. 올세트에 따르면 "새 버전을 만드는 것은 주로 프로그램 파일을 편집한 다음 다시 컴파일하는 작업이며, 최종 결과는 프로그래머가 원하는 대로 원본과 비슷하거나 다를 수 있다".[1] 유사한 게임들을 위한 공통 하위구조라는 개념은, 물리 같은 배경 효과를 렌더링(rendering)하는 일뿐 아니라 게임 플레이 자체의 핵심적 기능을 조직하는 데 유용한 구성요소 기반 소프트웨어 체계, 즉 현대 게임 엔진으로 발전했다. 현대의 게임에서는 재컴파일조차 필요하지 않다. 게임 엔진은 개발자 친화적 API(애플리케이션 프로그래밍 인터페이스)를 통해 접근할 수 있는 소프트웨어 객체와 프레임워크로 분할되어 있다. 게다가 개발자는 프로그래머가 아닌 사람도 엔진이 실행하는 게임 구성요소를 구축할 수 있게 하는 도구를 만드는 경우가 많다. 이 중 가장 일반적인 것은 3D 스튜디오 맥스(3D Studio Max)와 마야(Maya) 같은 유명한 3차원 프로그램에서 3차원 모델과 애니메이션을 불러오는 플러그인(plug-in)이다. 한 걸음 더 나아가 레벨 에디터(level editor)를 사용하면 프로그래머가 아닌 사람도 게임 내에서 사용할 환경을 구성할 수 있다. 가장 유명한 레벨 디자인 프로그램(level designer) 중 하나는 유명 FPS <하프라이프>의 레벨을 제작하는 데 사용된 편집 프로그램,

---

1) Aarseth, *Cybertext*, 100-101.[류현주 옮김(2007). ≪사이버텍스트≫. 글누림.]

밸브의 해머 에디터(Hammer Editor)다. <네버윈터 나이츠(Neverwinter Nights)>[FPS가 아니라 롤플레잉 게임(RPG)]는 플레이어가 펜과 종이로 게임의 모험 시나리오를 구축하는 롤플레잉 게임 <던전 & 드래곤(Dungeons & Dragons)>의 정신을 구현하도록 의도된 도구, 오로라 에디터(Aurora Editor)와 함께 제공되었다.

게임 엔진은 문학적 장치와 장르를 훨씬 뛰어넘는다. 모던 소설이나 필름 누아르 같은 문화적 범주와 달리, 게임 엔진은 개별 비디오게임의 예술적·문화적·서사적 표현을 조절한다. 이러한 차이는 부분적으로 시장 경제에 참여하는 창작 과정, 즉 산업 예술로서 매체가 가지는 지위를 중심으로 이루어진다. 물론 책도 시장 경제에 참여한다. 출판사는 과거와 예상 시장 반응을 바탕으로 제목을 선택한다. 또한 출판사는 출판하기로 택한 원고의 길이를 제한하는 등 저작물의 실질적 내용에 영향을 미치기도 한다. 단체나 개인이 특정 예술가에게 특정 목적을 위한 작품을 제작하도록 자금을 지원한 커미션 스튜디오 예술(commissioned studio art)과 설치 작품도 흔히 볼 수 있다. 그러나 영화 산업은 특정 기술(예술적·기술적)을 갖춘 개인들로 구성된 대규모 팀이, 항상 그런 것은 아니지만 대체로 대기업 투자자들의 투자를 받아 작품을 제작하는 산업 예술의 지배적인 예시로 남아 있다. 대부분의 문학 작품이나 스튜디오 예술과 달리 비디오게임과 영화에는 상당한 규모의 예산과 다양한 창작자 팀이 필요하다. 그러나 비디오게임 예산이 아무리 호화로워도 할리우드 블록버스터 영화에 비하면 초라하기 짝이 없다. 중간급 게임 개발에는 500만에서 1000만 달러가 소요될 수 있지만, 히트작 <타이타닉(Titanic)>이나 흥행작 <워터월드(Waterworld)> 같은 영화는 제작비만 1억 달러를 훨씬 넘긴다.[2]

그 대신 비디오게임, 특히 게임 엔진에 가장 많이 의존하는 FPS 게임의 주요 차이점은 지적 재산(intellectual property, IP)을 특별한 방식으로 사용한다는 점이다. 구성요소 소프트웨어와 마찬가지로 게임 엔진은 지적 재산이다. 그것은 장르, 장치, 클리셰가 하지 못하는 방식으로 물질세계에 현존한다. 할리우드 대형 스튜디오들은 영화 마케팅의 성배가 지적 재산의 형태에 있다고 믿지만, 그들의 지적 재산은 볼터와 그루신의 <배트맨>처럼 속편, 라이선스 제품, 마케팅 파트너십으로 확장될 수 있는 프랜차이즈(franchise)라는 다른 형태를 띤다. 이 업계에서는 이러한 자산 중 일부를 처음부터

---

2) 비디오게임 예산에 대한 이 수치는 금방 갱신될 것이다. 2005년 봄 이 글을 쓰고 있는 지금, 마이크로소프트, 소니, 닌텐도의 차세대 콘솔이 내년에 출시될 예정이다. 이러한 새로운 콘솔이 시장에 미칠 영향에 대한 초기 추측이 분분한 가운데, 일부 개발자들은 업계가 할리우드를 모방하려 노력하면서 게임 예산이 4000만 달러 이상으로 늘어날 것이라고 우려하고 있다. http://news.com.com/Developers+uneasy+about+new+game+consoles/2100-1043_3-5704069.html?tag=nefd.top/ 참조.

새로 제작한다. <인디아나 존스(Indiana Jones)> 시리즈가 좋은 예시다. 그러나 오늘날에는 스튜디오가 다른 매체에서 검증된 자산에 라이선스를 부여하는 경우가 더 많으며, 최근 사례로는 <반지의 제왕(The Lord of the Rings)> 삼부작, <해리 포터(Harry Potter)> 시리즈, <슈렉(Shrek)>, <스파이더맨(Spider-Man)>, <미녀 삼총사(Charlie's Angels)>가 있다. 이러한 사례에서 지적 재산 라이선싱의 대상이 되는 것은 영화의 형식이 아니라 내용이다. <슈렉>은 내용 기반 라이선싱의 가장 형식적인 사례 중 하나로, 영화에서 보존된 원작 도서의 양상은 표제 인물의 이름과 그가 오우거라는 사실에 제한된다.[3] 물론 대중 영화에서 반복되는 형식적 모델의 예시도 있다. 영화 스튜디오는 종종 버디 캅 영화(buddy cop movie), 성장 영화, 로맨틱 코미디 영화와 같이 검증된 모델이나 공식을 중심으로 자신의 영화를 구조 짓는다. 그러나 영화 스튜디오는 이러한 모델을 직접 제작, 소유, 판매하지 않는다. 영화 스튜디오가 자신의 개봉작 중 하나를 장르 공식에 끼워 맞추는 비평가를 비난하는 상황은 상상할 수 있지만, 스튜디오는 장르 공식에 대한 비평가의 언급이 스튜디오의 라이선스 계약에 어긋난다고 할 정도로 그 장르에 대한 소유권을 주장할 수 없다.[4]

---

3) William Steig, *Shrek!*(New York: Farrar, Straus, and Giroux, 1993).

4) 2003년 런던대학교의 수 클레이턴이 수행한 연구는 실제로 "완

게임 엔진은 플레이할 수 없으며, 작품을 만들기 위해 그 엔진을 포괄하고 통합하는 게임만 플레이할 수 있다. 이러한 의미에서 게임 엔진은 장르보다 초월적인 것이 아니다. 그러나 게임 엔진은 저자성과 비평이라는 측면에서 다른 지위를 누린다. FPS는 분명 비디오게임의 한 장르며, 좋든 나쁘든 아마도 이 매체에서 가장 흔한 장르일 것이다. 그러나 FPS 엔진은 전체 게임 플레이 동작을 해석해 개별 게임과는 별개의 기능적 상호작용을 촉진한다. 장르는 서사에 대한 창의적 접근을 구조 짓는다. 장르는 일종의 이야기를 기술한다. 방금 언급한 영화 장르에 관한 개념적 기술은 상상할 수 있지만, 그러한 장르의 단위조작적 기반을 상상하는 것은 훨씬 어렵다.[5] 버디 캅 영화에는 운전, 총기 취급, 도보 추격전, 심지어 아마도 격렬한 이혼 분쟁까지 포함되어야 한다. 로맨틱 코미디에는 우연한 만남, 도시에서의 위기일발, 당혹스러운 오해, 감동적인 해결이 요구될 것이다. 게임 엔진은 이러한

벽한 영화를 위한 일반적인 청사진"을 만들려 했다. 그 결과는 음악 8퍼센트, 구성(plot) 10퍼센트, 특수효과 10퍼센트, 사랑/섹스/로맨스 12퍼센트, 선 대 악 13퍼센트, 코미디 17퍼센트, 액션 30퍼센트(관련 기사, *Wired*, August 2003, 52)였다. 명백한 물음이 남는다. "구성 10퍼센트"와 같은 수치는 실제로 무엇을 의미하는가?

5) 2006년에 출시된 피터 몰리뇌와 라이언헤드스튜디오의 신작 게임 <더 무비(The Movies)>는 절차적 영화 제작 기법으로 이러한 주장에 도전할 수 있을 것이다.

물질적 요구사항을 자신의 주요한, 어쩌면 유일한 형식적 구성요소로 추상화한다는 점에서 장르와 다르다.

공유된 게임 코드의 초기 예시는 간단한 사례 연구를 제공한다. 아타리의 설립자 놀런 부슈널은 최초의 컴퓨터 탁구 게임을 만들지는 않았지만, <퐁>을 대중화하고 상업화해 비디오게임 산업에서 첫 번째 성공을 거두었다.[6] 큰 인기를 끈 이 초기 탁구 게임을 출시한 후, 부슈널은 다소 이례적인 전략적 결정을 내렸다. 경쟁자를 만든 것이다. 동전 게임(coin-op) 시장에서 아타리의 영향력이 유통 관행 탓에 제한되자, 부슈널은 시장 점유율을 높이기 위해 이웃인 조 키넌을 영입해 새로운 회사를 설립했다. 새로운 회사의 이름은 키게임스(Kee Games)였고, 아타리의 창립자인 부슈널과 앨 앨콘이 이사회에 참가했다. 부슈널은 이 교묘한 속임수에 힘을 실어 주기 위해 아타리 최고의 직원 두 명을 키에 합류시켰다.[7]

1974년 키의 출시 예정표에는 18개의 게임이 있었고, 그중

---

6) 최초의 탁구 게임은 1958년 브룩헤이븐 국립연구소의 윌리엄 A. 히긴보텀이 만든 <테니스 포 투(Tennis for Two)>다. 이 게임은 오실로스코프에서 플레이되었다. 랄프 베어는 1966년 이 설계를 텔레비전용으로 개조했고, 그 결과 마그나복스에서 오디세이라는 이름으로 장치를 제조했다.

7) Rusel Demaria and Johnny L. Wilson, *High Score! The Illustrated History of Electronic Games*(Berkeley: McGraw Hill, 2002), 23.

6개가 <퐁>을 변형한 게임이었다.[8] 이 중 가장 성공적인 게임은 두 명의 플레이어(인간 또는 컴퓨터)가 각각 탱크를 조종해 미로를 돌아다니는 게임 <탱크(Tank)>였다. 플레이어들이 탱크에서 탄환을 발사하면 탄환은 미로 벽에 맞고 튕겨 나간다. 게임의 목표는 이 발사체 중 하나로 상대의 탱크를 타격해 무력화하는 것이었다.

<탱크>와 <퐁>은 문자 그대로 언리얼 엔진(Unreal Engine) 같은 기술 프레임워크에 기반한 최신 게임과 같은 방식으로 게임 엔진을 공유하지는 않았지만, 두 게임의 공통적인 게임 플레이 특성은 전적으로 동일한 코드베이스에 의존했으며, 이는 키가 아타리의 최고 개발자인 스티브 브리스토를 영입한 결과였다. 이 시기에는 게임 개발에 오류의 여지가 그리 크지 않았고, 브리스토는 키에 API와 구성요소 대신 그의 어셈블리 코드를 가져왔다. <탱크>의 일부는 <퐁>의 게임 플레이를 그 핵심 부분, 즉 충돌 효과가 있는 객체 벡터에 대한 단위조작으로 추상화한다. 게임 플레이의 단위체로서, <탱크>는 벡터 기하학의 개념을 두 플레이어 간의 경쟁을 매개하는 매개체로 활용했다. 아타리가 키게임스를 재통합한 후, <탱크>는 초기 콘솔에서 가장 유명한 타이틀 중 하나인 <컴뱃(Combat)>으로 아타리 2600에 이식되었다. <컴뱃>은 동일한 기본적인 게임 플레이 단위체를

---

8) 같은 책.

활용하면서, 여기에 작은 변형을 추가해 하나의 VCS 콘솔에서 27개의 게임을 만들어 냈다. <탱크>, <퐁>, <컴뱃>은 상호텍스트성 같은 해석학적 개념이나 재매개 같은 신매체 개념이 허용하는 것보다 훨씬 강력한 관계를 맺는다.

게임 엔진

부슈널은 시장 점유율을 높이기 위해 경쟁자를 만드는 파격적 행보에 이어, 워너커뮤니케이션스에 아타리를 약 3000만 달러에 매각한 후 1977년 척 E. 치즈(Chuck E. Cheese's)라는 피자/아케이드 체인을 설립했다.[9] 부슈널은

---

9) 척 E. 치즈를 만든 부슈널의 선견지명은 특별히 언급할 만한 가치가 있다. 부슈널은 전자 게임이 테마파크와 쇼핑몰의 성공을 이끈 것과 같은 종류의 경험인 오락 경험이라는 더 큰 세계의 일부라는 점을 누구보다 먼저 인식했다. 제러미 리프킨은 재산(property)에서 경험으로의 이러한 전환을 "접근의 시대"라고 불렀는데, 이는 이 주제에 관한 그의 탁월한 저서의 표제이기도 하다. Jeremy Rifkin, *The Age of Access: The New Culture of Hypercapitalism Where All of Life Is a Paid-For Experience*(New York: Tarcher, 2000).
척 E. 치즈의 피자 타임 시어터(Chuck E. Cheese's Pizza Time Theater)와 그 경쟁사 쇼비즈 피자 플레이스(ShowBiz Pizza Place. 초기 가맹점주 밥 브록이 설립)의 간략한 역사에 관해서는 http://users.pullman.com/fjstevens/tokens/cec/CECimages/CEChistory.html/ 참조.

한 게임의 물질적 구조를 다른 게임으로 옮길 가능성을 이해한 것처럼 한 플레이 환경을 다른 플레이 환경으로 옮길 수 있는 잠재력도 인식한 진정한 선각자였다. <퐁>과 <탱크> 같은 초기 게임은 처음에는 술집에 설치되었으며, 이 1970년대 중반 타이틀들은 보통 20대 남성이 매력적인 젊은 여성과 팔짱을 끼고 서서 아케이드 박스를 플레이하거나, 젊은 남녀가 앉아서 "칵테일 테이블" 양식의 아케이드 박스에서 서로 대결하는 모습의 묘사를 마케팅 소재로 삼았다. 부슈널은 아케이드 플레이의 사회적 경험이 성인용 장소에서 가족용 장소로 옮겨질 수 있는 단위조작으로 구성된다는 점을 인식했다. 흥미롭게도 FPS가 LAN과 인터넷 기반 아레나 매치에 멀티 파티 게임 플레이를 다시 도입하기 전까지, 1990년대에 이러한 종류의 사회적 플레이는 거의 사라졌다.

가장 중요한 것은, 예를 들어 개인 대 개인 전투 시뮬레이터 및 공격성 방출 장치, 술집의 혼잡함 생성기라는 두 게임 <퐁>과 <탱크>의 관계적 의미는 작품 자체의 공통 논리 구조에 '물질적으로' 묶여 있다는 점이다. 스티브 브리스토의 초기 사례는 오늘날의 추상적이고 비인격화된 소프트웨어 체계보다 개별화된 영화적·문학적 영향에 더 가까울 수 있지만, 이 물질적 형식은 영화적 기법이나 문학적 기법과는 달리 그 창작자와 완전히 독립적으로 현존한다. 이렇게 지적 소유권, 저자성의 물질적·기능적·담론적 양태 사이 완전한 일치가 이루어지는 경우는 거의 없었다.

사실 아타리 2600[아타리 비디오 컴퓨터 체계(Atari Video Computer System) 혹은 VCS라고도 불린다]의 전체 하드웨어 구조는 <퐁>과 <탱크> 같은 게임을 수용하도록 제작되었다. 장치의 메모리 구조와 하드웨어 레지스터 설정은 플레이필드 배경, 두 플레이어 스프라이트(sprite), 미사일 두 대, 공 한 개에 접근할 수 있게 했다. VCS는 일반적으로 프로그래밍하기 가장 어려운 플랫폼 중 하나로 꼽히며, 이 플랫폼에서 게임 플레이를 혁신하려면 개발자는 플랫폼의 제약 내에서 작업해야 한다. 이러한 제약으로는 물리적 제약(고작 128바이트의 RAM과 카트리지에 들어가는 2킬로바이트의 게임 데이터)뿐 아니라 개념적 제약도 있다. 즉 플랫폼의 하드웨어는 테니스 같은 속성에 기반한 인공물 <퐁>이나 <컴뱃> 같은 게임용으로 설계되었다. 결국 카트리지의 ROM 크기가 증가했지만, 새로운 게임 개념을 구현하기 위해서 VCS 프로그래머는 새로운 플레이 경험을 만들어 내기 위해 하드웨어의 지원성(affordance)을 조작해야 했다. VCS는 기술 플랫폼의 구조가 그 플랫폼에서 실행되도록 만들어진 소프트웨어에 표현적 압력을 가하는 방식에 대한 놀라운 예시를 제공한다.

진정으로 구성요소화된 현대 게임의 단위조작적 게임 엔진은 이러한 기능주의와 물질주의의 결합을 더욱 강조할 따름이다. 벤 소여의 관찰에 따르면 "매체 형태로서 게임은 매체의 발전, 그리고 그 발전의 기저에 있는 기술 및 생산 과정의 발전과 아마도 가장 밀접한 관계를 맺고 있다".[10] 아마도 가장 일반적이고 널리 논의되는 게임 엔진은 <둠>, <퀘이크(Quake)>, <언리얼 토너먼트(Unreal Tournament)> 같은 FPS 게임을 구동하는 엔진일 것이다. 에픽게임스의 인기 멀티플레이어 FPS 시리즈에 사용되는 게임 엔진인 언리얼 엔진의 출시는 종종 게임 자체보다 더 큰 언론의 관심과 기대를 받는다. 이 비평적 렌즈의 초점은 게임 비평에서 게임 엔진의 단위조작을 분석할 때, 물질-기능적 요소를 결합한 혼성적 분석이 얼마나 중요한지를 보여 준다.

현대 게임 엔진은 최초의 FPS는 아니지만 아마도 가장 영향력 있는 게임인 <둠>과 함께 탄생했다. 1990년대 초 <둠>이 엄청난 성공을 거둔 이후 두 가지 사실이 분명해졌다. 첫째는 FPS 게임이 엄청난 시장 잠재력을 지녔다는 것이었다. <둠>은 소매점에서 60만 장 이상 판매되었고, 셰어웨어 라이선스를 통해 수십만 장이 더 배포되었을 가능성이 크다.[11] 둘째는 FPS 게임 제작을 '촉진하는' 데 엄청난 시장 잠재력이 있다는 것이었다. <둠>의 성공 이후, 개발

10) Ben Sawyer, "The Next Ages of Game Development," *Adrenaline Vault*, September 30, 2002, http://www.avault.com/developer/getarticle.asp?name=bsawyer1/.

11) "10 Most Controversial Games of All Time," *PC Gamer*, May 2002, http://www.pcgamer.com/eyewitness/eyewitness_2003-06-05.html/.

사 이드소프트웨어는 자사 게임의 판매뿐 아니라 다른 개발사들이 유사하거나 파생적인 게임을 개발하는 데 도움을 주는 일 역시 수익을 낼 수 있다는 점을 인식했다. 이 기회에서 가장 중요한 것은 게임의 핵심 특징, 그 심장에 있는 단위조작을 추상화하고 추출하는 것이었다. 이드는 이 발상을 퀘이크 엔진(Quake Engine)으로 발전시켰고, 이 엔진은 <헥센 2(HeXen 2)>, <하프라이프>를 포함해 이후 출시된 수십 개 타이틀의 기반이 되었다.

현대적 의미의 게임 엔진은 <퐁>과 <탱크>가 정점 충돌 루틴(vertex collision routine)을 재사용하는 것이나 VCS의 스프라이트와 볼 제약(ball constraint)보다 훨씬 복잡하다. 이러한 복잡성은 주로 현대 게임 엔진이 엄청난 프로그래밍적 복잡성을 요하는 3차원 세계를 다루기 때문에 발생한다. 엔진의 주요 작업인 렌더링은 실제 게임 플레이와는 관련이 없다. 또한 게임 엔진은 세계의 등장인물과 객체를 위한 루틴(routine)을 추상화하고, 객체가 세계에서 떨어져 나가지 않도록 물리 루틴을 관리하며, 객체의 상호작용을 지시하고, 음향 관리, 인공지능(AI), 네트워크 통신, 스크립팅(scripting), 도구를 제공한다. 후자의 두 가지 특성은 특히 흥미로운데, 다른 체계가 전체 게임 엔진에 접근할 수 있게 만들어 그것을 수정하거나 추가할 수 있게 해 주기 때문이다. 객체 기술 용어로 표현하자면, 이는 엔진의 소프트웨어 루틴이 다형성을 띠게 한다.

게임 엔진은 게임 산업의 엄청난 성장에 일부 기여했으며, 원칙적으로 게임 엔진을 예찬하지 않을 이유는 없다. 결국 게임 엔진은 게임 개발에서 상당한 수고를 덜어 주므로 개발자가 메커니즘 대신 혁신에 집중할 수 있게 해 준다. 하지만 <퐁>과 <탱크>라는 단순한 사례만 보더라도 공통의 토대적 기술이 만들어 내는 연결고리는 지적 소유권, 물질적·기능적·담론적 연결고리 등 다양하다. 이들 각각이 현대 게임 엔진과 어떤 관련이 있는지, 비디오게임에서 표현을 가능하게 하고 포기하게 하는 것은 무엇인지 물어볼 가치가 있다.

<퐁>과 <탱크>는 라이선스가 아니라 직접 소유권을 통해 규정된 지적 재산을 공유했다. 키와 아타리는 같은 회사였고, 그것들의 분리는 규제 당국을 만족시키기 위한 책략일 뿐이었다. 이드소프트웨어에서 유료 라이선스 프로그램으로 출시한 퀘이크 2 엔진의 경우, 라이선스 제공자와 라이선스 사용자 모두 공유 재산의 혜택을 받는다. 이드는 타이틀당 1만 달러부터 시작하는 라이선스 비용을 받으며, 다른 개발자는 처음부터 개발하지 않고 엔진에서부터 개발을 시작할 수 있어 기회비용을 절감할 수 있다. 이러한 관계는 1998년 퀘이크 2 엔진에 기반해 <하프라이프>를 출시한 밸브소프트웨어에서 잘 작용했다. <하프라이프>는 결과적으로 <카운터 스트라이크(Counter-Strike)>라는 멀티플레이어 에디션을 탄생시켰으며, 이는 오늘날에도 가장 인기

있는 인터넷/LAN 게임 중 하나로 남아 있다. <탱크>와 <하프라이프>는 게임과 개발사 또는 유통사 사이의 형식적인 지적 재산 관계가 양측 모두에게 이익이 되는 성장을 촉진하는 방식을 입증한다.

이와 동시에 이러한 법적 관계로 인해 두 게임은 다른 창작 인공물과는 매우 다르다. 문학 연구에서는 상호텍스트성과 전통의 영향에 관한 합의를 조절할 법적 기관이 없다. 해럴드 블룸은 "영향에 대한 불안(anxiety of influence)"이라는 개념을 통해 모든 문학적 텍스트는 그에 선행하는 텍스트에 대한 잘못된 표상이라고 주장한다.[12] 키츠와 같은 "강한" 시인은 밀턴이나 워즈워스 같은 작가들에 대한 내면화를 바탕으로 높은 "수정 비율(revisionary ratio)"을 달성해 무명에서 벗어나 독창적인 작가로서 문학 정전의 반열에 오를 수 있다. 영향에 대한 불안에는 계산이 있으며, 블룸은 시인이 스스로에 대항해, 그리고 자신이 낙명해 역사의 뒤안길로 잊힐 것이라는 두려움에 대항해 작업한다고 주장한다. 블룸은 이러한 분투를 프로이트의 오이디푸스 콤플렉스와 관련지어 심리학적으로 고찰한다. 하지만 블룸의 설명은 이론적인 설명일 뿐 물질적인 것은 아니다.

---

12) Harold Bloom, *The Anxiety of Infuence*(Oxford: Oxford University Press, 1997), 22-28.[양석원 옮김(2012). ≪영향에 대한 불안≫. 문학과지성사.]

<하프라이프>가 아버지 상으로서 <퀘이크>에 영향에 대한 불안을 가지고 있다고 주장할 수도 있지만, 그것들의 관계는 정신분석학이 정확하게 특징지을 수 있는 것보다도 형식적이다. <하프라이프>는 문자 그대로 <퀘이크>의 핵심 부분을 구현하고 있으며, 이는 엔진이 접근을 제공하는 추상화된 단위조작이다. 두 게임은 역사적으로, 그리고 아마도 FPS의 위계적 역사에서 서로 관련이 있지만, 두 게임의 관계는 오이디푸스적 불안의 관계는 아니다. 이러한 불안 대신, 두 게임은 그것들의 공통성을 지적 재산이라는 외부 구조를 통해 매개하기로 합의했다. 정신분석학이나 문학 이론과 달리 지적 재산은 비평가가 아니라 정부와 시장에 의해 조절되는 안정적 관계다. 지적 재산의 규칙은 유연하며 변할 수 있지만, 그 근본 원리는 법적이며 문학적이지 않다. T. S. 엘리엇은 호메로스와 단테의 작품을 자신의 작품으로 교체할 라이선스 권한을 받지 않았다.

외부 매개체로서 지적 재산은 볼터와 그루신의 재매개 관념과도 다르다. 재매개는 <하프라이프>에서 작동할지도 모르는 기법을 기술하지만, "차용(borrowing)"은 법적으로나 상업적으로나 외부의 힘에 의해 매개된다. 이 게임이 <퀘이크>에서 차용하고자 하는 단위조작에 대한 바로 그 접근은 또 다른 단위조작인 라이선싱을 통해 구현된다. 라이선싱은 담론적 기능이 아니라 법적 기능이다.

문학과 예술은 언제나 허용 원칙(permissibility)과 변덕스러운 관계를 맺어 왔으며, 검열과 분서(焚書)는 새로운 일이 아니다. 최근 미국 법원은 힙합 음악의 오디오 샘플링과 관련된 공정 사용 위반 사건을 다루었다. 그러나 게임 엔진은 덜 애매한 관계를 바탕으로 문화적 인공물과 시장을 근본적으로 새로운 방식으로 연결한다. 이러한 배열은 창작과 비평 모두에 시사하는 바가 있다. 지적 재산 관계는 법에 의해 수정되고 해석될 수 있으며, 문화 작품으로서의 게임에 대한 효과적 비평은 작품이 담론적으로 기능하는 방식을 이해하려 할 때 라이선싱 조작을 고려 대상에 넣어야 할 수 있다. 예술 작품의 정치경제에 관해 어떤 의구심이 있었든 게임 엔진은 그 의구심을 종식한다.

마찬가지로 동일한 엔진으로 제작된 게임들의 공통된 물질적·기능적 기반은 은유와 유비라는 문학 비평적 개념을 캡슐화된 단위조작으로 축소한다. <퀘이크>와 <하프라이프>는 몇 가지 면에서 다르지만, 동일한 핵심 코드라는 동일한 물질적 기반을 공유한다. 객체를 렌더링하고, 충돌을 관리하고, 발사체를 발사하고, 등장인물과 객체 사이 물리적 상호작용을 모델링하는 저수준 루틴들은 근본적으로 그리고 명시적으로 동일하다. 게임에서 지적 재산은 국가와 경제를 함축하지만, 물질성은 좀 더 부드러운 문화적·사회적·미시경제적 힘을 함축한다.

최근 비디오게임 업계의 가장 큰 개발사들에서 의심스러운 노동 관행이 문제시되었다.[13] 초과 근무 수당이 없고 업무 외 시간 의무에 대한 배려도 거의 없는 억압적으로 긴 근무 시간에 대한 협의가 제기되면서, 최악의 노동법 위반자들을 대상으로 집단 소송을 제기하자는 요구가 나왔다.[14] 가상의 게임 엔진을 개발하는 프로그래머가 제품 출시를 위해 가혹한 근무 조건에서 주당 100시간씩 일해야 한다고 상상해보면, 마치 노동력을 착취하는 섬유 노동이 생산된 의류에 "오점"을 남기는 것처럼 결과물은 그 근무 조건을 내장하게 된다. 2003년 캘리포니아의 슈퍼마켓들은 불공정한 혜택 관행에 따른 노동자들의 파업으로 141일 동안 영업에 차질을 빚었다.[15] 많은 캘리포니아 주민은 이러한 불공정 관행을 자행한 것으로 추정되는 고용주를 재정적으로 지원하지 않고 문제가 되는 그 마켓을 피하기로 선택했다. 그러나 이들은 파업 동안 그 마켓들을 애용한 사람들을 찾아낼 수 없었고 그들의 사업체를 적어도 광범위하게는 피할 수 없었다. 이러한 조건에서 제작된 게임 엔진의 경우, 한 게임의 공통적인 물질적 기반이 다른 게임에 형식적으로 내장되므로 파생적

---

13) Http://www.livejournal.com/users/ea_spouse/.

14) "EA Facing Possible Class Action Suit," *Game Daily*, November 12, 2004, http://biz.gamedaily.com/features.asp?article_id=8323/.

15) "Lessons of the California Supermarket Strike," *Proletarian Revolution* 70(spring 2004). http://www.lrp-cofi.org/PR/strikePR70.html/에서 이용 가능.

작품은 그 제작의 물질적 조건을 상속받게 된다. 좀 더 평범한 예시로 엔진의 보안 또는 기능적 결함을 들 수 있는데, 엔진의 공통적이고 캡슐화된 코드베이스가 그 엔진으로 제작된 모든 게임에 흐를 것이기 때문이다.

더 흥미로운 물음이 공통 엔진으로 제작된 게임들 사이 담론적 관계를 둘러싼다. <하프라이프>는 퀘이크 엔진이 제공하는 단위조작의 매개변수를 변경하거나 조정할 수 있고, 실제로 그렇게 한다. <카운터 스트라이크>에서는 달과 동일한 중력과 마찰이 존재하는 가상의 세계에서 플레이어들이 서로 전투를 벌일 수 있다. 게임을 분석할 때 물리, 탄도, 굴절 휘도와 같은 단위조작은 중요하지 않아 보이거나 심지어 흥미로운 특성이 아닌 것처럼 보일 수 있다. FPS의 "S"는 "슈팅 게임(shooter)"을 의미하므로, 이러한 게임이 종종 선 대 악이라는 환상적인 전투에 대한 폭력적 묘사로 가득 차 있다는 점은 놀랍지 않다. 팝콘 액션 영화를 위한 장소가 있는 것처럼 그런 작품들을 위한 문화적 장소가 있다. FPS 게임 엔진은 거의 전적으로 젊은 남성들이 지배하는 비디오게임 시장의 영역에서 힘에 대한 판타지를 영속화할 수 있는 시장 기회로부터 탄생했다. 그러나 영화 같은 선형적 매체와 달리, 엔진을 기반으로 제작된 비디오게임에는 담론적 처방이 덜 효과적인 것으로 입증되었다. 영화 스튜디오가 공식의 융합("<해리가 샐리를 만났을 때(When Harry Met Sally)>를 만난 <대부(The Godfather)>" 같은 전형적인 제작사 홍보 방안의 주문으로 유명해졌다)을 실험할 때, 일부 게임 개발자는 FPS 엔진을 "슈팅 게임"이라는 바로 그 개념에 대한 성찰적 창으로 사용했다. 1987년 코지마 히데오의 고전 게임 <메탈 기어(Metal Gear)>를 필두로 <메탈 기어 솔리드(Metal Gear Solid)> 시리즈, <레인보우 식스(Rainbow Six)>, <스플린터 셀(Splinter Cell)>[16] 시리즈 같은 삼인칭 게임에서는 게임의 목표를 달성할 방법으로 폭력보다 잠입에 중점을 두며, 그것이 유일한 방법인 경우가 많다. 하지만 FPS의 전통적인 담론 양태를 뒤집은 것은 루킹글래스스튜디오의 <시프(Thief)> 시리즈였다.[17] FPS 게임 대부분이 가능한 한 많은 살육을 벌이는 구성을 취하지만, <시프>에서는 그림자와 어둠 속을 몰래 움직여 발각을 피하는 것, 갈등을 '피하는 것이' 주요 목표다.

<데우스 엑스(Deus Ex)>는 <시프>를 설계한 워런 스펙터가 주로 설계했고 언리얼 게임 엔진에 기반해 제작되었다. 이 게임은 <시프>의 설계를 확장해 전투와 잠입 외의

---

16) 유비소프트는 첩보물 작가 톰 클랜시에 의해 브랜드화된 이 두 가지 프랜차이즈를 통해 준사실적인 첩보 잠입 게임 플레이에 초점을 맞춘 게임을 여럿 출시했다.

17) 1999년과 2000년에 원개발사인 루킹글래스에서 두 개, 2004년에 이온스톰에서 한 개, 총 세 개의 속편이 나왔는데, 전자의 스튜디오가 2000년에 폐업한 후 많은 루킹글래스 직원이 이직했다. 이온스톰도 2005년 초에 문을 닫았다.

목표 달성 방식들을 포함한다. <데우스 엑스>는 동일한 서사 공간을 가로지르는 대안적·비폭력적 방식으로 등장인물 상호작용과 능력 사용을 추가했으며, 실제로 플레이어는 게임이 제공하는 어떤 도전에 직면하더라도 다양한 해결책에 접근할 수 있다. <데우스 엑스>가 이룬 특수한 혁신은 도덕적 취지를 추가했다는 것이다. 플레이어의 폭력적 '그리고' 비폭력적 결단이 게임 결과에 영향을 미친다.

게임 엔진, 도구, 라이브러리가 살인, 경주, 시각 효과를 넘어 감정적 갈등, 질투, 실망감까지 다루게 되면서 FPS의 담론적 전달 방식은 더욱 변화할 것이다. 마이클 마테아스와 앤드루 스턴은 상호작용형 드라마 <파사드(Façade)>를 제작하면서 이러한 좀 더 오묘한 인간 행위를 위한 엔진을 개발하기 시작했다.[18] <파사드>는 일련의 소프트웨어 하위체계를 사용해 복잡한 부부 생활 위기에 처한 게임 내 등장인물 그레이스와 트립 그리고 연락이 끊긴, 부부의 오랜 친구 역할을 맡은 플레이어 사이 상호작용을 관리한다. <파사드>는 이전에 카네기멜런대학교에서 개발된 목표지향적 활동을 위한 계산 체계 Hap을 바탕으로 제작된, 컴파일 가능한 "대응형 계획 언어(reactive planning language)", 즉 행동 언어(A Behavior Language, ABL)를 그 구조의 일부로 통합했다.[19]

---

18) 자세한 정보와 프로젝트의 현황에 관해서는 http://www.interactivestory.net/ 참조.

<파사드>는 게임 엔진이 드러내는 단위조작의 물질적·기능적 세부사항을 인식하는 것이 지닌 중요성을 부각한다. 게임에서 총알의 충격에 신체가 반응하는 방식에 관해서는 이미 많은 논쟁이 벌어지고 있다. 그것이 사실적인가? 플레이어가 폭력의 현실에 둔감해지게 만들지는 않는가? 인간 경험의 부드러운 측면이 일반적인 단위조작을 통해 표상되는 방식에 관해서는 분명 할 말이 더 많을 것이다.

이런 맥락에서 게임의 담론성은 게임 엔진의 능력에 따라 달라진다. 작품의 종류와 이러한 작품의 본성에는 물질적이고 기능적인 제한과 능력(게임 엔진이 노출하는 단위조작)이 있다. 이러한 제한과 능력은 작품이 생성할 수 있는 담론의 종류, 담론을 생성하는 방식, 사용자가 작품과 상호작용하는 방식에 영향을 미친다. 좋든 나쁘든 게임 엔진의 능력은 감정과 인간관계 경험보다는 시각적·물리적 경험에 제한되어 왔다.

2003년 8월 소비자 PC 잡지 ≪맥시멈 PC(Maximum PC)≫는 개선된 범프 매핑(bump mapping), 입자 효과, 프레넬 효

---

19) Michael Mateas and Andrew Stern, "Architecture, Authorial Idioms, and Early Observations of the Interactive Drama Façade" (Carnegie Mellon Technical Reports, December 2002); A. Loyall and J. Bates, "Real-Time Control of Animated Broad Agents," in *Proceedings of the 15th Annual Conference of the Cognitive Science Society*(Hillsdale, N.J.: Lawrence Erlbaum, 1993)를 보라.

과(fresnel effects), 볼류메트릭 효과(volumetric effects)를 포함해서 많은 기대를 모았던 <하프라이프 2>의 새로운 특징에 관해 보도했다.[20] 이 모든 특징이 시각적인 것으로, 플레이어와 사람의 현상적 만남을 제외하고는 사람과는 아무런 관련이 없다. 이 기사는 엔진에 대한 개발사 밸브의 목표를 다음과 같이 기술한다. "게임 내 모든 것을 (심지어 다른 세상인 것처럼) 실제 삶과 비슷하게 보이게 만드는 것이다." 여기서 초점은 기능이나 상호작용이 아니라 외관에 맞추어져 있다. 게임 설계자 크리스 크로퍼드는 게임에서 사회적 표상이 미약하다고 생각한다. 왜냐하면 "대부분의 게임 설계자는 사회적 추론 능력이 미미한, 사회적으로 무능한 괴짜들이기 때문이다".[21]

≪재매개≫에서 볼터와 그루신은 설령 인간이 코드를 작성하더라도 그 실행은 컴퓨터가 하기에 컴퓨터 프로그램은 "인간의 개입 없이도 작동할 수 있다"고 시사한다. 두 사람에 따르면 "프로그래밍은 삭제 또는 소거를 채택한다.… 프로그래머는 프로그램에 최대한의 자율성을 부여하기 위해 자신의 현전이 남기는 흔적을 제거하려고 노력한다".[22] 볼

---

20) "Inside the Engine: Half-Life 2," *Maximum PC*(August 2003): 28-29.

21) Chris Crawford, *Chris Crawford on Game Design*(New York: New Riders, 2003), 51.

터와 그루신은 가상현실(VR)의 사라지는 세계부터 <토이 스토리(Toy Story)> 같은 컴퓨터 애니메이션 영화의 핍진성(verisimilitude)에 이르기까지, 새로운 매체의 목표로서 사라짐(disappearance)에 관한 이야기로 종종 돌아간다. 두 사람은 디지털 매체가 "두 존재자 사이의 유사성 또는 동일화에 대한 느낌의 재생산"을 위해 "매개를 배가한다"고 주장한다.[23]

나는 모든 종류의 표상이 그 제작자가 이전 형태의 표상과 겪는 상호작용에 영향받는(informed) 한, 이러한 특징 묘사에 동의한다. 그러나 나는 디지털이든 비디지털이든 다른 종류의 생산물과 구별되는 독특한 무언가가 계산적 작품에서 일어난다고 주장한다. 계산 체계가 단위조작의 논리를 예시하는 유일한 종류의 작품은 아니지만, 그러한 체계는 그 '일차적인' 표상 양태로서 단위조작에 의존하며, 따라서 비디오게임 같은 작품이 기능하는 방식에서 단위조작은 특별한 역할을 맡는다. 이 기능은 볼터와 그루신이 특징짓는 것과는 다소 다른 담론적 저자성의 양태에 뿌리를 두고 있다. 게임 엔진 및 코드 프레임워크, 소프트웨어 개발 도구(software development kit, SDK)의 경우, 프로그래머는 자

22) Bolter and Grusin, *Remediation*, 27.[이재현 옮김(2006). ≪재매개: 뉴미디어의 계보학≫. 커뮤니케이션북스.]

23) 같은 책, 53.

신의 현전 흔적을 제거하려 하지 않고 오히려 객체지향 체계에 내장시키려 한다. 이러한 객체지향 체계는 그것을 사례화하는 모든 작품을 뒷받침하는 동시에 제한한다.

마이클 마테아스의 목표지시 언어 ABL에서는 작품이 생산되지 않는다. <파사드>는 ABL로 작성된, 컴파일된 행동 애플리케이션을 사용하지만, ABL 자체는 <파사드>의 상호작용적 서사 세계에서 API를 통해 사례화된 ABL 행위자로 컴파일되는 컴퓨터 언어다. ABL은 동기화된 행동을 지원하므로 서사 작성자가 두 가지를 한 번에 실행할 수 있게 해 주며, 이는 실행 시 두 가지가 혼합된 효과를 불러일으킨다. ABL은 사전 조건, 성공 시험, 우선성, 원자적 행동, 목표, 하위 목표를 포함한 다양한 "기능(feature)"을 지원한다. 이러한 기본 동작 단위(primitive)는 API를 통해 이야기 세계에서 접근할 수 있게 만들어졌으며, 여기에는 설정시선추적( )[SetGazeTracking( )]과 여러작은행위실행( )[DoMiscLittleAction( )]과 같은 우스꽝스러운 메서드 시그니처(method signature)가 포함된다. 마테아스와 스턴은 ABL의 기능을 명확하게 설명하는 다음과 같은 요약을 제시한다.

> ABL 행동은 "화난 걸음으로 소파 쪽으로 걸어가기", "이 물체를 수줍게 바라보기", "이 대사를 말하기", "불안하지만 웃는 표정을 짓기", "말할 때 강조하는 손동작을 취

하고 고개를 끄덕이기", "눈을 떨기" 등 간단한 매개변수화된 행위 요청을 3D 이야기 세계로 전송한다. ABL 행동은 "결혼식 사진의 위치는 어디인가요?", "손에 무엇을 들고 있나요?"와 같은 질의(query)를 통해 세계를 감지하고, "방금 대사에서 특정 단어를 말했어요", "플레이어가 방금 이 단어를 말했어요", "플레이어가 방금 마티니 잔을 집었어요"와 같은 자동 사건 알림을 수신한다. 3D 이야기 세계는 신체의 저수준 운동 제어, 표정과 시선에 대한 절차적 애니메이션, 대사에 대한 립싱크, 경로 계획과 같은 기본적인 수행 작업을 달성해야 한다.[24]

마테아스와 스턴은 거대 서사(master narrative)를 영화 각본 작성에서 차용한 용어인 이야기 맥놀이(story beat)로 좀 더 세분화한다. 영화에서 이야기 맥놀이는 더 큰 이야기 내부의 구성 전환점(plot point)을 의미할 따름이지만, <파사드>에서는 목표지향적이고 유연한 상호작용의 짧은 세그먼트를 가리킨다. 맥놀이는 서사의 단위조작이며, 플랫폼은 일종의 서사 경로 탐색(narrative pathfinding)처럼 주어진 스토리 아크(story arc)에 따라 경험을 진행하기 위해 후속하는 맥놀이를 대기열에 추가한다.

"이 물체를 수줍게 바라보기"와 같은 단위조작은 <파사

---

24) 같은 책, 13.

드>에 특정적이지만, ABL이 제공하는 담화적 능력은 이러한 특정 예시를 뛰어넘는다. ABL은 게임 엔진이 아니라 본격적인 컴퓨터 언어며, 표현형 AI의 논리 바깥에 있는 모든 것을 관리하는 데 별도의 소프트웨어 집합을 요구한다. 그럼에도 ABL은 새로운 엔진이든 기존 엔진이든 완전한 엔진에 통합될 수 있다.[25] ABL API의 단위조작은 인간 담화를 위한 추상적 기능을 캡슐화하는 반면, 퀘이크 2와 같은 엔진은 객체 물리를 위한 추상적 기능에 집중한다. 두 경우 모두에서 이러한 엔진을 다른 작품의 기반으로 사용하는 개발자는 엔진의 물질적·기능적 속성, 그리고 종종 지적 재산적 속성에 구속된다. 자연 언어의 규칙이 시를 구속하고 광학의 규칙이 사진을 구속하는 것처럼, 이러한 규칙은 담화적 생산을 촉진하는 동시에 제한한다.

물론 그러한 제한은 E. E. 커밍스 같은 시인이나 얀 사우데크 같은 사진작가가 증명했듯 언제나 도전받을 수 있다. 그러한 분야에서 자료 분석(material analysis)은 종종 내용 분석(content analysis)과 함께 이루어진다. 비디오게임에서 물질성, 기능성, 적절성, 담론성이 훨씬 더 깊이 융합되어 있음을 고려할 때, 이는 비디오게임에 관해서도 마찬가지여야 한다.

25) 최근에는 조지아공과대학교에서 ABL을 언리얼 엔진에 통합하는 연구 프로젝트를 진행했다. http://egl.gatech.edu/inproduction/UTABLproj.html/ 참조.

게임과 서사

일반적으로 무대, 인쇄물, 영화에서나 볼 수 있는 인간 경험을 재현하는 <파사드> 같은 게임은 비디오게임과 전통적 매체의 관계에 질문을 던진다. 올세트는 <어드벤처(Adventure)>나 <조크> 같은 어드벤처 게임을 텍스트적 의미의 단위체를 생성하는 객관화된 체계로 인식한다. 올세트가 어드벤처 게임을 읽어 내는 구간에는 그러한 체계가 보여 주는 원형-객체(proto-object) 설계와, 그러한 구조가 작품이 만들어 내는 텍스트 출력의 종류에 미치는 영향에 관한 날카로운 통찰력이 담겨 있다. 올세트는 <어드벤처>의 진화에 관해 쓰며 다음과 같이 말한다.

> 일단 파서(parser)와 데이터베이스 도구가 개발되면 이를 여러 게임에 재사용할 수 있으며, 게임 개발은 단편 소설을 기획하고 작성하는 것과 매우 유사한 것이 된다.… <어드벤처>의 소스 코드가 공개되자 여러 게임 개발자는 새로운 컴퓨터가 출시될 때 그것을 이식하기만 하면 되었다. 새 버전을 만드는 것은 주로 프로그램 파일을 편집한 다음 재컴파일하는 작업이며, 최종 결과는 프로그래머가 원하는 대로 원본과 비슷하거나 다를 수 있다.[26]

---

26) Bolter and Grusin, *Remediation*, 100-101.[이재현 옮김(2006). ≪재

그러나 올세트는 그러한 인공물의 특정한 짜임이 지닌 표현적 본성에 관한 논의를 피한다. 마르쿠 에스켈리넨은 사이버텍스트적 이론이 지닌 이러한 양상을 높이 평가하는데, 그에 따르면 "올세트의 이론은 본질주의적 주장을 세우는 대신 매체 내부의 기능적 차이들에 초점을 맞추기"[27] 때문이다.

형식적 분석에 대한 올세트와 에스켈리넨의 선호는 게임 연구에서 곪아 터지고 있는 오래된 논쟁, 즉 게임 연구(루돌로지)와 서사 연구(내러톨로지)의 관계가 무엇인지 드러낸다. 이 "루돌로지 대 내러톨로지 논쟁"은 많은 공적·사적 포럼에서 진행되어 왔다. 최초의 동료 검토 게임 연구 학술지의 창간호에 기고한 예스페르 율은 이 문제를 전부 아니면 전무의 내기로 본다. "게임이 이야기를 전달할 수 있는가? 이 질문에 대한 답은 게임을 연구하는 방법과 누가 게임을 연구해야 하는지를 말해 주어야 한다. 긍정적 답변은 게임이 기존 패러다임 내에서 쉽게 연구될 수 있다는 점을 시사한다. 부정적 답변은 우리가 새로 시작해야 함을 함의한다."[28] 율

매개: 뉴미디어의 계보학≫. 커뮤니케이션북스.]

27) Markku Eskelinen, "Cybertext Theory and Literary Studies: A User's Manual," *Electronic Book Review*, http://www.altx.com/ebr/ebr12/eskel.htm/.

28) Jesper Juul, "Games Telling Stories? A Brief Note on Games and Narratives," *Game Studies* 1, no. 1(2001), http://www.gamestudies.

은 게임과 서사가 공통된 특성을 공유한다는 점을 인정한다. 우리는 경험을 이해할 수 있는 것으로 만들기 위해 서사를 사용하며, 게임에는 부인할 수 없이 서사적인 이야기와 배경 이야기가 내장되어 있다. 율은 <스페이스 인베이더(Space Invaders)> 같은 "단순한" 게임에서조차 게임 플레이의 동기를 부여하기 위해 서사적 배경 이야기, 이 경우 외계인 침공 전 역사에 기대는 방식을 보여 준다. 율은 매체에 독립적인 구조로서 게임이 서사라면 영화 같은 다른 매체에서 번역될 수 있는 것이어야 한다고 주장한다. 그다음 율은 <스타워즈> 같은 영화가 비디오게임으로 구현될 때 그 서사적 정합성(narrative coherence)이 어떻게 가려지는지 보여 준다. 율은 <스타워즈>의 게임 버전이 영화의 이야기를 재현하기에 충분한 서사적 등가물을 제공하지 못한다고 주장한다. 그 대신 이 게임은 세 번의 우주 전투라는 추상적 경험만 제공할 따름이며, 서사적 행위를 위한 동기 부여도 등장인물 형성도 재현하지 않는다.

율의 근본적 요지는 게임이 서사에 필요한 독자와 이야기 사이의 관계를 방해한다는 것이다. 게임에서 "플레이어는 게임 외부의 경험론적 주체인 '동시에' 게임 내부의 역할에 착수한다는 의미에서 경계가 불분명한 중간 지대에 거주한다".[29] 서사는 일반적으로 인간 또는 의인화된 등장인물로

---

org/0101/juul-gts/.

"인지적 동일화"를 생성하는 반면, 게임은 플레이어를 작품에 직접 함축시킨다. 율은 <테트리스(Tetris)> 같은 게임에는 통상적 의미에서 표면적인 서사가 없다고 말한다.

올세트와 에스켈리넨과 마찬가지로 율은 내러톨로지적 분석을 피할 때 얻을 수 있는 주요 이점이 문학 연구의 언어론적 전환이라는 짐에 대한 일종의 "깔끔한 단절"을 성취할 수 있다는 점이라고 생각하는 듯하다. "기존 이론에 지나치게 의존하는 것은," 율에 따르면 "게임을 게임답게 만드는 요소를 잊어버리게 할 것이다. 규칙, 목표, 플레이어의 활동, 플레이어의 행위를 게임 세계에 투사하는 것, 게임이 플레이어의 가능한 행위를 정의하는 방식 말이다".[30]

서사에 반대하는 율의 논증에 몇 가지 반론을 제기할 수 있다. 예를 들어 ≪제49호 품목의 경매(The Crying of Lot 49)≫와 같은 작품의 영화화는 1983년 게임 <스타워즈>에서 율이 지적한 바와 같은 선택과 편집 양태를 통해 텍스트적 매체의 서사를 완전히 잃어버렸다고 할 수 있다. 마찬가지로 많은 비평가는 최근 영화화된 <반지의 제왕>에 대해, <스타워즈> 아케이드 게임 개발자들이 겪어야 했던 것과 같은 종류의 어떤 필수적인 선택적 재생산을 통해 텍스트 매체의 서사를 보존한 능력을 특히 예찬했다. 서사적 작품을 각색할

---

29) 같은 책.

30) 같은 책.

때 반드시 서사적 정합성을 재생산해야 한다고 가정할 이유는 없다.

"루돌로지 대 내러톨로지"는 규칙 기반 체계와 이야기 기반 체계 사이의 긴장을 표현하는 좋은 약칭일 수 있지만, 곤살로 프라스카가 지적했듯 '내러톨로지'는 이 상금 경쟁에서 다소 모호한 경쟁 상대다. 이 논쟁은 토도로프나 주네트 같은 전통적인 내러톨로지 학자들의 추종자들에 맞서도록 루돌로지를 설정하는 것 같지는 않다.[31] 루돌로지는 게임의 고유한 특성을 다루는 것으로 특징지어져 왔으며, 내러톨로지는 단어의 전통적인 의미에서 구어와 문어, 제스처, 음악 등 다양한 매체에 걸친 서사를 연구하는 학문이다. 흥미롭게도 내러톨로지의 이 다양성은 그것을 폄하하는 사람이 인지하는 것보다 훨씬 루돌로지와 유사하다. 내러톨로지는 구조주의 일반에 많은 영향을 받았으며, 레비스트로스, 롤랑 바르트, 블라디미르 프로프 모두 서사의 형식적 특성에 일차적으로 초점을 맞추고 고도로 구조적인 접근법을 취했다.[32] 파불라

---

31) Gonzalo Frasca, "Ludologists Love Stories Too: The Role of Narrative in Videogames," in *Proceedings of Level Up, Digital Games Research Conference*, ed. Marinka Copier and Joost Raessens(Utrecht: Universiteit Utrecht, 2003).

32) Roland Barthes, *Mythologies; S/Z*, trans. Annette Lavers(New York: Hill and Wang, 1972)[김웅권 옮김(2015). ≪S/Z: 1970 et 1976≫. 연암서가.]; Vladimir Propp, *Morphology of the Folktale*, trans. Laurence Scott

(fabula)와 슈제트(sjuzet)[33]를 통한 러시아 형식주의자들의 서사 접근법조차 서사적 담론에 대한 규칙 기반 분석을 함의한다. 만약 두 용어를 가장 강한 의미로 받아들인다면, 내러톨로지는 루돌로지만큼 형식주의적이고 환원주의적인 관행이다. 프라스카는 루돌로지에 대한 그의 독창적인 개념화에서 그러한 공통된 형식주의를 말한다. "내러톨로지와 마찬가지로 '루돌로지' 역시 그 활동을 뒷받침하는 매체로부터 독립적이어야 한다."[34] 프라스카는 루두스의 요소를 서사의 요소와 연결(예를 들어 서사적 구성에서 게임 목표)해 내러톨로지의 오랜 형식주의적 유용성을 게임 연구 분야에 활용하고자 했다.

그렇다면 서사나 게임의 형식적 특성을 연구하는 것은 두 형식의 표현적 출력을 연구하는 것과 상당히 다르다. 재닛 머리는 고대 서사시 스토리텔링(storytelling)의 구술 양태가 기억하기 쉽게끔 "언어를 단위체들로 패턴화하는 것"에 크

Austin(University of Texas Press, 1968)[어건주 옮김(2013). ≪민담 형태론≫. 지식을만드는지식.] 참조.

33) [옮긴이] 파불라는 실제로 일어난 사건의 시간 순서를 나타내며, 이야기의 "무엇이" 일어났는지 설명한다. 슈제트는 서술자가 이야기를 제시하는 방식으로, 사건들이 서술되는 순서와 방식이다. 파불라와 달리 슈제트는 이야기가 "어떻게" 일어났는지 설명한다.

34) Frasca, "Ludologists Love Stories Too."

게 의존했다는 사실을 상기시킨다.[35] 시의 운율(meter)[서사시에서는 강약약 육보격(dactylic hexameter)]은 웅변가가 서면 기록에 의존하지 않고 담론 일부를 재구성하는 데 도움이 되었다. 마찬가지로 머리는 블라디미르 프로프의 민담 형태론이 "형식적 단위체들을 대체하고 재배열함으로써 만족스러운 이야기를 생성할 수 있는" 형식적이고 구조적인 문법을 제공한다고 말한다.[36]

그러나 머리의 책에서 주요 미래 비전으로 제시된, 새로운 장르의 디지털 이야기를 절차적으로 생성하는 것은 단위조작이 지닌 표상적 가능성 공간(representational possibility space)의 하위 집합에 불과하다. 서사시와 민담 같은 예시는 이야기가 단위조작적 표현의 상위 집합이 아니라 '사례'임을 시사한다. 그러나 게임과 서사의 형식적 특성에 관한 논의는 종종 게임과 서사의 사례가 지닌 표현적 성질과 혼동된다. 이후 미래에 나타날 수 있는 상호작용적 서사에 관한 머리의 성찰은 영화의 서사적 진행의 재생산으로 돌아간다. 머리는 영화 <카사블랑카(Casablanca)>에 대한 가상의 "새로운 서사 경험"에서 영화를 구성 진행의 단위체들로 세분화한다. "카사블랑카에 도착…, 통행증 제안, 성적인 만남 제안,

35) Murray, *Hamlet on the Holodeck*, 188.[한용환·변지연 옮김(2001). ≪인터랙티브 스토리텔링≫. 안그라픽스.]

36) 같은 책, 195.

나치 친위대와의 만남, 제안 또는 저항 활동" 등으로 말이다.[37] 프라스카는 디지털 작품의 짜임적 출력으로서 시뮬레이션보다 서사를 우선시하는 이 특수한 종류의 비평을 특징짓기 위해 "내러톨로지" 대신 "서사주의(narrativism)"라는 용어를 제안한다.[38]

헨리 젱킨스는 뮤지컬, 액션 영화, 코메디아 델라르테(commedia dell'arte) 등 수행(performance)과 설명(exposition) 사이 긴장을 유지하는 다른 여러 매체를 관찰했다.[39] 젱킨스는 서사가 "국소적 사건"으로 게임에 들어갈 수 있다고 주장하며, 이를 "미시 서사(micronarrative)"라고 명명했다.[40] 젱킨스는 그 대표적 예시로 세르게이 예이젠시테인의 <전함 포템킨(Battleship Potemkin)>에 나오는 유명한 "오데사의 계단" 장면을 든다.

> 예이젠시테인은 일련의 짧은 서사 단위체들을 통해 … 우리의 정서적 몰입을 강화한다. 각각의 단위체는 멜로

---

37) 같은 책, 206.

38) 같은 책.

39) Henry Jenkins, "Game Design as Narrative Architecture," in *First Person: New Media as Performance, Story, and Game*, ed. Noah Wardrip-Fruin and Pat Harrigan(Cambridge, Mass.: MIT Press, 2004), 125.

40) 같은 책.

> 드라마의 레퍼토리에서 가져온 전형적 등장인물이나 상황에 기반한다.… 예이젠시테인은 작품 내에서 심오한 정서적 효과를 생산하는 모든 요소를 기술하기 위해 "견인(attraction)"이라는 단어를 광범위하게 사용했으며, 작품의 주제가 이러한 이산적 요소들을 가로질러 그것들을 통해 소통될 수 있다는 이론을 세웠다.[41]

언뜻 보기에 젱킨스는 예이젠시테인의 영화에서 서사적 단위조작 같은 것이 작동하고 있다고 시사하는 듯하다. 여기서 핵심 전제가 작동한다. 즉 젱킨스는 이러한 단위체가 취하는 형태가 그 본성상 필연적으로 서사적이라고 주장한다. 이후 젱킨스는 그러한 구조를 이해하기 위한 논리적 촉매제로서 파불라에 기댄다. "서사적 이해는 시청자가 텍스트적 신호와 단서에서 도출된 정보를 바탕으로 개연성 있는 서사적 전개에 관한 가설을 세우고 회집하는 활동적 과정이다."[42] 따라서 단위조작들의 서사적 재회집이 전제되었다. 젱킨스의 논증은 서사와 인지를 연계하려는 최근 연구를 떠올리게 한다. AI 연구자 로저 섕크는 "우리는 이야기로 생각한다"[43]

---

41) 같은 책.

42) 같은 책, 126.

43) Roger Schank, *Tell Me a Story: Narrative and Intelligence*(Chicago: Northwestern University Press, 1995), 73.

고 명시적으로 주장한다. 섕크의 개념화에 따르면 인간은 의미의 단위체들을 이야기 형태로 처리할 따름이다. "개별적인 이야기를 좀 더 일반적이고 보편적으로 알려진 이야기의 한 사례로 보는 것은 이야기 전달자로 하여금 개별적인 것과 일반적인 것의 차이를 잊게 만든다."[44] 마찬가지로 마크 터너는 인간이 이야기를 향한 인지적 경향인 "문학적 마음"을 가지고 있다고 주장했다.[45]

다른 신경과학자들은 비평에서 인지과학이 수행하는 역할이 다소 의문스럽다는 점은 인정하면서도 인지와 일반적 이해의 관계에 관해 다른 관점을 제시한다. 특히 자코모 리촐라티의 "거울 뉴런" 발견은 인지적 이해와 이산적·비서사적 행위의 관계를 시사한다.[46] 리촐라티는 원숭이의 뇌 활동을 기록하면서 한 원숭이(또는 인간!)가 견과류를 집어 먹는 것과 같은 특정 행위를 수행하는 광경을 다른 원숭이가 지켜볼 때 특정 세포가 발화하는 것을 관찰했다. 그다음 리촐라티는 관찰하는 원숭이가 직접 그 행위를 수행할 때 동일한 세포가 발화한다는 점을 입증했다. 추가 연구에 따르면 거울 뉴런은

---

44) 같은 책, 148.

45) Mark Turner, *The Literary Mind: The Origins of Thought and Language* (Oxford: Oxford University Press, 1998) 참조.

46) Giacomo Rizzolatti and Laila Craighero, "The Mirror-Neuron System," *Annual Review of Neuroscience* 27(2004): 169-192.

인간 인지 역시 구조 지으며, 그 기능은 공감과 자폐증의 일부 원인을 설명하는 것으로 추측되었다.[47] 일부 신경과학자들은 거울 뉴런이 언어의 진화를 설명할 수 있고, 따라서 언어의 진화에 선행할 수 있다고 주장했지만,[48] 거울 뉴런만으로 그러한 발달을 설명할 수 있다고 주장하는 사람은 거의 없다.[49]

거울 뉴런은 반드시 서사에 기대지 않고도 표상적 의미의 단위체를 이해하는 방식을 시사한다. 한편으로 가장 강력한 형태의 루돌로지는, 만약 그런 것이 존재한다면, 게임에서 인간 경험과 얽혀 있는 것은 무엇이든 처분하려 할 것이다. 게임은 단순한 추상적 규칙 체계로 전락할 것이다. 가장 극단적인 구조주의자조차 이렇게 강경한 입장을 취하지 않는다. 반면 가장 강력한 형태의 서사주의는, 다시 한번 만약 그런 것이 존재한다면, 게임을 오직 서사의 생산자, 그러한 생

---

47) V. S. Ramachandran, *Phantoms in the Brain: Probing the Mysteries of the Human Mind*(New York: Perennial, 1999), 61, 193 참조.

48) 예를 들어 Giacomo Rizzolatti and Michael A. Arbib, "Language within Our Grasp," *Trends in Neuroscience* 21(1998): 188-194 참조.

49) 예를 들어 James Hurford, "Language beyond Our Grasp: What Mirror Neurons Can, and Cannot, Do for the Evolution of Language," in *Evolution of Communication Systems: A Comparative Approach*, ed. Kimbrough Oller and Ulrike Griebel(Cambridge, Mass.: MIT Press, 2004), 298-300과 비교해 보라.

산의 기저에 어떤 종류의 짜임적이고 단위조작적인 구조가 있든 상관없이 서사의 생산자로만 간주할 것이다. 이 양극단에는, 각기 매우 다르게 적용되긴 하지만, 기능주의적 이데올로기가 붙어 따라다니고 있다.

루돌로지 대 내러톨로지의 문제를 재구성한다면 다음과 같이 물을 수 있지 않을까? 즉 게임이 이야기를 생산할 수 있다는 점을 인정한다면, 게임이 이야기를 생산할 '필요'가 있는가? 마테아스와 스턴의 상호작용형 드라마 <파사드>에는 자연 언어 처리과정, 목표지향적 행동 관리, 절차적 얼굴 애니메이션, 드라마 관리 등 본격적인 생성 서사(generative narrative)를 제작하기 위한 핵심 기술이 대거 동원되었다. 이 중 드라마 관리만이 서사와 근본적으로 관련된다.

우리는 모든 텍스트를 표현적 단위체들로 구성된 짜임 체계로 평가해 보려고 해야 한다. 이는 재닛 머리가 시사하듯 "시뮬레이션을 세계에 대한 해석으로 이해하는 것"뿐만 아니라 서사적 텍스트를 시뮬레이션으로 이해하는 훈련을 수반한다.[50] 비디오게임은 서사 형식으로 기술할 수 있는 개별적인 선형적 경험으로 플레이될 수 있지만, 그러한 분석은 텍스트의 단위조작이 밝히는 더 넓은 추상적 의미의 표본으로서만 유용하다. 예를 들어 <터미널>의 이야기 실타래는

---

50) Murray, *Hamlet on the Holodeck*, 275.[한용환·변지연 옮김(2001). ≪인터랙티브 스토리텔링≫. 안그라픽스.]

젱킨스의 용어를 사용하자면 정합적인 미시 서사들의 형태를 취하지만, 그 의미작용은 그것들이 들려주는 개별적인 이야기들이 아니라 그것들이 드러내는 일반적인 단위조작에서 비롯한다. <카사블랑카>에는 실제로 일자와 빅터가 카사블랑카를 탈출하기 위해 고군분투하는 서사적 진행이 있지만, 영화는 냉소적 괴로움에서 벗어나려는 릭 블레인의 고군분투와 더 관련이 있다. 영화의 디지털 버전이 그 구성 진행을 재생산해야 한다는 머리의 암묵적 가정은 예술적 전략이 아니라 이데올로기였다. 그 대신 우리는 단위조작을 특정한 창작 전략의 문법 밖에, 그리고 그 이전에 있는 것으로서 그 자체로 담론적인 것으로 읽어야 한다.

06
플랫폼을 넘나드는 만남

게임 연구 진화의 일환으로서, 그리고 기능주의적 분석 대 표현주의적 분석이라는 지나치게 단순한 상충에 대한 저항을 더욱 강화하기 위해, 우리는 다른 종류의 문화적 인공물이 어떻게 단위조작으로 표현을 구현하는지 살펴보는 데 시간을 할애해야 한다. 이 탐구에서 문학, 시, 영화를 비디오게임과 동일시할 필요는 없다. 오히려 재닛 머리가 바라는 대로 "셰익스피어가 엘리자베스 시대의 무대에서 포착한 삶처럼 인간의 조건에 충실하고 아름답게 표현된 것"을 이해하기 위해 분투해야 한다.[1)]

'우연한 만남(chance encounter)'이라는 개념은 모더니티의 토대를 이루는 원형이다. 프랑스 모더니스트 샤를 보들레르의 잘 알려진 시, 약 100년 후 미국 시인 찰스 부코스키가 쓴 또 다른 시, 장피에르 죄네의 영화 <아멜리에(Amélie)>, 윌라이트의 베스트셀러 게임 <심즈(The Sims)>와 그 확장팩

1) Murray, *Hamlet on the Holodeck*, 274.[한용환·변지연 옮김(2001). ≪인터랙티브 스토리텔링≫. 안그라픽스.]

<핫데이트(Hot Date)>라는 150년에 걸친 네 가지 문화 인공물을 통해 나는 이 개념을 살펴보고자 한다.

나는 우연한 만남이라는 단어를 통해 현대 환경에서 일어나는 무작위의 익명적 만남을 말하고자 한다. 언제나 그런 것은 아니지만, 이는 통상적으로 욕망의 주체(subject of desire)와의 만남이다. 내가 주장하는 바는 바로 이 현대적 경험이 19세기 중반 위기의 경험에서 21세기 평범함의 경험으로 옮겨 가면서 점점 더 조밀한 표상 양태로 압축된다는 것이다. 보들레르는 단순히 시를 쓰는 데 그치지 않았다. 그는 다른 사람들이 현대적 삶의 수행으로 교환할 수 있는 도구, 즉 문화적 기억의 단위체를 창조하기도 했다. 이 단위조작은 150년 생애 주기 동안 두 가지 중요한 전환점을 맞이했다. 첫째, 20세기 중반 찰스 부코스키가 시를 쓸 무렵, 이 상은 현대적 경험의 소외에 저항하는 방법으로서 본래의 기능을 유지하면서도 상당한 시적 압축을 끌어내는 수준의 낯익음을 달성한다. 둘째, 다음 세기에 접어들면서 보들레르의 전략은 시들기 시작했고 죄네와 라이트의 작품은 이러한 현대적 경험 단위체가 지닌, 잠재적으로 이의를 제기할 수 있는 성질을 드러내면서 바로 그 규칙에 의문을 제기했다.

보들레르는 발터 벤야민이 경험의 "붕괴"라고 부른 것과 싸우기 위해 복잡한 심리적 구조를 지닌 서정시의 풍부한 표현 형식을 필요로 했다. 자연물과 시각 예술 작품에서의 아우라의 몰락이라는 벤야민의 개념은 자연경관이나 창의직 작품이 의례(ritual), 혹은 표상의 연속성에서 차지하던 그 자리로부터 분리되는 것을 의미한다. 그런데 벤야민은 인간 경험의 아우라가 몰락하고 있다고도 말한다. 자연물이나 전통의 객체와 마찬가지로, 인간 경험은 의례와 사회적 풍요로움의 연속성으로부터 분리된다. 실질적으로 이 힘은 보들레르가 이야기한 것으로 유명한 소외감에 크게, 어쩌면 사실상 가장 크게 기여했다. 현대 도시가 더 많은 사람을 비좁은 장소에 살게 하면서, 개인들 사이의 사회적인 대인 관계는 더욱더 부수적이고 소극적으로 변했다. 보들레르의 파리는 철거되고 정체불명의 기념물로 재건되어 장소에 대한 그의 감각을 훼손하고 지워 버렸다. 도시화는 소외를 낳았을 따름이고, 심지어 도시의 실패 자체로부터의 소외까지 낳았다.

벤야민은 보들레르의 펜촉에서 19세기 중반의 이러한 사회사적 간극을 찾아낸다. 벤야민에 따르면 "그는 빈 공간을 상상했고, 그 빈 공간을 자신의 시로 채웠다".[2] 이러한 간극은 시인이 자신의 화자를 위해 싸우려 시도한 일종의 실행, 분투를 나타낸다. 보들레르는 자신의 시로 소외에 저항하려고 노력했으며, 소원함에 맞서기 위한 현대적 전략과 도구에 대한 기록을 남기고 바로 그 도구를 오늘날 우리에게 남아 있는 현대적 경험을 위한 일종의 발판, 틀로 정식화했다.

---

2) Walter Benjamin, "On Some Motifs in Baudelaire," in *Illuminations*, 162.

이러한 도구에는 특히 기억에 대한 저항, 자가 격리, 만보객(flânerie)이 포함된다. 보들레르의 서정시는 이러한 상과 비유를 현대적 삶을 살아가기 위한 틀, 혹은 규칙 집합으로 캡슐화한다. 벤야민은 이러한 규칙을 모티프(motif)라고 부른다. 나는 그것을 단위조작이라고 부를 것이다.

벤야민 이래 이러한 수집과 전파의 결과는 긍정적인 의도로 점철된, 도시에 유익한 것으로 간주되어 왔으며, 이는 아마도 오늘날 우리 자신의 도시 경험이 여전히 만보객을 영웅으로서 모방하려 하기 때문일 것이다. 만보객은 도시를 돌아다니며 알 수 없는 익명의 사람들과 임의로 묶이거나 헤어지는 방랑자, 현대의 멋쟁이다. 그런데 벤야민은 도시에 대한 충격과 도취를 동시에 대표하는 인물로 만보객의 역할을 특징짓는다. 벤야민이 말하기를, 만보객은 "자신을 군중으로부터 분리하면서도 [군중의] 공범자가 된다. 만보객은 그들과 깊숙이 연관되지만, 단 한 번의 경멸에 찬 눈빛으로 그들을 망각 속으로 밀어 넣는다".[3] 현대적 경험에 대한 찬사와 거부를 오가는 이 애매한 움직임은 우리가 보들레르에게서 물려받은 가장 강력한 모티프일 것이다.

나는 보들레르가 어떻게 현대의 삶을 살아가기 위한 도구, 즉 서정적인 이상으로 절차적으로 기능하는 전략을 만들어 냈는지에 가장 흥미가 있다. 익명의 도시 지역을 가로지

---

3) 같은 책, 172.

르는 전환기에 놓인 상으로서 이 만보객의 역할은 근본적으로 짜임적이다. 도시를 통과하는 만보객의 경로는 끊임없이 새로운 길, 지나가는 사람들을 향한 새로운 시선, 새로운 상점과 보도를 열어 주며 그만큼 다른 길, 시선, 상점과 보도는 닫는다. 만보객은 근본적으로 공간을 가로지르는 경로이기 때문에 절차적 텍스트의 짜임적 구조와 매우 유사하다. 올세트는 사이버텍스트와 그 특정 사례화의 구분에 관해 쓰면서 "사이버텍스트를 읽을 때, 접근할 수 없는 전략과 가지 않은 길, 들리지 않은 목소리를 끊임없이 떠올리게 된다"[4]고 말한다. 올세트는 그러한 짜임적 구조를 "미로 방랑자가 일련의 중요한 선택에 직면하는" 여러 갈래의 중세 미로에 빗대어 기술한다.[5] 현대 도시 또한 여러 갈래의 미로와 닮았으며, 만보객은 그 미로에서 방랑자 역할을 한다. 그러나 만보객이 직면하는 결단 지점은 단순한 지리적 결단을 훨씬 뛰어넘는다. 만보객은 어느 거리, 골목, 회랑을 통과할지뿐 아니라 어느 담배 가게를 방문할지, 어느 행인을 주시하거나 무시할지, 어떤 교통수단을 탈지, 어떤 웅덩이에 발을 들여놓거나 피할지 등을 선택해야 한다.

만보객의 작업은 이 개별적 단위조작들로 구성되며, 그 중 일부는 만보객이 도시를 가로지르면서 짜이고, 일부는

---

4) Aarseth, *Cybertext*, 3.[류현주 옮김(2007). ≪사이버텍스트≫. 글누림.]

5) 같은 책, 6.

주변의 다른 모든 개인이 취한 행위들의 창발적 효과에 따라 구성된다. 이 근본적인 도시 짜임은 변함없이 유지된다. 현대의 대도시 주민들은 이러한 단위조작을 매일 경험한다. 이는 지하철을 기다리는 동안 같은 사람들이 출근하는 모습을 보거나 아침 산책을 마친 후 같은 푸드 카트에 들르게 되는 이유를 설명한다.

보들레르의 가장 유명한 소네트 중 하나 <지나가는 여인에게(A une passante)>를 살펴보자. 이 소네트에는 내가 이미 기술한 여러 상이 구현되어 있다.

La rue assourdissante autour de moi hurlait.
Longue, mince, en grand deuil, douleur majestueuse,
Une femme passa, d'une main fastueuse
Soulevant, balançant le feston et l'ourlet;

Agile et noble, avec sa jambe de statue.
Moi, je buvais, crispé comme un extravagant,
Dans son œil, ciel livide où germe l'ouragon,
La douceur qui fascine et le plaisir qui tue.

Un éclair . . . puis la nuit!—Fugitive beauté
Dont le regard m'a fait soudainement renaître,
Ne te verrai-je plus que dans l'éternité?

Ailleurs, bien loin d'ici! trop tard! *Jamais* peut-être!
Car j'ignore où tu fuis, tu ne sais où je vais,
O toi que j'eusse aimée, ô toi qui le savais!

거리는 내 주위에서 귀가 먹먹하게 아우성치고 있었다.
장중한 고통에 싸여, 과부의 베일을 쓴 후리후리하고 날씬한
여인이 지나갔다, 화사한 한쪽 손으로
꽃무늬 주름장식 치맛자락을 살포시 들어 흔들며,

활기차고 의젓하게, 조각 같은 그 팔로.
나는 마셨다, 얼빠진 사람처럼 경련하며,
여인의 눈에서 나는 태풍이 싹트는 창백한 하늘,
얼을 빼는 감미로움과 애를 태우는 쾌락을 보았다.

한 줄기 번갯불… 그리고 어둠! ― 그 눈길로 홀연
나를 되살렸던, 종적 없는 미인이여,
영원에서밖에는 나는 그대를 다시 보지 못하련가?

저 세상에서, 아득히 먼! 너무 늦게! 아마도 '영영'!
그대 사라진 곳 내 모르고, 내 가는 곳 그대 알지 못하기에,
오 내가 사랑했었을 그대, 오 그것을 알고 있던 그대여![6]

---

6) Charles Baudelaire, *Œuvres complètes*(Paris: Gallimard, 1968), 101.[황

우리 모두 이런 종류의 경험을 한 적이 있다. 이런 경험은 너무 낯익어서 그것을 처음 경험하는 것이 어떠한 것일지, 이 만남을 이해할 수 있는 것으로 만들려면 의도적으로 생각해야 하는 것이 무엇일지 상상하기 어렵다. 첫 번째 행은 19세기 파리의 시끌벅적한 거리를 예로 들며 시의 배경을 설정한다. 시의 나머지 부분은 화자로 하여금 벤야민이 보들레르의 서정시에서 구현된다고 주장하는 "경험이 지닌 본성의 변화"를 수용하도록 돕는 속임수로 작용한다.[7] 비평가 제롬 텔로는 보들레르의 화자에게 왜 여인을 멈춰 세우지 않는지, 결국 어떤 갈등이 그를 막는지 묻는다.[8] 벤야민의 대답은 이 맥락에서 반복할 가치가 있다.

> 이 소네트가 전달하는 것은 간단히 말해 다음과 같다. 즉 군중을 반대의 적대적 요소로 경험하는 것과는 거리가 멀며, 바로 이 군중이 도시 거주자에게 매료하는 상(figure that fascinates)을 가져다준다. 도시 시인의 기쁨은 사랑, 첫눈에 반하는 사랑이 아니라 마지막눈에 반하는 사랑이다. 그것은 시에서 매혹되는 순간과 일치하는

현산 옮김(2023). ≪악의 꽃≫. 난다.]

7) Benjamin, "On Some Motifs in Baudelaire," 156.

8) Jérôme Thélot, *Baudelaire violence et poésie*(Paris: Gallimard, 1992), 488-489.

영원한 작별이다.[9]

이 시는 우연한 만남과 씨름하기 위한 단위조작을 표현한다. 한편으로 화자를 화자가 처한 상황이 드러내는 새로운 혼란 속으로 밀어 넣는 것은 군중이다. 다른 한편으로 바로 그 노출을 통해 벤야민이 '매료하는 상'이라고 부르는 유용한 도구가 드러난다. 벤야민이 표현하듯, 시의 화자는 여인 자체가 아니라 "영원한 작별" 속에서 기뻐한다.[10] 보들레르는 <지나가는 여인에게>를 통해 에로틱한 사랑이 아니라 고독한 사랑을 그려 내고, 현대적 삶이 주는 충격, 항상적으로 다시 짜이는 세계에서 의미 있는 사회적 관계를 맺지 못하는 사태를 직시한다. 다시 벤야민의 말을 빌리자면, 이 경험은 "성취를 거부당하기는커녕 면했다고 … 말할 수 있을 정도다".[11]

벤야민은 기계복제 시대에 기계복제가 예술의 아우라, 혹은 문화적 진정성을 어떻게 축소하는지 보여 주었다. 보들레르가 <지나가는 여인에게>에서 묘사한 경험은 '자연

---

9) Benjamin, "On Some Motifs in Baudelaire," 169.

10) 비평가 레오 베르사니는 보들레르의 주체를 "산종된, 흩어진 자아"라고 불렀다[Leo Bersani, *Baudelaire and Freud*(Berkeley: University of California Press, 1977), 3]. 나는 두 시인의 작품에서 "시인"과 "화자"를 상호 호환적 의미로 사용할 수 있다고 주장한다.

11) Benjamin, "On Some Motifs in Baudelaire," 170.

아우라'의 몰락에 대한 예시다. 벤야민은 자연 아우라를 "머나먼 곳의 현상(phenomenon of a distance)"이라고 부르는데, 이 현상은 복제될 때 경외심이라는 오래된 에토스를 편안한 통달이라는 새로운 에토스로 대체한다.[12] 다른 곳에서 벤야민은 인간관계에서 아우라가 수행하는 기능을 명확히 설명한다. "우리가 바라보고 있거나 자신이 바라보이고 있다고 느끼는 사람은 이어서 우리를 바라본다. 우리가 바라보는 객체의 아우라를 지각한다는 것은 그 객체로 하여금 우리를 바라볼 수 있는 능력을 띠게 한다는 것을 의미한다."[13] 그러나 현대의 우연한 만남에서 위안은 주체가 이 화답에 저항할 때만 온다. 보들레르의 전략에 따르면 그 저항에서 여타 쾌락과는 다른 일종의 쾌락이 나오는데, 그것이 매료하는 상이다. 보들레르의 서정시는 절차적 도시의 소외적 혼란 속에서 여인과의 교제를 대체할 수 있는 매료하는 상을 정립한다.

보들레르와 그의 등장인물들은 이 상에 접근하기 위해 값비싼 대가를 치른다. 시인은 군중 그리고 그 구성원들과 자신 간의 거리를 유지함으로써, 새로운 종류의 경험을 위해 전통적 경험에 균열을 냄으로써 결코 이길 수 없는 전쟁을 벌이고 있다. 왜냐하면 그는 그 만남이 열매를 맺게 할 수 없기 때문이다. 이렇게 보들레르는 그의 시에 패배를 불어넣는다.

---

12) 같은 책, 222.

13) 같은 책, 188.

<지나가는 여인에게>의 여인이 과부의 베일을 쓰고 애도하고 있다는 점은 화자 자신의 고독이라는 관점에서 여인의 고독에 주목하게 함으로써 주체의 저항을 증폭한다. 시인과 '여인' 모두 상대 없이 혼자다. 화자는 이 만남에 대해 그녀에게 구애하는 것이 아니라 저항하고, 그녀를 매료하는 상으로 만드는 방식으로 반응한다. 비록 여인은 "장중한 고통"에 빠져 있지만, 화자는 그녀가 자신과 마찬가지로 여정의 끝에서 공허함을 발견할 것이라고 확신할 수 있다. 이때 공허함은 죽음과 죽음이 함의하는 빈집 양자에 의해 남겨진 것이다.

벤야민은 보들레르가 경험을 표상하는 방식에 대한 모델로 앙리 베르그송의 ≪물질과 기억(Matter and Memory)≫에 기댄다. 벤야민의 베르그송 독해에 따르면 경험은 "종종 무의식적인 데이터가 축적되어 기억 속으로 수렴하는 것"이 된다. 벤야민은 의례적 실천의 실패에 대한 보들레르의 반응이 그의 시가 수행하는 주요 기능이라고 본다. 그러나 그는 보들레르의 시가 이후 역사적 궤적에서 어떻게 기능할지 예측할 수 없었다. 20세기 중반, 미국의 시인 찰스 부코스키는 여전히 보들레르를 괴롭힌 것과 같은 도시 붕괴 상황에 처해 있었다.[14] 그러나 우연한 만남의 경험에 대한 그의 시적 표상은 소외를 이해하려는 몸부림에서 그 불가피함을 받아

14) 일반적으로 시인 찰스 부코스키와 그의 작품은 보들레르와 놀라울 정도로 유사하다.

들이는 것으로 바뀐다. 그렇지만 부코스키의 시 <거리의 여인(A woman on the street)>은 <지나가는 여인에게>와 놀라울 정도로 유사하다.

her shoes themselves
would light my room
like many candles.

she walks like all things
shining on glass,
like all things
that make a difference.

she walks away.

그녀의 구두만으로도
내 방을 밝히리라,
수많은 촛불처럼.

그녀는 걷는다,
유리에 비친 모든 빛나는 것처럼,
변화를 가져오는
모든 것처럼.

그녀는 걸어 떠난다.[15]

보들레르의 "매료하는 상"은 부코스키의 우연한 만남에서 이어진다. 시인은 화자와 상대 여성의 명시적 연결성을 그려 내고, 그녀와 교류하는 것을 절제하는 데서 쾌락을 얻는다. 이 시에서 가장 눈에 띄는 것은 표상의 압축성이다. 보들레르는 소네트의 형식을 포함해 애가의 고전적 양태를 차용하고, 부코스키는 여성의 중요성을 나타내기 위해 단 두 가지 형상을 취하며, 이는 그녀를 도시 군중과 구분하는 사소한 것들이다.[16]

두 시 모두 여인의 발에 특별한 주의를 기울인다. 부코스키의 화자는 자신의 어두운 주변 환경에 빛을 가져다줄 수 있는 대상으로서 여인의 구두에 명시적으로 주목하고, 보들레르의 화자는 마차에 올라타는 여인의 치맛자락 아래로 지나가는 발목을 암시적으로 지켜본다. 두 경우 모두 시선은 야릇하거나 심지어 가볍게도 에로틱하지도 않으며, 그 대신 여인을 유보하고 매료하는 상이 기능하는 데 필요한 거리를 유지한다. 부코스키가 자신과 여인의 잠재적 관계를 명시적으로 삽입한 것은 <지나가는 여인에게>의 여인이 쓴 애도의

15) Charles Bukowski, *Betting on the Muse*(Santa Rosa: Black Sparrow Press, 1996), 58. Reprinted by permission of HarperCollins.

16) 부코스키의 군중은 20세기 로스앤젤레스[의 군중]이다.

베일과 같은 기능을 하는 것으로 보이며, 그들의 실제 관계가 지닌 상호 공허함에 주목하게 한다. "그녀의 구두만으로도 / 내 방을 밝히리라, / 수많은 촛불처럼." 그러나 이번에는 죽음으로 찢어진 여인의 집이 아니라 여인의 구두만으로도 화자의 세계를 포화시키기에 충분하다. 이 사실은 여인의 욕망을 잠정적으로 보류한 채 남겨 둔다. 이번에는 설령 두 사람이 서로 흠모함을 깨닫더라도 화자 자신은 <지나가는 여인에게>에서 여인을 잃은 사람처럼 상실감에 빠진 사람이다. 게다가 보들레르가 여인의 방의 공허함, 죽음이 가져온 공허함에 주목하는 반면, 부코스키는 자기 집의 공허함을 드러낸다. 과부의 베일이 지닌 어두움은 방의 어두움으로 옮겨지고, 그 어두움은 단지 여자의 구두만으로도 사라질 것이다.

나는 이 두 시의 유사성이 우연이 아니라고 주장하고 싶다. 부코스키는 단지 현대적 경험에 대한 보들레르의 취급을 모방하는 것이 아니다. 오히려 그 전략, 즉 매료하는 상 자체가 압축되어 문화 화폐의 단위체로 구현되었다. 현대 생활의 장치로서 매료하는 상은 부코스키의 시에서 사례화되고 재표현된다. 벤야민이 예측했듯, 보들레르의 서정시는 오직 우연한 만남의 결과 없는 종결이라는 새로운 종류의 의례적 실천을 만들어 내기 위해 전통에 저항했다. 한 세기가 지난 후, 부코스키는 첫눈에 반하는 사랑이 감정적 보상을 보장할 수 없는 새로운 갈등과 수많은 문제, 불확실성의 집합 전체가 기다리고 있다는 것을 알면서 여전히 보들레르의 전략을 그대로 실행한다.

현대 도시의 초창기는 보들레르에게 훨씬 더 많은 해설을 요구하며, 그는 여성과 시인이 서로를 다시는 보지 못할 수도 있지만 사랑의 가능성은 그들 안에 남아 있음을 상기시킨다. 부코스키의 시는 간결하지만 동일한 메시지를 전달한다. 마지막 연(tercet, 聯)에서 보들레르가 표현하는 모든 것은 보들레르가 매료하는 상을 통해 만들어 낸, 수용된 의례적 경험 안에 담겨 있다. <거리의 여인>의 여인은 '오직' "떠나버리기" 위해 걷는 것 같다.

두 시가 쓰인 시기 사이에 매료하는 상은 효과적인 단위 조작, 현대적 삶에 참여하기 위한 도구가 되었다. 이 매료하는 상을 소프트웨어 하위체계, 즉 부코스키가 자신의 시로 사례화한 컴파일된 코드와 동일시하는 것은 과욕일 수 있다. 그러한 독해는 우리가 기술적 표상의 노예라는 키틀러의 반론을 입증할 따름이다. 매료하는 상에 대한 부코스키의 표상에서 중요한 점은 그것이 소프트웨어 체계로 해석될 수 있다는 것이 아니라, 부코스키의 시가 보들레르의 상의 응축된 버전에 의존하고 있으며, 그 규칙에 따라 이 상을 플레이함으로써 그것을 행화하고 있다는 점이다. 게다가 상은 단순히 문학적 장치, 역사적 조건, 정신의 능력, 사회적 관습으로서 어떤 안정적 장소에 있지 않다. <거리의 여인>이 보여 주는 것은, 우연한 만남이라는 복잡한 경험을 물질적 틀로 삼으면서도 어떤 의미 있는 무언가를 표상하는 데 성공할 수 있다는 점이다. 이러한 형식적인 물질적 틀이 지닌 잠재력은 시를 이해하는 데 필수적이며, 더 근본적으로는 세계에 대한 우리 자신의 경험을 이해하는 데 필수적이다.

보들레르와 부코스키는 매료하는 상을 동원하는 데 필요한 거리를 유지하기 위해 우연한 만남의 규칙을 활용하고자 한다. 그러나 우연한 만남의 단위조작적 논리는 그것이 망가지기 시작할 때 더 잘 보인다. 장피에르 죄네의 영화 <아멜리에>는 이러한 공통의 물질적 틀을 강화하는 동시에 그에 대응한다. 이 영화는 일련의 비네트(vignette)를 속사함으로써 주요 등장인물을 형식적이면서도 특이한 방식으로 빠르게 소개한다. 화자는 각 등장인물이 기반한 독특하면서도 낯익은 원형을 활용해 그들을 고도로 캡슐화된 상으로 기술한다. 아멜리에의 신경과민 어머니, 차갑지만 자상한 신경과민 아버지, 건강 염려증 직장 동료처럼 말이다. 아멜리에 자신은 "죽은 세계로부터의 탈출"을 꿈꾼다. 이를 추구하며 그녀는 현대 도시가 주민들의 습관을 짜는 것과 거의 같은 방식으로 자기 경험을 짜는 일련의 사소한 행위를 즐긴다. 아멜리에는 숟가락으로 크렘브륄레를 깨고, 시장에서 곡물 양동이에 손을 담그고, 물수제비 뜨기를 좋아한다. 그녀는 영화관의 어둠 속에서 다른 사람들의 얼굴을 바라보는 것을 즐기며, "지금 얼마나 많은 커플이 오르가슴을 느끼고 있을까?"라고 궁금해한다.

이 영화는 현대 파리를 배경으로 하지만 보들레르의 파리에 훨씬 더 가깝게 보이고 그렇게 느껴진다. 한 비평가의 표현을 빌리자면, "예를 들어 주민들이 손에 휴대전화를 이식한 채로 태어난 것만 같은 오늘날의 도시의 거리에서, 거리를 채우는 휴대전화 울림소리가 없다는 것은 조금 놀랍다".[17] 얀 티에센의 아코디언 선율부터 니노 캥캉푸아의 오토바이 소리, 거리의 식당, 몽마르트르 계단까지 파리의 상징과 원형이 영화 전반에 걸쳐 등장한다.[18] 현대 파리에서 시간을 보낸 사람이라면 누구나 알 수 있는 상투적이고 거의 패러디에 가까운 이 상들은 틀림없이 현대 도시와 19세기 도시를 연결해 주는 역할을 할 뿐이다. 이러한 역사적 왜상(anamorphosis) 역시 아멜리에가 다른 사람들과의 만남에서 19세기적 거리를 유지하려 하는 그녀의 욕망을 자리 잡게 하는 데 도움이 된다. 보들레르와 부코스키는 주로 여인과의 잠재적 관계에 의존해 매료하는 상을 구성하지만, 아멜리에는 실제로 일어나지 않은 수많은 가능한 만남까지 미치는 추상화의 수준을 달성한다.

우연한 발견에 이끌린 아멜리에는 자신의 주변에 완전히 실현되는 경험을 구축하기로 결심한다. 그녀의 목적은

---

17) Fred Thom, "*Amélie*(Review)," La plume noire, http://www.plume-noire.com/movies/reviews/amelie.html/.

18) "파리에 대한 미국인의 판타지"로서 이 형상들에 대한 더 예리한 정의에 관해서는 위에 인용한 주석 17의 리뷰를 참고하라.

표면상 인자한 것이거나, 혹은 적어도 영화가 전하는 메시지다. 사실상 아멜리에는 주변 사람들의 삶에 만족감을 가져다주기 위해 화려한 계획을 세우지만, 이는 그 만족감으로부터 자신의 거리를 유지하고 자신을 위해 새로운 형태로 매료하는 상을 포착하기 위해서다.

첫 번째 만남은 아멜리에가 아파트의 마루판 뒤에서 어린 시절의 추억이 담긴 낡은 상자를 발견하면서 시작된다. 그녀는 이웃과 노인들에게 물어보며 소년 시절에 그 보물을 숨겨둔 남자를 찾으려 한다. 마침내 남자를 찾았을 때, 그녀는 이제는 나이가 든 남자가 이 보물 상자와 재회할 수 있게 우연한 만남(실제로는 정반대의 개념)을 주선한다. 영화는 성공적으로 물건을 전달한 후 술집에서 남자의 옆에 앉은 아멜리에를 묘사한다. 남자는 이를 계기로 단절되어 버린 아들과의 관계를 되살리려고 한다. 아멜리에는 아무 말도 하지 않고 음료를 내려놓은 후 자리를 뜬다.

비록 아멜리에의 행위는 인자함에서 우러나오는 것처럼 보이지만, 이 기획의 목적은 남자의 어린 시절과 가족에 대한 애착을 되살리는 것이 아니라 우연한 만남을 통해 자신의 판타지를 만족시키는 경험을 구성하는 것이다. 아멜리에는 더 이상 그녀가 만들어 내는 만남의 주체가 아니라 현대적 경험의 논리에 매우 정통한 만남의 설계자로서, 보들레르와 부코스키가 직접 만남을 겪은 후 기록해야 했던 표상을 몸으로 제작한다. 아멜리에는 우연한 만남이 하나의 단위조작으로 실행될 수 있을 정도로 충만한 구조임을 보여 준다. 그녀는 자신만의 절차적 도시 만남을 제작하는 프로그래머가 되었다.

아멜리에가 매료하는 상을 더 많이 사례화할수록, 영화는 관객 역시 그것들을 같은 방식으로 즐기게 한다. 상들은 매력적이며 사랑스럽고, 관객은 주저 없이 그대로 받아들인다. 이와 동시에 죄네는 아멜리에의 전략에 문제가 있다는 신호를 보낸다. 그녀가 구성하는 만남 대부분은 조작적(manipulative)이고 심지어 불법이다. 그녀는 식료품점 주인이 미숙한 점원을 함부로 대했다는 이유로 식료품점에 침입해 기물을 파손한다. 그녀는 한 직장 동료와 다른 동료의 소원해진 전 애인 사이에 거짓된 갈망을 설정한다. 그녀는 아버지가 소중히 여기는 정원 요정을 전 세계로 모험을 떠나보내고, 그 여정을 사진으로 찍어 집으로 보내 달라고 수신자들에게 부탁한다. 죄네는 이러한 행위가 지닌 인자함과 악의 사이의 애매함을 의도적으로 유지하지만, 영화 관객과 비평가 대부분은 아멜리에처럼 전자만을 본다.

영화가 진행되면서 아멜리에는 한 청년, 니노 캥캉푸아와의 우연한 만남에 사로잡힌 자신을 발견한다. 니노는 아멜리에와 강박적 관심사(그는 지하철 사진 부스 근처에 버려진 사진 조각을 수집한다)를 공유한다. 얼마간 아멜리에는 자신과 니노 사이에 매료하는 상의 거리를 유지하려고 한다. 영화는 초점을 바꾼다. 이제 영화는 이 거리를 유지하기 위한 아멜리에의 고군분투, 단위조작의 규칙에 충실하기 위한 그녀의 고군분투에 관한 것이 된다. 이 고군분투는 뼈 질환으로 집 밖을 나가지 못해서 "유리 인간(L'homme de verre)"이라는 이름을 얻게 된 이웃 노인과 일련의 교류를 하면서 해소된다. 유리 인간은 매일 실내에서 시간을 보내며, 매년 르누아르의 <뱃놀이 일행의 오찬(Dejeuner des canotiers)>을 새로 모작한다.[19] 유리 인간은 보들레르와 동시대를 살았던, 인상파의 관음증자로 여겨지는 작가가 그린 이 그림을 통해 아멜리에로 하여금 매료하는 상의 논리에 관해 의문을 품게 한다. 유리 인간은 그림 중앙에 유리잔을 들어 마시고 있는 소녀를 가리키며 다음과 같이 말한다. "세월이 흘러도 이해할 수 없는 인물은 물잔을 들고 있는 소녀뿐이라네. 중앙에 있는데도 왠지 밖에 있어."

아멜리에　물잔을 들고 있는 여자애 아시죠? 만약 그 여자애가 조금 어긋나 보인다면 다른 누군가를 생각하고 있어서일 수도 있어요.

유리 인간　그림에 있는 누군가인가?

아멜리에　아뇨, 아마 다른 곳에서 만난 남자애일 거예요. 자신과 닮았다고 느꼈거든요.

유리 인간　그러면 그 아이는 주위 사람들과 실제 유대감을 형성하기보단 거기 있지 않은 사람과

---

19) Pierre-Auguste Renoir, *Dejeuner des canotiers*, 1881.

의 관계를 상상하는 편을 선호한다는 거로군.

아멜리에 아뇨, 어쩌면 그 아이는 다른 사람들의 엉망진창인 삶을 정리하기 위해 뛰어다니고 있는 걸 수도 있어요.

유리 인간 하지만 자신의 엉망진창인 삶은 어쩌고? 누가 그걸 걱정한다는 말인가?

. . .

유리 인간 그 남자와 사랑에 빠진 게로군.

아멜리에 맞아요.

유리 인간 그렇다면 이제 진짜 리스크를 감수해야 하네.

아멜리에 사실, 생각 중이에요. 이제 막 계략을 고안하는 중이거든요.

유리 인간 오, 계략을 좋아하는구먼! 좀 겁쟁이인 게로군. 그래서 내가 그 아이의 시선을 잘 잡지 못한 모양이야.[20]

"계략"은 정확히 보들레르주의적 단위조작, 매료하는 상이다. 중요한 것은 이 장면에서 아멜리에가 자신의 계획을 단순한 술책이나 속임수[전략(strategy)이 아니라 계략

20) Guillaume Laurent(screenplay), *Le fableux destin d'Amélie Poulin*.

(stratagem)], 즉 보상이 아니라 기만을 위한 것으로 드러내야 한다는 점이다. 이는 이 상의 사례이자 그 상에 대한 아멜리에의 이해를 추상적 형태로 표상한 것으로, 아멜리에는 스스로 자신의 술책에 속았다는 것을 깨닫는다.

갑자기 영화 전체가 총체화하는 체계와 개별적 행위 사이의 분투로 드러난다. 금붕어의 자살 기도가 엄마를 불안하게 하지 않도록 금붕어를 희생하는 아이 아멜리에, 한 달에 한 번 있는 신체 검진에서 아버지의 드문 손길에 흥분한 아멜리에의 반응을 심장병으로 오해해 그녀를 평생 집에만 머무르게 하는 아버지, 옛 연인의 모든 행동을 기록하려는 강박적인 전 남자친구 조제프, 몸의 모든 진동을 전신 질환으로 이해하려는 건강 염려증 조젯. 이들 모두 동일한 단위조작의 사례로, 현재를 희생하고 그 박탈에서 도착적 도락을 얻으려는 시도다.

대중의 호평에도 불구하고, <아멜리에>는 세상에 선한 영향력을 미치려는 순진한 소녀에 관한 영화라기보다는 보들레르가 물려준 현대적 삶의 사용 방식에 대한 100년 된 집착을 거부하기 위한 분투를 다룬 영화다. 영화의 끝에서, 아멜리에는 니노 캥캉푸아를 잃지는 않았는지 걱정하다가 잠시 후 문 앞에 다시 나타난 그를 발견하는, 의심할 여지 없이 감동적인 장면에서 그를 자신의 방식으로 맞이한다. 이 공황의 순간은 아멜리에가 매료하는 상을 버리는 순간이다.

<아멜리에>가 관객들의 얼굴을 보기 위해 극장을 찾

았을 즈음, 윌 라이트의 스튜디오맥시스는 역사상 가장 많이 팔린 PC 게임 <심즈>를 출시했다.[21] 이 게임에서 플레이어는 현대 개인의 삶을 창조하고 모델링해 집, 직업, 특정한 특성을 부여할 수 있다. <심즈>는 게임에서 추가 행동, 시나리오, 객체를 제공하는 수많은 확장팩을 만들어 냈다. 그러한 확장팩 중 하나는 2001년에 출시된 <심즈: 핫데이트(The Sims: Hot Date)>다. <핫데이트>는 기본적으로 <심즈>에 연애 요소를 넣기 위한 애드온(add-on)이다. 그것은 심이 잠재적 연애 상대를 만나거나 구애하기 위해 방문할 수 있는 "시내" 지역을 추가한다. 하지만 <핫데이트>의 작동 방식을 이해하려면 <심즈>를 이해하는 것이 중요하다.[22]

<심즈>는 일상생활 시뮬레이터로, 플레이어가 시뮬레이션된 사람, 즉 "심"의 가정을 관리할 수 있는 게임이다. 게임 자체는 집을 짓고 텔레비전, 의자, 그림 같은 객체로 실내 공간을 꾸미는 등 환경의 복잡한 맞춤 제작을 지원한다. 게임의 주요 목적은 플레이어 등장인물의 개인생활과 공동생활을 관리하고 운영하는 것이다. 플레이어는 심의 성격 유형

---

21) 2002년 3월까지 심즈와 그 확장팩은 1300만 장 이상 판매되었다. http://thesims.ea.com/us/news/werenumber1.html/ 참조.

22) 이 논의는 <심즈> 오리지널 버전에 관한 것이지, 더 복잡한 2004년 속편 <심즈 2>에 관한 것이 아님을 참고하라.

(여기서는 다루지 않을 주제다)을 정의한 후, 등장인물과 환경의 다른 사람 또는 객체 사이 상호작용을 지시하며 심을 운영한다. 일련의 게이지가 배고픔과 에너지 같은 심의 삶에서 중요한 다양한 요인을 나타낸다. 예를 들어 플레이어는 게임에 배치된 냉장고를 클릭하고 "간식 먹기" 메뉴 선택지를 선택해 심에게 식사를 지시할 수 있다.

윌 라이트는 <심즈>의 일부 상호작용 설계가 스콧 매클라우드의 만화 설계 원리에 기반한다고 설명했다. 매클라우드는 만화에서 독자가 컷들 사이의 공간을 채우며, 이야기를 읽고 해석하는 데 자기 자신을 투사한다고 주장한다.[23] <심즈> 속 일부 추상화는 시뮬레이션에 구축되어 있다. 심들은 횡설수설하고, 말로 표현되거나 표현되지 않은 생각은 평면도로 표현된다. 라이트는 이러한 추상화 사용에 관해 다음과 같이 말한다.

> 특히 현재 기술로는 등장인물 시뮬레이션으로 할 수 있는 작업에 여러 제한이 있습니다. 그러니 분명 컴퓨터로 시뮬레이션할 수 없는 것들이 있지만, 다른 한편으로 사람들은 머릿속으로 시뮬레이션하는 데 매우 능숙하므로 그러한 제한성은 정말 좋은 추상화 활용법처럼 보였습니다.

---

23) Scott McCloud, *Understanding Comics*(New York: Perennial, 1994), 60-70.[김낙호 옮김(2008). ≪만화의 이해≫. 비즈앤비즈.]

> 그래서 우리는 시뮬레이션의 그 부분을 컴퓨터에서 빼서 플레이어 머릿속으로 넘겨 버리는 것이지요.[24)]

일상생활의 시뮬레이션 모델로서 <심즈>는 어떤 종류의 표상을 포함하고 어떤 것을 제외할지 일정한 결단을 내린다. 이 "약점"은 강점이기도 한데, 그것이 게임의 가능성 공간을 넓혀 주기 때문이다. 게임이 일상생활 관리에 대한 특정 접근법을 지지하거나 비판할지는 대체로 플레이어에게 달려 있으며, 게임은 이러한 이데올로기 중 일부를 탐구할 수 있는 도구 집합을 제공한다. 예를 들어 심의 삶을 일에 전념하게 할지 아니면 방탕하게 돌아다니게 할지처럼 말이다. 그럼에도 이 게임은 어떤 가치를 다른 가치보다 우선시하기는 한다. 곤살로 프라스카는 소비자 자본주의에 대한 심즈의 예찬을 다음과 같이 설명한다.

> 문자 그대로, 당신이 가진 가상 친구의 수는 당신이 소유하고 있는 상품의 양에 따라 달라진다(당연히 집이 클수록 더 좋다). 그럼에도 나는 <심즈>가 패러디며, 따라서

---

24) Celia Pearce, "Sims, Battle Bots, Cellular Automata, God, and Go: An Interview with Will Wright," *Game Studies* 2, no. 1(July 2002). http://www.gamestudies.org/0201/pearce/에서 이용 가능.

실제로는 소비주의에 대한 비판이라고 굳게 믿는 몇몇 사람들을 만난 적이 있다. 개인적으로 나는 동의하지 않는다. 이 게임은 분명 만화 같지만, 그 안에서 풍자를 찾을 수는 없다. 확실히 이 게임은 교외에 사는 미국인을 조롱하고 있는 것일 수도 있지만, 게임은 플레이어가 새로운 물건을 살 때마다 보상을 제공하며, 나는 이를 패러디로 간주할 수 있다고 생각하지 않는다.[25]

이 문제는 분명 열려 있지만, 표상적 매체로서 게임이 지닌 다재다능함을 드러낸다.

<핫데이트> 확장팩은 심들을 집 밖으로, 가상의 인형의 집에서 벗어나 시뮬레이션된 도시 환경으로 이동시킨다는 점에서 중요하다. 이 "시내"에서 심들은 플레이어가 만든 것이 아니라 완전히 시뮬레이션에 의해 생성된 등장인물들, 즉 "도시민들"을 만날 수 있다. <심즈>는 게임이기에 플레이어는 보들레르와 부코스키의 시에서는 불가능한 상호작용을 통해 시뮬레이션의 조건, 가정, 결과를 탐구할 수 있다. 그러나 시와 마찬가지로 <심즈>는 시뮬레이션의 전개 방식을 정의하는 일련의 규칙에 의존한다. <핫데이트>는 심들

---

25) Gonzalo Frasca, "The Sims: Grandmothers are Cooler than Trolls," *Game Studies* 2, no. 1(July 2002). http://www.gamestudies.org/0201/frasca/에서 이용 가능.

의 로맨틱한 만남을 모델링하고 그것과 상호작용할 수 있는 능력을 추가한다. 그리고 그 확장팩은 게임이 생성한 등장인물들로 가득한 도시 사회적 공간을 제공하기 때문에 우연한 만남을 시뮬레이션할 수 있다.

형식적 특징을 통해 시적 의미작용을 제공하는 <지나가는 여인에게>나 <거리의 여인>과 달리, <심즈>에서 의미는 오로지 수많은 코딩된 규칙이 이루는 집합의 생성 효과에서 비롯된다. 사건은 이러한 규칙들의 상호작용이나 시퀀스로 해석될 수 있지만, 플레이어의 제어는 플레이어가 서사적 의미의 흐름이 아니라 압축된 의미 단위체를 구현하고 그 속에서 행위하게 한다. 이와 동시에 <핫데이트>는 플레이어가 게임에서 가장 즐겁게 성취할 수 있는 일을 나타내는 것으로 추정되는 일련의 특권화된 규칙을 코딩한다. 본체 게임에는 배고픔, 위생, 에너지, 재미 등 여덟 가지 기본 등장인물 필요사항이 구축되어 있다. 각 심의 상태는 각각의 기본 필요사항에 대한 등장인물의 상대적 수준을 정규화하는 기여도 곡선 또는 필요 조절기를 통해 결정된다.

심의 특성을 조정할 수는 있지만, 모든 심은 이러한 기본 필요사항을 충족해야 한다. 플레이어가 이 중 하나라도 무시하면 시뮬레이션은 심이 필요한 행위를 자동으로 수행하도록 지시하며 제어권을 가져간다. 예를 들어 플레이어가 방광을 비워야 하는 심의 필요를 신경 쓰지 못하면, 게임은 시뮬레이션을 안정 상태로 되돌리기 위해 등장인물에게 가장 가까운 화장실을 찾도록 지시한다. 이는 AI가 플레이어의 과실을 보상할 수 없는 시나리오를 만들 수 있음을 의미한다. 만약 내가 화장실이 필요한 심을 문이 없는 방에 가두면 그 심은 결국 굶어 죽거나 어쩌면 터질 수도 있다.

플레이어는 <핫데이트>에서 사회적 상호작용에 대한 심들의 필요를 실험할 수 있다. 게임 자체는 플레이어가 심을 데이트에 데려가거나 잠재적 연애 상대를 찾게 하고 싶어 할 것이라는 가정을 바탕으로 만들어졌다. 게임의 설계 측면에서, 이 게임의 설계자는 아마도 의도치 않게 우연한 만남이라는 현대적 경험을 캡슐화하고, 매료하는 상의 표상을 절차적 행위와 필요 기여도 곡선의 조합으로 사례화해 설계에 담았을 것이다.

심이 다른 심과 상호작용하기 위해 시내로 나가면, 그 심은 보들레르의 것과 같은 모델을 직접적으로 상속한 현대 사회적 공간의 고도로 형식화된 표상에 빠져들게 된다. 시내에서 심은 아케이드에 들어가거나 길모퉁이에 앉아 있거나 해변을 방문하거나 클럽에 들를 수 있다. 이러한 장소에서 심과 플레이어 모두에게 수많은 <거리의 여인> 유형의 경험이 제공되며, 플레이어와 심 모두에게 우연한 만남이 주어진다. 이러한 맥락에서 플레이어는 메뉴 인터페이스를 통해 소프트웨어가 지원하는 특정 행위를 실행해 다른 심에게 접근하고 대화를 시작할지 선택한다.

부코스키가 보들레르에게서 상속한 매료하는 상을 자신

의 실제 만남에 사례화할 때, 그는 보들레르의 전략의 의례화를 긍정한다. 아멜리에는 부자연스러운 만남을 세심하게 계획할 때 이 의례를 명시적으로 인식한다. <심즈: 핫데이트>는 마침내 우연한 만남을 단위조작으로 표상하는 궁극적 단계를 밟는다. 그것은 우연한 만남을 시뮬레이션의 코드에 캡슐화한다. 문학 매체는 할 수 없지만 그 게임이 가능케 하는 것은 상호작용, 즉 시뮬레이션 세계 속 "화자"에 대한 직접적 조작이다. 게임은 시뮬레이션된 세계와 현실 세계의 우연한 만남에 대한 독특한 관점을 지원하는데, 심이 기본적으로 플레이어의 입력을 기다리기 때문이다. 한편으로 플레이어는 등장인물의 관점('저 심이 내가 만나고 싶은 사람처럼 보이는가?')에서 사건을 인식하고, 다른 한편으로는 시뮬레이션의 관점('내 심이 따르는 사회적 규칙은 무엇인가?')에서도 사건을 인식하도록 강제된다. 달리 말해 시뮬레이션은 플레이어가 심의 상황에 접근하기 위해 선택할 수 있는 다양한 전략을 노출한다. 한 가지 선택지는 기회를 붙잡는 것으로, 플레이어가 선택한 사람에게 다가가 대화하는 것이다. 또 다른 선택지는 보들레르와 부코스키의 화자처럼 영원히 돌아오지 않을 잠재적 연애 상대가 지나가는 것을 앉아 지켜보는 것이다.

시뮬레이션에서 플레이어는 우연한 만남에 대한 심의 반응을 조작하는 데 이용할 수 있는 전략 집합을 드러내는, 절차적 규칙의 제한된 집합을 손끝에 쥐고 있다. 한편으로 이러한 전략은 플레이어가 취할 수 있는 행위와 취할 수 없는 행위로 캡슐화된다. 예를 들어 플레이어는 다른 심과 대화하거나 심지어 키스할 수도 있지만, 부드럽게 스치며 지나칠 수는 없다. 또한 공평하게 말하자면, 플레이어는 명시적으로 매료하는 상을 행화할 수는 없다. 게임에 "심이 떠나 버리는 것을 지켜본다"라는 명령어는 없다. 그러나 플레이어가 "머릿속"으로 채우는 시뮬레이션 속 간극은 플레이어가 심에게 어떻게 지시하든 동등하게 잘 기능한다.

즉 <심즈>에서 코드를 통한 등장인물 만남이 지닌 바로 그 구조는, 개념적으로 은퇴할 준비가 된 단위조작으로 우연한 만남을 드러낸다. <심즈>는 이디스(Edith)라는 스크립팅 엔진을 사용해 세계 속 심과 객체가 상호작용하는 방식을 정의한다. 객체는 의자, 냉장고, 핀볼 기계 같은 유형의 것과 날씨, 등장인물 생성 논리(character spawn logic) 그리고 가장 중요하게는 사회적 상호작용 같은 무형의 것을 모두 함의한다.[26] 심즈의 객체는 주변 시뮬레이션에 자기 능력을 "전파해(advertise)", 개별 심의 변동하는 필요와 객체의 능력을 일치시킨다. 게임 구조에서 객체와 상호작용하기 위한 코드

---

26) Jake Simpson, "Scripting and Sims 2: Coding the Psychology of Little People," in *Proceedings of the Game Developers Conference*(San Francisco: Computer Game Group, 2005). 심슨의 발표는 여기서 논한 게임의 속편에 관한 것이지만, 이디스 스크립팅 엔진은 이전 게임에도 적용된다.

는 생래적으로 주변 세계에 무지한 심이 아니라 객체 자체에 포함되어 있다. 사람 대 사람 상호작용의 경우 사회적 상호작용 "객체"는 사용자가 제어하든 컴퓨터가 제어하든 두 심즈 등장인물 간 메시지를 매개한다. 각각의 경우에서 게임은 플레이어와 상호작용자(interactor) 사이에 매개자를 상정한다. 이 매개자는 상호작용자와는 독립적으로 현존하는 사회적 규칙으로 압축된, 사회적 논리를 담은 블랙박스다.

궁극적으로 플레이어는 <핫데이트>를 통해 우리가 보들레르에게서 물려받은, 우연한 만남을 위한 새로운 의례적 전략의 분해를 실험해 볼 수 있다. 설령 <심즈>에 소비자 자본주의에 대한 패러디의 여지가 없더라도, 분명 <핫데이트>에는 이데올로기의 애매함이 존재한다. 한편으로 이 게임은 짝 찾아 주기(match-making)에 대한 현대 문화의 매료를 활용하고자 한다. 다른 한편으로 이 게임은 플레이어가 사회적 공간에서 우연한 만남이라는 낯선 의례적 실천을 목격하도록 요구한다. 가상의 시내로서 <핫데이트>에서는 플레이어가 우연한 만남을 성사시키는 방식과 성사시키지 않는 방식을 실험해 볼 수 있다. 윌 라이트는 <심즈>에 영감을 준 것에 관해 다음과 같이 말한다.

> 내가 보여 주고 싶었던 가장 중요한 것 중 하나는 기본적으로 모든 사람이 삶에서 가진 진정한 자원은 시간이라는 점이었습니다. 시간은 돈, 물건, 친구 등 다른 많은 것

으로 바꿀 수 있지만, 시간을 어떻게 보내느냐에 따라 인생이라는 게임을 플레이하는 방식이 달라집니다. 여러분이 더 많이 얻지 못하는 한 가지는 바로 시간입니다. 그래서 나는 사람들이 시간 관리를 적어도 더 잘 의식하게 만들고 싶었습니다. 이는 "시간을 이렇게 보내야 합니다"라는 식의 설교에 관한 것이 아닙니다. 가만히 앉아 하루의 매 순간을 어떻게 보내기로 선택할지 생각해 보는 것은 흥미로울 따름입니다.[27]

이런 의미에서 게임은 인간 경험을 성사시킬 때 심과 플레이어가 이용할 수 있는 일련의 선택지를 표현한다. 현대 사회적 도전의 틀을 단위조작에 캡슐화함으로써, 플레이어의 결단은 등장인물의 행동을 확립하거나 강화할 뿐 아니라 그 행동에 대한 가치 판단을 부여한다. 플레이어에게 이러한 결단을 이해하도록 요구한다는 점에서 <심즈>에는 사회적 규범에 대한 도전으로 작용할 수 있는 잠재력이 있다. 그것은 모더니티의 황량함이라기보다는 보들레르적 계략의 수용에 대한 분투다. 이 게임은 플레이어가 마침내 군중과 우연한 만남에 대한 자기 경험을 객관적으로 바라보고 각자

27) John MacLean-Foreman, "An Interview with Will Wright," *Gamasutra*, May 1, 2001. http://www.gamasutra.com/features/20010501/wright_01.htm/에서 이용 가능.

의 관점에 따른 귀결을 실험할 수 있는, 파급력 낮은 환경을 제공한다.

물론 <핫데이트>는 실제 세계의 결과가 지닌 오묘함을 모델링하려고 하지는 않는다. 그러나 보들레르 이후 현대적 경험에 대한 실용적 조언을 제공하도록 특별히 설계된 새로운 도구는 없었다. <심즈>는 우연한 만남의 상을 소프트웨어의 형태로 드러냄으로써 플레이어가 150년 동안 이어져 온 이 사회적 규정(rubric)에 대한 자신의 만족도를 살펴보고 물질세계에서 행위하는 방식(혹은 행위하지 않는 방식)을 스스로 선택할 수 있도록 초대한다. 이 모델은 비디오게임이 모든 종류의 예술과 마찬가지로 인간 경험에 영향을 미치고 그것을 변화시킬 힘을 지녔음을 시사한다.

3부

절차적 주체성

07
세포 자동자와 시뮬레이션

혼돈 이론은 판구조(plate tectonic)나 이중 진자(double pendulum)처럼 초기 상태에 민감한 동적 체계를 기술한다. 혼돈 체계는 초기 조건에 따라 행동이 달라지기 때문에 설령 예측할 수 없더라도 결정론적이다. 최근 과학·사회 탐구의 여러 분야가 단순한 구성요소들로 구성되면서도 전반적으로 복잡한 행동을 보이는 적응 체계를 설명하려는 관련 학문인 복잡한 체계 이론에 관심을 둔다. 가장 최근에는 물리학자이자 기업가인 스티븐 울프럼이 약 20년간 세상을 등지고 비밀리에 진행한 연구의 산물인 대작 ≪새로운 종류의 과학(A New Kind of Science)≫을 출간했다. 복잡한 수학적 모델링과 도표 제작을 위한 세계 최고의 컴퓨터 소프트웨어 <매스매티카(Mathematica)>를 개발하기도 한 울프럼은, 복잡한 네트워크 그리고 단위조작과 직접적으로 관련된 상대적으로 단순한 개념을 바탕으로 이 1200페이지에 달하는 저서를 집필했다.

1980년대 초부터 울프럼은 '세포 자동자(cellular automata)'의 지지자였다. 세포 자동자는 작은 단위체(세포)들로 분리되는 간단한 프로그램(자동자)이다. 이 단위체들은 상호작용하면서 과학자들, 특히 컴퓨터과학자들이 인공 생명체에 대한 실행 가능한 모델로 활용하기를 희망했던 것을 드러낸다. 울프럼은 이 접근법이 몇 단계 더 나아가게 한다. 울프럼은 그가 만든 프로그램 <매스매티카>로 개발한 간단한 컴퓨터 모델을 사용해 생물학에서 운동 역학에 이르는 과학의 모든 분야를 단순한 논리에 따라 재구성하려고 시도한다. 울프럼에 따르면 이러한 체계의 복잡성은 "여러 단순한 동일 구성요소의 협력 효과를 통해 생성된다".[1] 세포 자동자는 단위조작 논리가 작동하는 또 다른 예시를 제공한다.

게임의 광범위한 범주와 시뮬레이션으로 알려진 관련 계산 체계는 세포 자동자 같은 종류의 단위조작에 기반한다. 그러나 시뮬레이션은 단순히 물질세계의 기능을 모델링하는 것인 이상으로, 단위체 기반 규칙과 주관적 경험이 만나는 장이기도 하다.

세포 자동자

스티븐 울프럼과 같은 과학자들의 전문성에도 불구하고

1) Stephen Wolfram, "Cellular Automata as Models of Complexity," *Nature* 311(October 1984), 419.

세포 자동자는 상대적으로 간단하게 이해할 수 있다. 자동자는 전기적·전자적·생물학적·화학적인 것을 포함한 모든 종류의 기계 또는 장치로, 반복 작업(rote task)을 수행한다. '세포'라는 단어는 생명과학과 밀접한 상관관계가 있지만 생물학보다는 분리 또는 구획화(compartmentalization)를 지시한다.[2] 세포 자동자는 어떤 단순하고 분리 가능한 작업을 수행한 다음 그 출력을 인접 세포로 전송하는 기계화된 체계다. 이러한 인접 세포는 자체적인 자동화를 수행하고 자신의 출력을 전송하는 등의 작업을 수행한다. 이러한 개별 단위조작의 총합은 엄청난 복잡성을 초래한다. 예를 들어 여러 조개껍데기의 패턴은 세포 자동자에 의해 구성되며, 조개껍데기의 세포는 인접 세포의 유사한 행동에 따라 색소를 분비하거나 억제한다.

세포 자동자는 대규모 행동을 단순한 생성 규칙들로 분해해 복잡한 체계를 이해할 방법을 제공한다. 이 접근법과 전통적인 과학적 또는 수학적 모델링의 주요 차이점은 세포 자동 체계 전체의 복잡성이 각 자동자의 복잡성을 초과한다는 점이다. 이것이 바로 울프럼이 세포 자동자를 "자연 체계에 대한 단순한 수학적 이상화"라고 부르는 이유다.[3] 울프럼을

---

2) 그렇다고 이 이론의 범위에서 생물학이 배제되는 것은 아니다. 세포 자동자 이론은 생물학, 특히 신경학적 현상과 살아 있는 체계의 광범위한 기능을 설명하려는 시도에 자유롭게 적용되었다.

비롯한 이들은 눈송이와 나뭇잎의 구성 같은 복잡한 자연 체계가 기본 또는 1차원 세포 자동자로부터 생성되는 방식을 보여 주었다.[4] 세포 자동자는 단순한 입출력 기계이므로 계산과 밀접한 관련이 있다. 울프럼의 말을 빌리자면, "그것의 이산적 본성은 디지털 컴퓨터와의 중요한 유비 역시 제공한다. 세포 자동자는 단순한 구성의 병렬 처리 컴퓨터로 볼 수 있다".[5]

그 결과 세포 자동자는 상대적으로 단순하게 기술된 규칙들을 통해 세계에 대한 복잡한 표상의 핵심에 접근할 유용한 방법을 제공한다. 울프럼은 세포 자동자를 병렬 컴퓨터 같은 정보 처리 체계로 간주한다.[6] 그러한 기계에서 개별 세포는 보통 시드값(seed value)에 기반해 초기 짜임에 대한 계산을 수행한 다음, 시간의 흐름에 따른 결과 출력값을 체계가 실행되는 한 지속적으로 처리한다. 컴퓨터 같은 정보 처리 체계를 통해 직접 적용될 수 있는 세포 자동자의 능력은 울프

---

3) Stephen Wolfram, "Cellular Automata," *Los Alamos Science* 9(fall 1983), 3.

4) Stephen Wolfram, *A New Kind of Science*(Champaign, Ill.: Wolfram Media, 2002), 23-60.

5) Wolfram, "Cellular Automata," 3.

6) Stephen Wolfram, "Cellular Automata as Models of Complexity," *Nature* 311(October 1984), 424.

럼으로 하여금 다음과 같은 결론을 내리게 한다. "세포 자동자는 … 여러 자연 체계의 실용적 시뮬레이션에 효과적인 매체를 제공할 수 있다."[7]

울프럼이 단순한 알고리즘 프로그램에 따라 자연 체계가 기능하는 방식을 밝히려고 시도하는 반면, 다른 사람들은 세포 자동자를 사용해 자연 세계 혹은 그 하위 집합에 대한 불완전한 모델을 만들었다. 이러한 시뮬레이션은 "순수한" 세포 자동자에 대한 울프럼의 작업과 중요한 지점에서 다르다. 즉 그것은 담론적 의미를 생성하기 위해 자연법칙이 아니라 인간의 개입을 끌어들인다. 소프트웨어와 비디오게임 역시 이러한 종류의 표현을 수행할 수 있다.

가장 오래되고 잘 알려진 세포 자동 시뮬레이션은 케임브리지 수학자 존 콘웨이의 <생명 게임(Game of Life)>이다.[8] 이 게임은 살아 있는 유기체의 시간에 따른 성장(과 죽음)을 시뮬레이션한다. 지난 35년 동안 <생명 게임>은 컴퓨터 프로그램 형태로 여러 번 번역되었지만, 이 게임은 컴퓨터 지원을 필요로 하지 않는다. 플레이어는 격자판 또는 바둑판을 사용해 자신이 선택한 패턴을 유기체의 초기 상태로

---

7) 같은 책.

8) Martin Gardener, "Mathematical Games: The Fantastic Combinations of John Conway's New Solitaire Game 'Life,'" *Scientific American* 233(October 1970), 120을 보라.

배치한 다음, 세 가지 단순한 규칙에 따라 매 차례 그 패턴을 조정한다.

1. 생존: 두세 개의 말이 인접해 있는 모든 말은 다음 세대에 살아남는다.
2. 죽음: 인접한 말이 네 개 이상인 각 말은 개체 과잉으로 인해 사망한다(제거된다). 인접한 말이 한 개 있거나 없는 모든 말은 고립으로 인해 사망한다.
3. 탄생: 정확히 세 개(더 많거나 적음 없이)의 인접한 말에 붙은 텅 빈 셀은 탄생 셀이다. 다음 이동 시 말이 그 위에 놓인다.[9)]

컴퓨터를 이용해 빠르게 시뮬레이션을 진행하면서 콘웨이와 다른 사람들은 진동하는 도형들의 "공중제비(flip-flops)"와 판에서 대각선으로 움직이는 "글라이더(gliders)" 등 게임의 공통적 패턴을 빠르게 관찰하기 시작했다. <생명 게임>은 단순한 규칙들이 결합해 규칙들에서 예측할 수 없는 귀결을 초래하는 창발적 체계의 예시다. "게임"으로서 <생명 게임>이 강렬한 이유는 플레이어가 복잡한 모델을 훨씬 단순한 체계의 관점에서 이해할 수 있게 하기 때문이다. 뒤에서 나는 시뮬레이션의 이 특징이 지닌 중요성을 다시 다룰

---

9) 같은 책.

것이다.

먼저 나는 세포 자동자에 기반한 좀 더 복잡한 비디오게임을 살펴보고자 한다. 윌 라이트의 게임 <심시티(Sim City)>는 플레이어가 시뮬레이션된 도시 환경을 만들고 관리할 수 있게 한다. 플레이어는 단순화된 그러나 전권을 가진 시장이 되어 토지 구획, 세율, 도시 서비스의 위치 선정 및 예산 배정 방식을 선택한다. 게임을 플레이해 본 적 없는 사람들에게 이는 놀라울 정도로 활동적인 경험이다. 테드 프리드먼은 이 플레이 경험에 대한 유용한 요약을 제공한다.

> <심시티>를 플레이하는 것은 <킹스 퀘스트(King's Quest)> 같은 어드벤처 게임을 플레이하는 것과 매우 다른 경험이다. 플레이어와 컴퓨터 간 상호작용은 지속적이고 강렬하다. 게임 플레이는 연속적 흐름이다. 게임 플레이를 중단하기란 매우 어려울 수 있는데, 맵의 한 구석에 새로운 주거 지역을 개발하고, 다른 구석에는 공항을 건설하며, 새 발전소를 사기 위해 돈을 모으고, 특히 문제 있는 지역의 범죄율을 감시하는 등 당신은 언제나 수십 개의 다양한 프로젝트 한가운데에 있기 때문이다. 한편 시뮬레이션이 한 달에서 다음 달로 가차 없이 뚝딱 지나가는 만큼 도시는 계속 변한다(위기 상황에 대처하기 위해 게임을 일시 정지하지 않는 한 말이다). 도시를 한 바퀴 돌고 나면 완전히 새로운 문제와 기회가 생겨 있다.

> 도시의 개발 속도가 너무 빨라 따라갈 수 없는 경우에는 시뮬레이션 속도를 늦출 수 있으며(즉 한 달에서 다음 달로 이동하기까지 실시간으로 더 오래 기다리게 된다), 어떤 일이 일어나기를 기다리는 경우에는 시뮬레이션 속도를 높일 수 있다.[10]

작가이자 클린턴 행정부의 고문이었던 폴 스타는 <심시티>의 기원을 1960년대 사회학자 제임스 S. 콜먼과 그 외 사람들이 만든 "사회 시뮬레이션"의 추세에서 찾는다.[11] 도시계획가 제이 W. 포레스터의 1969년 저작 ≪도시 역학(Urban Dynamics)≫은 윌 라이트의 <심시티> 설계에 직접 영향을 미쳤지만, 이 게임은 <생명 게임>과 같은 종류의 세포자동자를 기반으로 제작되었다. 비록 이러한 상호작용의 수와 복잡성은 전자가 훨씬 더 크지만 말이다.[12]

라이트가 <심시티>에 구현한 알고리즘과 설계 전략은

---

10) Ted Friedman, "Semiotics of Sim City," *First Monday*, 4(April 1999). http://www.firstmonday.dk/issues/issue4_4/friedman/에서 이용 가능.

11) Paul Starr, "Policy as a Simulation Game," *American Prospect* 5, no. 17(March 21, 1994), http://www.prospect.org/print/V5/17/starr-p.html/.

12) Pearce, "Sims, Battle Bots, Cellular Automata, God, and Go."

산업, 상업, 주거를 중심에 두고 교통, 에너지, 물, 기타 체계가 둘러싸는 "동심원(concentric ring)"에 기반한다. 시뮬레이션은 연속적으로 실행되지만, 그것은 게임 세계의 시간 경과와 상응하는 이산적 "턴(turn)"을 통해 갱신된다. <생명 게임>은 턴들 사이에 단 하나의 의미 있는 상태 변화만을 제공한다. 즉 유기체는 자신을 둘러싼 사각형들에 관한 간단한 규칙에 따라 살거나 죽을 수 있다. <심시티>는 이러한 규칙과 그 귀결의 오묘함을 증가시킨다. 예를 들어 특정 지역의 일자리 수는 주거 공간 수요에 영향을 미친다. 실업률이 높아지면 주택 수요가 감소하고, 이는 결국 실업을 가속해 주민들이 도시를 떠나게 만든다.[13]

<생명 게임>이나 <심시티> 같은 게임이 "시뮬레이션"이라고 불리는 이유는 그것들이 현실 세계 체계를 참조한 복잡한 시나리오를 만드는 데 단순화된 원리들을 활용하기 때문이다. <심시티>는 이러한 상호작용의 수와 오묘함으로 인해 <생명 게임>보다 더 복잡하다. 두 게임 모두 개별 게임 구간의 서사 출력을 식별하는 것이 아니라 그러한 개별 경험을 뒷받침하는 규칙-단위체를 정의하는 것에서 시작한다.

---

13) 폴 스타는 위의 주석 11에서 인용한 ≪아메리칸 프로스펙트(American Prospect)≫의 논문에서 게임의 메커니즘에 대한 더욱 포괄적인 개요를 제공한다.

비평가들은 시뮬레이션 속 단위 의미에 대한 해석의 여러 양태에 관해 여러 말을 해 왔다. 비평가 스타에 따르면 <심시티>를 플레이할 때 “모델들은 플레이어에게 피드백을 제공하려고 일부러 효과를 과장한다. 실제 생활에서 여러 결단의 효과는 지각할 수 있는 것이 아니다. <심시티>의 목적은 예측의 정확성이 아니라 소통이다”.[14] 테드 프리드먼도 비슷한 견해를 밝힌다.

> 컴퓨터게임을 학습하고 이기는 것(또는 비경쟁적인 “소프트웨어 장난감”의 경우 “목표에 도달하는 것”)은 무엇이 그 소프트웨어를 구성하는지 발견함으로써 성공하는 탈신비화 과정이다. 플레이어는 시행착오 실험을 통해 “무엇이 효과가 있는지”, 즉 어떤 행위에 보상이 주어지고 어떤 행위에 벌이 주어지는지 확인하면서 자신의 전략을 형성해 간다.[15]

일견 이러한 감상은 스티븐 울프럼이 제시한 세포 자동자 기반 시뮬레이션의 용도 중 하나, “여러 자연 체계의 실용적 시뮬레이션에 효과적인 매체”와 일관되는 듯하다. 그러나 세포 자동자에 관한 울프럼의 작업과 <생명 게임> 및

14) Starr, “Policy as a Simulation Game.”

15) Friedman, “Semiotics of Sim City.”

<심시티> 같은 세포 자동자 기반 게임 사이에는 두 가지 중요한 차이점이 있다. 첫째, 울프럼의 작업이 자연 세계의 기능 방식을 설명하는 실행 가능한 모델이 되기 위해 분투하는 반면, <생명 게임> 및 <심시티>는 자연 세계의 극히 작은 하위 집합에만 관심을 보인다. 둘째, 과학자로서 울프럼은 필연적으로 이러한 모델링을 포괄적이고 편향되지 않은 방식으로 수행하기 위해 분투한다.16) 비디오게임은 이 목표 중 어떤 것도 이행하려 분투하지 않는다. 그 대신 비디오게임은 자연 세계의 어떤 작은 하위 집합을 명시적으로 선택해 필연적으로 편향된 방식으로 표상한다. '편향'은 시뮬레이션에 귀속되는 특히 중요한 특징으로, 나는 이를 뒤에서 간략하게 설명할 것이다.

<생명 게임>에 관한 수학자 폴 캘러핸의 논의는 세계를 단위체들로 모델링할 때 과학적 모델링과 담론적 모델링이 지닌 차이점을 드러내는 데 도움을 준다.

> 자연에서와 마찬가지로 <생명 게임>에서도 우리는 여러 흥미로운 현상을 관찰할 수 있다. 그러나 자연은 복

16) 울프럼이 "포괄적인" 모델링을 ≪새로운 종류의 과학≫을 통해 달성할 수 있는 것이 아니라 장기적 목표로 인식하고 있다는 점을 지적하는 것은 중요하다. 이를 위해 울프럼은 고등학교부터 대학원까지 모든 수준의 연구자를 대상으로 한 "공개 문제 및 프로젝트(Open Problems and Projects)" 시리즈를 지속적으로 공개하고 있다.

> 잡한 것이며 우리는 자연의 모든 규칙을 확신할 수 없다. <생명 게임>은 우리가 모든 규칙을 알고 있는 체계를 관찰하게 해 준다. 정확히 우리가 (벌레 같은) 단순한 동물을 연구해 (인간 같은) 더 복잡한 동물에 관한 사실을 발견할 수 있는 것처럼, 사람들은 <생명 게임>을 연구해 더 복잡한 체계의 패턴과 행동에 관해 배울 수 있다.[17]

<생명 게임>에 관한 캘러핸의 이해는 시뮬레이션에 대한 고찰로 프라스카의 정의와 여러 공통점을 지닌다. 프라스카는 계산적 시뮬레이션이 "행동을 모델링"하는 능력으로 서사적 표현을 보완한다고 주장한다.[18] 프라스카는 시뮬레이션을 다음과 같이 정의한다. "시뮬레이션한다는 것은, 누군가에게는 소스 체계의 일부 행동을 간직하는 다른 체계를 통해 (소스) 체계를 모델링하는 것이다."[19] 프라스카는 "외부 관찰자에게 시뮬레이션의 결과는 서사 작용"이라는 점

---

17) Paul Callahan, "What Is the Game of Life?," Math.com: Wonders of Math, http://www.math.com/students/wonders/life/life.html/.

18) Gonzalo Frasca, "Simulation 101: Simulation versus Representation," http://www.ludology.org/articles/sim1/simulation101.html/.

19) Gonzalo Frasca, "Simulation versus Narrative: Introduction to Ludology," in *Game Theory Reader*, ed. Mark J. P. Wolf and Bernard Perron(New York: Routledge, 2003), 223.

에서 시뮬레이션이 실제로 서사적임을 더 명료하게 드러낸다.[20] 프라스카는 서사보다 시뮬레이션을 우선시하며, 후자는 표상에 대한 상호작용적 경험을 제공하는 반면 전자는 기껏해야 해당 표상에 대한 더 멀고 덜 "직접적인(first-hand)" 경험을 제공한다고 말한다. 재닛 머리는 이러한 직접성의 현상을 '몰입(immersion)', 혹은 컴퓨터 매체와의 상호작용을 통해 새로운 믿음을 구성하는 능력이라고 부른다.[21]

그런데 <생명 게임>에 관한 캘러핸의 설명에 따르면 이 게임의 시뮬레이션은 적어도 세 가지 목적을 지원한다. 첫째, 그것은 알 수 없는 자연의 복잡성을 들여다볼 수 있는 창을 제공한다. 둘째, 그것은 복잡성을 의미 있게 경험할 수 있도록 복잡성에 대한 단순화된 표상을 제공한다. 셋째, 그것은 게임의 성공적 사용과 해석을 통해 실제 생명의 본성에 대한 (잠재적으로) 교환성 있는 통찰을 제공한다. 이러한 각각의 목적은 프라스카가 자신의 간단한 정의에서 밝힌 하나의 일반적 목적이 특수하게 구현된 것이다. 즉 시뮬레이션은 현실 세계를 '부분적으로' 표상하며 전체적으로 표상하지 않는다.

시뮬레이션의 이러한 특징을 일반화하면 다음과 같이 프라스카의 정의를 수정하고 보완할 수 있다.

---

20) Frasca, "Simulation 101."

21) Murray, *Hamlet on the Holodeck*, 110-112.[한용환·변지연 옮김(2001). ≪인터랙티브 스토리텔링≫. 안그라픽스.]

> 시뮬레이션이란, 소스 체계에 대한 사용자의 이해를 주관적인 방식으로 알려 주는(inform) 덜 복잡한 체계를 통해 소스 체계를 표상한 것이다.

프라스카가 지적하듯 이러한 종류의 시뮬레이션은 일반적으로 물질세계의 어떤 지시대상을 정확하게 모델링하려는 컴퓨터 시뮬레이션 분야와는 오묘하게 다르며, 실제 체계에 관한 관찰자의 의견이나 지식을 알려 주는 것을 유일한 목적으로 삼는다.

전통적 유형의 컴퓨터 시뮬레이션의 예로는 군사 시뮬레이션 개발사 3D파이프라인(3D Pipeline)이 개발한 바이오켐FX(BioChemFX)가 있다.[22] 기본 시연 형태의 바이오켐FX는 캘리포니아대학교 버클리캠퍼스 주변에서 방출되는 사린 가스의 확산을 모델링한다. 그러한 시뮬레이션에서는 예를 들어 기상 조건, 지리적 배치, 해당 지역의 건물 크기와 높이, 사린 가스의 밀도와 확산 특징 등 물질세계의 일정 요소가 보존되어야 한다. 대다수의 사람에게는 이러한 종류의 시뮬레이션이 <심시티> 같은 게임이 수행하는 시뮬레이션보다 더 낯익겠지만, 두 시뮬레이션 모두 동등하게 논쟁의 여지가 있는 가정에 의존한다. 그 이유는 말하기는 간단하지만 설명하기는 복잡하다. 즉 시뮬레이션 게임과 플레이어 간

---

22) Http://www.3dpipelinesim.com/biochem_fx.html/.

관계 또는 피드백 고리는 어떤 가치 집합에 묶여 있으며, 어떤 시뮬레이션도 이데올로기적 맥락에서 벗어날 수 없다.

비디오게임과 이데올로기

게임에서 시뮬레이션과 상호작용하려면 전통적 텍스트를 읽는 것과는 약간 다른 비판적 접근법이 필요하다. 앞서 나는 게임 연구에서 일어나는 루돌로지와 내러톨로지 사이 갈등을 논했다. 루돌로지스트는 부분적으로 시뮬레이션에서 플레이어가 게임과 맺는 관계를 다루며, 이때 시뮬레이션의 단위조작적 규칙들은 그 결과인 게임 플레이의 전체 기반을 형성한다. 게임의 모든 서사 작용은 주어진 경험을 생성하는 단위조작적 규칙들을 인정해야 한다. 그러한 체계가 생성하는 모든 서사 작용은 단위조작적 규칙들의 사례화를 통해 서사를 구성하려는 사용자의 노력에 의존한다. 올세트는 계산적 작품이 다른 종류의 텍스트에 대한 새로운 전자 버전으로보다는 사이버네틱스 체계로 볼 때 더 잘 이해된다고 주장하지만, 그는 에르고딕 작품이 문학 텍스트와 유사한 방식으로 종합될 수 있다는 점을 거의 알아차리지 못한다.

울프럼의 것과 같은 세포 자동자 체계조차, 마치 수학적 규칙들을 적용했을 때 나뭇잎이나 눈송이를 구조 짓는 패턴들이 생성되어 생물학적·사회적 역할을 수행하는 것처럼, 종합된 형태로만 전유될 수 있다. 따라서 나의 이해가 기존 개념화에 추가하는 것은 종합(synthesis)과 주관성(subjectivity)이라는 두 가지 개념이다. 시뮬레이션 게임은 주관성과 이데올로기의 손아귀에서 벗어날 수 없는 '편향되고 비객관적인' 표현 양태를 만들어 낸다.

프라스카는 시뮬레이션이 '누군가에게' 어떤 것을 표상한다는 정의에서 이 관념을 암시하지만, 나는 이 점을 훨씬 더 강력하게 만들어야 한다고 생각한다. 시뮬레이션에 대한 우리의 경험을 매개하고, 작품의 효과를 구성하는 정합적이고 표현적인 일련의 가치 및 반응, 이해에 그 토대를 두려면 비디오게임에 관한 비판적 해석이 필요하다. 이 과정에서 시뮬레이션의 단위조작은 플레이어의 이해 속에 구현된다. 이 이해는 규칙을 파악할 수 있는 곳, 사례화한 코드가 인간 플레이어의 이성이라는 능력을 통해 물질세계로 들어오는 곳이다. 내가 생각하기에 그것은 비디오게임을 연구하는 데 가장 중요한 지점이다.

여기서 우리가 당면한 과제의 예시는 다음과 같다. 서사작용과 시뮬레이션의 고전적 갈등은 인기 퍼즐 게임 <테트리스>에 대한 두 가지 다른 독해에서 비롯된다. 프라스카는 그 게임이 현실 세계에 토대를 두고 있지 않으며, 완전히 비표상적이라고 여긴다. "그것은 현실을 시뮬레이션하는 것이 아니라 플레이어가 자신의 기술을 시험할 수 있는 추상적 환경을 만들 따름이다."[23] 반면 재닛 머리는 <테트리스>에서 특정 서사를 발견하고, 이를 ≪인터랙티브 스토리텔링≫에서 설명한다.

> <테트리스>는 과중한 업무에 시달리는 1990년대 미국인들의 삶, 주의를 요구하는 업무가 끊임없이 쏟아지고 그것을 어떻게든 빽빽한 일정에 맞추어야 하며, 다음 공세를 받아 낼 공간을 확보하기 위해 책상을 비워야 하는 삶을 완벽하게 행화한 게임이다.[24]

프라스카는 이 예시를 시뮬레이션이 포스트구조주의 문학 비평적 규정에서 말하는 다른 '독해', 다른 해석을 지닐 수 있다는 설득력 있는 증거로 사용한다. 모든 사람이 게임에 대한 머리의 독특하고 존경스러운 경험을 공유하지는 않을 수도 있지만, 머리의 해석은 확실히 통용될 수 있다. 그것은 게임의 플레이어가 이용할 수 있는 다양한 해석을 시사한다. 마르쿠 에스켈리넨은 덜 관대한 반응을 보인다.

---

23) Gonzalo Frasca, "Videogames of the Oppressed: Videogames as a Means for Critical Thinking and Debate"(master's thesis, the Georgia Institute of Technology, 2001).

24) Murray, *Hamlet on the Holodeck*, 143-144.[한용환·변지연 옮김(2001). ≪인터랙티브 스토리텔링≫. 안그라픽스.]

만약 누군가가 거기에 위계적으로 조직된 백인 공동체와 흑인 공동체 사이의 끊임없는 투쟁이 있고, 젠더가 평등하지 않으며, 아픈 말에 대한 의료 서비스가 없다는 이유로 체스를 완벽한 미국 게임이라고 해석한다면 마찬가지로 요점을 벗어날 것이다.[25] 물론 한 가지 핵심적인 차이가 있다. 즉 이러한 분석을 진행한 분석가는 이후 체스를 즐기는 공동체에서 지적 미래를 볼 수 없으리라는 것이다.

머리는 실제 게임을 연구하는 대신 게임의 내용이어야만 하는 것을 해석하거나 더 나아가 자신이 선호하는 내용을 게임에 투사하려 한다. 그 결과 우리는 <테트리스>를 게임으로 만드는 특징을 전혀 배우지 못한다. 이러한 해석적 폭력에 관한 설명은 마찬가지로 끔찍해 보인다. 즉 그 설명은 만약 게임이 게임이라면 그것을 전혀 연구

---

25) 에스켈리넨은 체스를 ≪맥베스≫와 비교한 실리아 피어스의 체스 해석을 가리키는 것일 수 있다. Celia Pearce, "Towards a Game Theory of Games," in *First Person: New Media as Story, Performance, and Game*, ed. Noah Wardrip-Fruin and Pat Harrigan(Cambridge, Mass.: MIT Press, 2004), 143-153을 보라; http://cpandfriends.com/writing/first-person.html/에서 이용 가능. 이 글은 에스켈리넨이 글을 쓴 지 1년이 지난 후에 작성되었지만, 그가 콘퍼런스나 심포지엄에서 발표된 초안을 이미 알고 있었을 가능성이 있다(이 글은 피어스 웹사이트에 2001년에 작성된 것으로 나와 있다).

할 수 없으리라는 점이 분명하므로 게임은 게임일 수 없으며, 따라서 어떤 대가를 치르더라도 이야기를 찾거나 만들어 내겠다는 결심이다.[26]

에스켈리넨은 머리의 바람직하지 않은 서사적 독해를 게임의 시간적 관계(순서, 속도, 빈도, 지속, 동시성, 행위의 시간)를 평가하는 자신의 분석과 대조한다. 에스켈리넨은 <테트리스>가 이 여섯 가지 특성을 보여 주는 부분에 해시마크를 달고 특징지음으로써 이러한 관계를 표로 배열한다.

만약 머리의 해석이 어떤 대가를 치르더라도 이야기를 찾기로 결심했기 때문에 "끔찍한" 것이라면, 아마도 에스켈리넨의 해석은 어떤 대가를 치르더라도 세속적 참조를 은폐하기로 결심했기 때문에 끔찍한 해석일 것이다. 두 해석 모두 무언가가 부족하다. 에스켈리넨은 형식적 분석을 전개할 수 있게 해 주는 게임의 형식적 범주에 관심을 보인다. 인정컨대 머리는 해석과 내용 분석에 관심이 많지만, 그녀의 해석은 설령 규칙들이 말로 표현되지는 않더라도 그것들에 기반하므로 규칙에도 관심을 둔다고 할 수 있다.

몇 가지 기본적인 기능적 단위조작만이 <테트리스>를 구동한다. 즉 플레이어는 조각을 돌리거나 이동하거나 떨어

---

26) Markku Eskelinen, "The Gaming Situation," *Game Studies* 1, no. 1 (July 2001), http://www.gamestudies.org/0101eskelinen/.

뜨릴 수 있다. 게임 메커니즘은 아마도 여기에 두 가지 단위조작을 추가한다. 즉 완성된 조각들의 줄이 사라지고 플레이어가 블록을 놓을 때마다 바로 뒤따라서 다른 블록이 나타난다. 이 게임이 전 지구적 자본주의의 규제 없는 요구를 표상한다는 재닛 머리의 해석은, 게임을 처음 접하는 플레이어가 게임의 단위조작과 자신이 염두에 두고 있는 현실 세계의 특징을 명시적으로 상관 지을 수 있다면 훨씬 더 쉽게 이해될 수 있을 것이다. 예를 들어 끊임없는 업무의 공세는 새로운 블록의 계속되는 생성과 상관되며, 끝없는 업무를 빽빽한 일정과 책상에 맞춰야 할 필요성은 완성된 줄이 또 다른 작업의 공세를 위해 사라질 따름인 것과 상관된다. 이와 동시에 에스켈리넨의 형식적 분석은 플레이어 맥락을 반영함으로써 더욱 풍부해질 수 있다.

<테트리스>에는 머리의 해석을 뒷받침하거나 그 해석에 의문을 제기할 수 있게 하는 몇 가지 추가 단위조작이 구축되어 있다. 내가 기억하는 원래 <테트리스> 게임에는 게임 메뉴에 내장된 특수 명령어 "보스 키(boss key)"가 있었다. 플레이어가 보스 키를 누르면 게임이 일시 정지되고 비상호작용형 스프레드시트 프로그램이 화면에 표시된다. 이 기능의 목적은 책상에서 게임을 하고 있다가 상사가 지나갈 때 빠른 위기 탈출을 실행해야 하는 직장인을 보호하는 것이다.

머리의 해석에 보스 키를 도입하는 것이 도움이 되는지 방해가 되는지는 불분명하다. 한편으로 게임이 머리가 특징

짓는 정신없는 근무 일상에서의 휴식으로 구조 지어져 있다는 사실은 그 규칙이 혹사당하는 삶의 행화에 명시적으로 참여하지 '않는다는' 것을 시사할 수 있다. 다른 한편으로 보스키가 만들어 내는 놀이와 일 사이의 "다리"는 머리가 게임을 삶의 부담과 동조시키는 데 더욱 도움이 될 수 있다. 게임에 대한 머리의 해석은 앞에서 기술한 시뮬레이션 반응의 핵심 구성요소 중 하나인 플레이어의 편향되고 주관적인 반응을 설명한다. 어쩌면 이러한 반응은 머리가 드러내는 끝없이 노동하는 삶에 대한 적극적 인식, 혁명적 반발을 초래할 수도 있는 인식일 수 있다. 혹은 어쩌면 그러한 삶에 대한 잠재의식적 강화, 시뮬레이션을 통해 행화된 일종의 프로이트주의적 반복 강박일 수도 있다. 사태가 어떻든, 머리의 해석은 게임이 작은 부분으로 표상하는 더 큰 체계, 시뮬레이션의 단위조작적 규칙들이 수행하는 기능, 이데올로기가 내장된 시뮬레이션에 대한 주관적 반응을 고려한다.

프라스카는 게임에서 규칙과 지시대상 간 마찰 지점을 명확히 하기 위해 수정된 퍼스주의 기호학을 제시한다. 프라스카는 두 가지 퍼스주의적 개념, 즉 '표상체(representamen)' 혹은 기호와 '해석소(interpretant)' 혹은 기호에 대한 개념, 관찰자의 마음속 기호의 관념을 결합한다. 시뮬레이션에서 '표상체'는 체계에 대한 관찰자의 개념, 혹은 '해석소'에 물질적으로 의존하는 내적 변화를 겪는다. 프라스카는 인간-컴퓨터 상호작용(human-computer interaction, HCI) 연구에서 가져온 도구를 가능한 지원 수단으로 제시한다. HCI 연구에 따르면 사람들은 체계를 사용하는 법을 배우기 위해 겉으로 드러나는 컴퓨터 체계의 능력에 대한 정신적 모델을 형성한다. 프라스카는 수정된 퍼스주의의 '해석소', 혹은 "관찰자가 표상체로부터 끌어낸 관념 혹은 정신적 모델"에 '해석체(interpretamen)'라는 명칭을 붙였다.[27]

앞서 <심즈>의 사례에서 살펴봤듯 윌 라이트는 <심시티>와 같은 게임의 설계 기법으로 정신적 모델링을 활용한다. "당신의 머릿속에서 시뮬레이션을 더 정확하게 모델링할수록 앞으로의 전략이 더욱 향상될 것이다. 그래서 우리가 설계자로서 하려는 [일은] 플레이어가 이러한 정신적 모델을 구축하게 하는 것이다."[28] 이전 장에서 라이트에게 영향을 끼친 이들 중 하나로 만화평론가 스콧 매클라우드를 언급했다. 매클라우드는 독자들이 컷들 사이에 빠진 세부사항을 채움으로써 만화 속 서사의 복잡성을 이해한다고 주장한다. 라이트는 스콧 매클라우드의 작업을 참조해 컴퓨터 모델에서 시뮬레이션 일부를 의도적으로 생략하고 플레이어가 마음속으로 세부사항을 채울 수 있게 했다. 라이트는 게임 플레이가 "서로 다른 정신 모델들을 합의로 이끄는 과정"이라고 기술한다.[29] 바둑 같은 경쟁 게임에서 합의는 승패에 관한

---

27) Frasca, "Videogames of the Oppressed."

28) Pearce, "Sims, Battle Bots, Cellular Automata, God, and Go."

합의에 도달하는 것을 의미한다. <심시티>와 같은 개방형 게임(때때로 라이트는 이를 "소프트웨어 장난감"이라고 부른다)에서는 게임과 게임의 규칙에 대한 이해 또는 그에 대한 정신적 모델을 만드는 것을 의미한다.

테드 프리드먼은 <심시티>를 이해하기 위해 공간 이론에서 차용한 인지적 지도 작성(cognitive mapping)이라는 유사한 전략을 동원한다. 인지적 지도 작성은 사람들이 자신이 점유하는 물리적 공간에 대한 이해를 구성하는 방식과 관련이 있다. 데이비드 하비, 프레드릭 제임슨과 같은 포스트모던 이론가들은 인지적 지도 작성을 사용해 공간이 어떻게 인간이 그 안에 있는 것으로 발견되는 사태가 아니라 실제로 인간의 '산물'인지 시사했다. 프리드먼에 따르면,

> 시뮬레이션은 프레드릭 제임슨이 "인지적 지도 작성의 미학"이라고 부른 것, 즉 "개별 주체에게 전 지구적 체계 속에서 자신이 차지하는 위치에 대한 새롭게 고조된 감각을 줄 수 있는 교육적 정치 문화"를 창조할 최고의 기회일지도 모른다. 시뮬레이션을 플레이한다는 것은 무수히 많은 원인과 결과의 진열을 연결하는 체계적 논리에 몰두함을 의미한다.[30]

---

29) 같은 글.

30) Friedman, "The Semiotics of Sim City."

프라스카와 프리드먼은 시뮬레이션의 단위조작과 시뮬레이션에 대한 플레이어의 경험·이해 사이의 피드백 고리를 생성하기 위해 기존의 이론적 구조, 즉 HCI의 정신적 모델과 공간 이론의 인지적 지도 작성을 사용하는 방식을 제시한다. 그러나 이러한 접근법은 여전히 비평을 통해 게임 플레이 경험을 표현하기보다는 게임 플레이 경험을 이해할 수 있는 것으로 만드는 데 초점을 맞춘다. 앞서 언급한 재닛 머리의 <테트리스> 독해는 아마도 게임 속 개별적 표현에 대한 극단적 예시겠지만, <심시티>는 플레이어와 시뮬레이션의 주관적 관계를 표현하는 과정에 대해 좀 더 간결한 통찰을 제공했다.

나는 모든 시뮬레이션이 이데올로기를 전하는 주관적 표상이라고 주장해 왔다. 그런데 <심시티>의 특수한 편향성은 15년 전 게임이 출시된 이래 이론적·대중적 작업에서 논의되어 왔다. 테드 프리드먼은 이 과정을 추적한다. 프리드먼에 따르면 "<심시티>는 그 경제 모델 때문에 좌파와 우파 양쪽의 비판을 받아 왔다. 게임은 낮은 세금이 경기 성장을 촉진하고 높은 세금이 경기 침체를 당긴다고 가정한다. 게임은 원자력 발전을 억제하고 대중교통에 대한 투자를 장려한다".[31] 이러한 예시 중 하나로, 예술가 줄리언 블리커는 이 게임이 인종과 인종차별의 문제를 시뮬레이션에서 그

31) 같은 글.

러한 조건을 완전히 배제함으로써 "전치(displacement)"했다고 주장했다.[32)]

그런데 폴 스타는 신중하고 탐구적인 관점에서 <심시티>를 바라보며 비평가들이 비디오게임을 해석적으로 이해할 방법을 시사한다. 스타는 게임에 관해 사변하면서 다음과 같이 묻는다. "그 근본 모델들에 어떤 가정들이 묻혀 있는가? '숨겨진 교육과정'은 무엇이었는가? <심시티>의 세율 변화에 대한 반응은 보수주의자나 진보주의자가 결정했는가?"[33)] 스타는 "시뮬레이션을 사용해 정책을 예측하고 평가할 때", 그러한 결단 자체가 시뮬레이션의 규칙들, 즉 체계가 허용하는 (혹은 허용하지 않는) 특정 단위조작들에 종속되기 때문에 위험하다고 생각한다. 스타는 게임이 지닌 "블랙박스(black box)" 본성을 조심스럽게 비판하며 플레이어가 모델들의 가정들을 조정하거나 작성할 수 있는 미래 버전의 가능성을 언급한다. 지금의 블랙박스 시뮬레이터는 플레이어가 모델들의 가정에 숙달하는 방법을 배우고 (드물기는 하지만 일정한 상황에서) 그러한 가정에 의문을 제기하거나 논쟁할 수 있도록 모델들의 가정에 종속될 것을 요구한다. 비판적 조사는 <심시티>에 관해 스타가 심려하는 생략된 연

---

32) Julian Bleecker, "Urban Crisis: Past, Present, and Virtual," *Socialist Review* 25(1995): 189-221.

33) Starr, "Policy as a Simulation Game."

결고리다. 스타에 따르면 "시뮬레이션이 제기하는 중요한 문제는 모델의 블랙박스 본성이다. 정책 시뮬레이션의 '현실 세계'에서 모델은 적어도 전문가들 사이에서는 비판과 논쟁의 대상이 된다".[34] 여기서 스타는 "현실" 공공 정책 시뮬레이션을 언급하고 있다. 그러한 시뮬레이션은 오직 특정 정책 결정을 뒷받침하기 위한 증거로서 고안되며, 입법자들이 실제로 논쟁해야 할 대상인 가능한 정책 시나리오에 실행되는 수학적 모델이다.

앞서 나는 컴퓨터 시뮬레이션과 비디오게임 시뮬레이션을 구분했다. 내가 컴퓨터 시뮬레이션이라는 용어로 가리키는 바는 스타가 <심시티>와 대조하는 시뮬레이션, 즉 클린턴 대통령 재임기에 의회예산국(Congressional Budget Office, CBO)이 사용한 의료 개혁 점수 체계와 같은 시뮬레이션이다. 스타는 자신의 글에서 의회예산국이 작성한 시뮬레이션 모델을 통해 의회에서 의회예산국이 얼마나 복잡하고 매우 실질적인 힘을 발휘하는지 설명한다.

앞서 나는 생물학적·화학적 작용제의 공기 중 확산을 모델링하도록 설계된 시뮬레이터 바이오켐FX에 관해서도 언급했다.[35] 나는 실제로 이 시뮬레이션을 경험했으며, 현재

---

34) 같은 글.

35) 3D파이프라인은 실시간 3차원 물리학에 중점을 둔, 군사 또는 정부 기관 중심의 시뮬레이션 컨설팅 회사다.

전 세계 여러 민간 기관과 정부에서 제품의 의도된 용도, 즉 테러 대응 계획 수립에 이 제품을 사용하고 있는 것으로 알고 있다. 그러한 시뮬레이션에는 화학 물질의 무게와 밀도, 바람과 날씨의 영향, 주변 지역 건물의 물리적 크기와 모양 등 논란의 여지가 없는 수많은 단위조작이 필요하다. 이 시뮬레이션을 활용하면 대응팀은 인구 밀도가 높은 도시 환경에서 화학 물질의 이동을 예측해 가장 필요한 곳에 긴급 서비스를 소집할 수 있다.

나는 이 시뮬레이션이 실행되는 것을 보면서 한 가지 조건이 눈에 띄게 부재한다는 점을 발견했다. 그 조건이란 바로 영향을 받는 인구의 상대적 가치다. 사린 가스는 건물이나 그 외 하부구조에 영구적 손상을 입히지는 않지만, 빠르게 작용하고 매우 치명적이다. 시뮬레이션이 명시적으로 대학을 중심으로 이루어졌기 때문에, 나는 특별한 존경을 받는 일정한 교수진이 캠퍼스 밖에 있는 패스트푸드점 직원보다 구해야 할 필요가 더 크다고 간주되는지 궁금했다. 아마도 시뮬레이션은 그러한 만일의 사태를 고려해 캠퍼스 내 노벨상 수상자들의 동선을 예측한 지도를 포함해야 할 수도 있다. 혹은 신입생 기숙사를 지키는 것이 더 나은 생각일 수도 있는데, 노벨상 수상자들은 나이가 많고 이미 사회에 기여한 바가 있는 반면 신선하고 젊은 인재들은 살아가야 할 나날이 많기 때문이다. 게다가 신입생 학부모들과 관련된 부담감이 노벨상 수상자와 관련된 부담감보다 더 크다는 것은

분명하다.[36]

시뮬레이션 자체의 진지함에 비추어 보면 어리석은 예시처럼 보일 수 있지만, 결국 바이오켐FX는 그 잠재적인 적용이 어느 때보다 현실적으로 느껴질 뿐인 시뮬레이션이다. 사린 가스 시뮬레이터에 대한 나의 실험과 <심시티>에 관한 스타의 설명에서, 우리의 경험은 시뮬레이션이 '포함'하는 것과 '배제'하는 것에 기반한 해석으로 수렴하는, 시뮬레이션에 대한 정신 모델을 구성한다.

프라스카의 수정된 퍼스주의 규정의 관점에서 말하자면, 인간 생명의 가치에 관한 논평으로서의 바이오켐FX에 대한 나의 이해와 실제 사회 문제에 대한 허구적 표상으로서의 <심시티>에 관한 스타의 이해는 모두 시뮬레이션이 기능하는 방식에 대한 '해석체'다. 라이트의 좀 더 느슨한 이해의 관점에서 보자면, 나의 해석은 게임 규칙과 주관적 관념을 결합한 정신 모델이 된다. 프리드먼의 포스트 하비·제임슨

---

36) 이 시뮬레이션이 지닌, 관련성은 낮지만 동등하게 흥미로운 또 다른 특성은 생물학적 작용제가 시나리오에 도입되는 메커니즘이다. 사용자는 사전 정의된 작용제(예를 들어 사린 가스)를 선택하거나 "사용자 지정" 작용제의 물리적 특성을 설정한다. 그런 다음 사용자는 마우스를 클릭하고 드래그해 작용제를 환경으로 수동 "방출"한다. 이 상호작용 방식은 사용자가 테러리스트의 역할을 수행한다는 점에서 흥미롭다(이 주제에 관한 자세한 내용은 다음 장에서 <9월 12일>에 관한 나의 논의를 참조하라).

독해의 관점에서 보자면, 나의 해석은 실제 캘리포니아대학교 버클리캠퍼스 혹은 실제 현대 도시 공간에 대한 인지적 지도다. 인지적 지도에 대한 프리드먼의 주장은 실제 공간적 환경이 문제 될 때는 설득력이 있지만, 시뮬레이션 환경이 추상적인 것이 될수록 설득력을 잃는다.37)

정신적 모델링과 인지적 지도 작성 모두 게임 해석이 어떻게 시뮬레이션이 포함하는 것만큼, 혹은 그 이상으로 시뮬레이션이 배제하거나 애매하게 남긴 것에 의존하는지 보여준다. 기호가 다른 기호들과 다른 방식으로부터 그 의미를 끌어낸다는 착상은 소쉬르주의적 기호학의 기초로, 새로운 것은 아니다. 소쉬르는 언어를 "차이들의 체계"로 이해하는데, 가령 "개"라는 기표는 "고양이"라는 기표가 아닌 한에서만 의미를 갖는다. 소쉬르에 따르면 이러한 차이들은 "긍정적 항을 가지지 않으며", 이는 차이 '그 자체'를 드러낼 방법이 없음을 뜻한다.38) 데리다는 소쉬르의 차이 관념을 수정해 차

---

37) 이러한 한계는 인지적 지도 작성을 공간 이론적 의미로 폭넓게 이해함으로써 극복될 수 있다. 예를 들어 재닛 머리의 <테트리스> 해석은 현대 직장, 혹은 더 나아가서 포스트산업화 세계의 경제에 대한 인지적 지도를 구성한다고 말할 수 있다. 하지만 나는 게임과 시뮬레이션을 이해하고 해석하는 데는 인지적 지도 작성보다는 정신적 모델 작성을 위한 좀 더 일반적인 HCI 모델이 더 교환성이 있다는 프라스카에 동의하는 편이다.

38) Ferdinand de Saussure, *Course in General Linguistics.*[김현권 옮김

이들은 감지될 수 있지만(기표들 간 차이에 관해 이야기할 수 있지만) 존속하는 안정적 동일성이 아님을 보여 준다. 데리다는 이 새로운 종류의 차이를 “차연(différance)”이라고 명명한다. 이는 ‘차이(differ)’와 ‘연기(defer)’를 뜻하는 프랑스어를 결합한 신조어다.[39] 이런 측면에서 데리다에게 의미란 관계적 체계, 현실적이고 가능적인 사물들과 경험들이 이루는 네트워크다. 차연은 “근원적 의미” 또는 “순수한 현전”의 우위성을 교란하며, 서구 문화에서의 기원과 자기 현전에 대한 데리다의 비판에서 주요한 부분을 차지한다.[40]

2장에서 나는 기호학과 구조주의가 단위조작의 논리에 따라 기능하는 방식을 살펴보았다. 소쉬르주의적 차이, 데리다주의적 차연, 비디오게임과 시뮬레이션에서 작동하는 단

(2022). ≪일반언어학 강의≫. 그린비.] 참조.

39) Jacques Derrida, “Difference,” in *Writing and Difference*.[남수인 옮김(2001). ≪글쓰기와 차이≫. 동문선.] 차이라는 용어에 대한 데리다의 사용법이 부분적으로 글에 대한 말의 우위성에 의문을 제기하고 있기에, 나는 différance를 영어식 표기인 differance로 쓰는 것을 권장한다. 프랑스어에서는 différence와 différance라는 단어가 같게 들리므로, 일반적으로 신조어를 외래어로 발음하기보다는 영어에서 이 특성을 유지하는 것이 바람직하다.

40) 데리다는 이멘(내부와 외부 모두), 파르마콘(독과 약 모두), 대리보충(잉여와 필수품 모두)을 포함해서 유사한 작업을 수행하는 다른 여러 용어를 동원한다.

위조작 사이에는 중요한 구별이 있다. 그중 하나는 그 단위조작이 언어적 기호보다 더 높은 수준에서 기능한다는 점이다. 문헌학자는 '가치', '사무실', '인간'과 같은 언어적 기호를 쉽게 분석할 수 있지만, 이러한 기호들과 그것들 간 차이들은 예를 들어 토지 구획이나 테러 대응 전략보다 훨씬 낮은 수준에서 경험에 내장되어 있다. 확실히 일단 인간 생명의 상대적 가치에 대한 의문이 제기되면 바이오켐FX는 소프트웨어의 구조 전략이 불안정해지는 방식을 보여 주기 위해 해체될 수 있다. 그러나 게임의 내장형 체계가 지닌 본성은 자연어나 심지어 사회적 관습처럼 간결하지 않다. 그 대신 게임은 표상의 물질적·기능적·담론적 양태를 동시에 내장하는 단위조작을 통해 플레이어, 작품, 세계 사이 복잡한 관계를 만들어 낸다.

폴 스타는 이러한 "블랙박스 효과"를 "심의 유혹(seduction of the sim)"이라고 부른다.[41] 스타는 <심시티> 같은 게임이 전개하는 단위조작에 관한 논의의 부재는 이 매체가 유망한 만큼이나 문제가 될 수 있다고 우려한다. 스타는 <심시티> 같은 게임이 "어린이용 게임"이라는 사실에서 약간의 위안을 얻지만, "우리가 관념을 전달하고 문제를 가로질러 생각하는 방식"에 대한 게임의 힘을 과소평가해서는 안 된다고 촉구한다.[42] 결국 이러한 게임은 단순한 놀이터

41) Starr, "Policy as a Simulation Game."

장난감보다는 의회예산국과 같은 정부 기관이 공공 정책을 수립하는 데 사용하는 사회 정책 수립 시뮬레이션과 훨씬 더 유사하다. 이런 측면에서, 비록 시뮬레이션 게임은 과학적 모델과 매우 다르게 기능할 수 있지만, 우리는 과학적 모델로서의 시뮬레이션에 대한 접근법과 동일한 접근법을 게임으로서의 시뮬레이션에도 적용해야 한다. 즉 우리는 비평을 통해 그것들을 조사해야 한다.

윌 라이트가 명시적으로 플레이어 스스로 게임의 단위조작들 간 복잡한 상호관계에 관한 중요한 세부사항을 채우도록 게임을 제작한다는 사실은, 우리가 이러한 게임에 대한 비평을 어떻게 수행할 수 있는지에 대한 통찰을 제공한다. 만약 게임에 대한 경험이 게임의 단위조작적 규칙들에 대한 플레이어의 정신적 모델에서 일어난다면, 게임 비평은 이러한 정신적 모델과 그것이 전달하는 이데올로기를 드러내는 편이 좋을 것이다.

시뮬레이션 열병

비디오게임 비평이 어려움을 겪어 왔던 이유 중 하나는 컴퓨터 지원 시뮬레이션이 컴퓨터만큼이나 오랫동안 현존

---

42) 같은 글.

했음에도, 시뮬레이션 경험의 주관성을 다루는 과정이 서사 경험을 다루는 과정보다 역사가 짧다는 데 있다. 매킨토시 및 윈도우 운영 체제의 그래픽 사용자 인터페이스(GUI)는 물리적 작업 공간과의 상호작용 측면에서 정보 분류와 처리 과정을 표상하는 시뮬레이션이기도 하다.

특정 목적을 위해 시뮬레이션을 사용하는 것은 여전히 여러 사람에게 불신과 불안을 불러일으킨다. 매체 이론가 셰리 터클은 시뮬레이션 사용자가 폴 스타의 시뮬레이션 유혹에 반응할 수 있는 두 가지 방식을 식별한다.

> 스타에게 모델이 틀렸더라도 일을 수행하는 데 공식 모델을 사용해야 한다고 권유한 워싱턴 동료들의 입장에 따라 … 당신은 시뮬레이션을 그대로 받아들일 수 있다. 이 입장은 '시뮬레이션 체념'이라고 부를 수 있다. 혹은 과학 교육에서 시뮬레이션을 철저히 파괴적인 힘으로 여겼던 MIT 물리학자들의 입장처럼 시뮬레이션을 가능한 한 거부할 수도 있다. 이는 '시뮬레이션 거부'라고 부를 수 있다.[43)]

---

43) Sherry Turkle, "Seeing through Computers," *American Prospect* 8, no. 31(March 1997), 강조는 저자. http://www.prospect.org/print/V8/31/turkle-s.html/에서 이용 가능.

'시뮬레이션 체념'은 체계가 소스 체계에 대한 다른 모델을 허용하지 않기 때문에 시뮬레이션의 제한된 결과를 맹목적으로 수용한다는 것을 함의한다. 이는 폴 스타가 우려하는 종류의 반응이다. '시뮬레이션 거부'는 시뮬레이션이 소스 체계에 대한 단순화된 표상만을 제공할 따름이기에 그것을 거부한다는 것을 함의한다.

시뮬레이션 체념과 시뮬레이션 거부는 일정한 핵심 특성을 공유한다. 이 중 가장 주목할 만한 점은 시뮬레이션의 제한성과 관련된다. 이 두 가지 "조건" 모두 시뮬레이션의 부분적 본성이나 체계가 포함 및 배제하기로 선택한 것에서 비롯한다. 두 가지 종류의 포착(apprehension) 모두 주관성이 게임의 단위조작과 만나는 데서 비롯한다. 시뮬레이션 체념은 심이 주관적이라는 것을 인정하지만, 그 주관성이 함축하는 바를 조사하기를 거부한다. 시뮬레이션 거부는 시뮬레이션이 주관적이라는 점을 인정하고, 따라서 쓸모없고 신뢰할 수 없으며 심지어 위험한 도구라고 결론짓는다.

앞서 나는 시뮬레이션을 다음과 같이 정의했다.

> 시뮬레이션이란, 소스 체계에 대한 사용자의 이해를 주관적인 방식으로 알려 주는 덜 복잡한 체계를 통해 소스 체계를 표상한 것이다.

시뮬레이션 체념과 시뮬레이션 거부는 같은 동전의 양면,

시뮬레이션의 주관성이 만들어 낸 동전의 양면이다. 여기서 시뮬레이션에 접근하고 그것을 이해하는 데 핵심적인 공간 또는 간극을 찾을 수 있다. 이 간극은 작품의 규칙들과 작품의 수용 사이에 시뮬레이션의 핵심 표상을 구성한다. 나는 이 간극의 중요성을 강조하기 위해 시뮬레이션에 대한 나의 잠정적 정의를 좀 더 수정할 것을 제안한다.

> 시뮬레이션이란 소스 체계에 대한 규칙 기반 표상과 사용자의 주관성 사이의 간극이다.

의미 형성의 기초로서의 간극에 대한 여러 선례가 있다. 플라톤의 코리스모스는 물질세계와 그 이상적 형상을 분리하는 최초의 간극이다. 소쉬르 기호학은 언어적 기호들 사이의 공간이나 차이가 의미를 구성한다고 주장하며, 데리다는 차연의 개념을 통해 이러한 차이를 시간화한다. 라캉의 대상 a는 주체와 도달할 수 없는 판타지 객체 사이의 넘을 수 없는 거리에서 욕망을 일으킨다. 바디우의 공백은 상황의 재구조화를 가능케 한다.

데리다는 글쓰기 일반에서의 권위[저자성]와 기원에 관해 저술하면서 서면 기록보관화(archivization)와 다른 형태의 기록보관화는 언제나 포함과 배제, 기억할 것에 대한 보존과 잊을 것에 대한 생략을 함의한다고 주장했다. 데리다는 안정된 기억으로 돌아가고자 하는 이러한 집착에 이름을 붙였다.

그 집착이 "기록보관에 대한 강박적이고 반복적이며 향수를 불러일으키는 욕망, 기원으로 돌아가고자 하는 억누를 수 없는 욕망, 향수병, 절대적인 시작점의 태곳적 장소로 돌아가고자 하는 향수"라고 말하며 그것을 "아카이브 열병[기록보관 열병(archive fever)]"이라고 불렀다.[44] 아카이브 열병은 기록보관화를 향한 충동인 동시에 두려움이다.

아카이브 열병의 치료는 이러한 불편함을 훈습(working through)하는 과정이다. 우리는 시뮬레이션에 대한 터클의 두 가지 반응 역시 '시뮬레이션 불안(simulation anxiety)', 혹은 데리다를 따라 '시뮬레이션 열병(simulation fever)'이라고 부를 수 있다. 터클은 이러한 열병에 맞서기 위해 교육학적 수정주의 전략을 구상한다.

> 세 번째 반응을 상상해 볼 수 있다. 이는 시뮬레이션의 문화적 확산을 새로운 사회 비평을 발전시키기 위한 도전으로 삼을 것이다. 이 새로운 비평은 시뮬레이션들을 변별한다. 그것은 사용자가 모델에 내장된 가정들을 이해하고 도전하는 데 도움을 주는 시뮬레이션의 발전을 목표로 삼을 것이다.[45]

---

44) Jacques Derrida, *Archive Fever: A Freudian Impression*, trans. Eric Prenowitz(Chicago: University of Chicago Press, 1996), 91.

45) Turkle, "Seeing through Computers."

터클은 자신이 <심시티>에 관해 인터뷰한 고등학교 1학년 학생 마르시아의 이야기를 들려준다. 마르시아는 "세금을 올리면 언제나 폭동이 일어남"을 포함해 게임 플레이를 위한 일련의 지침을 만들었다.[46] 터클은 마르시아가 가령 "세금 인상이 생산성 향상과 사회적 화합으로 이어짐"과 같은, 다른 규칙을 지닌 시뮬레이션을 상상하지 못한다는 점을 심각하게 우려한다.[47] 터클은 마르시아와 그녀의 동료들에게 시뮬레이션 독해 능력을 발전시킬 방법을 알려 줄 새로운 종류의 문해력을 촉구한다.

물론 시뮬레이션은 텍스트 또는 전자 기록보관과 정확히 같지는 않다. 마르쿠 에스켈리넨은 게임과 문학의 차이에 대한 올세트의 이해를 다음과 같이 요약한다. "문학, 연극, 영화에서 사용자가 주로 수행하는 기능은 해석적이지만, 게임에서는 짜임적이다."[48] 그러나 비디오게임에서 짜임이 자동으로 해석을 수반하는 것은 아니다. 우리는 게임의 짜임적 특성에 충실한 것으로 남는 해석적 전략들을 위한 여지 역시 남겨 두어야 한다. 이를 위한 한 가지 방법은 플레이어 비평가가 시뮬레이션이 생성하는 시뮬레이션 불안을 훈습하도록 장려하는 것이다. 이 과정의 일부는 게임 플레이 내부에

---

46) 같은 글.

47) 같은 글.

48) Eskelinen, "The Gaming Situation."

서 이루어지며, 플레이어가 게임의 단위조작들을 활용해 게임을 짜는 순환을 거치며 진행된다. 이 짜임 과정의 또 다른 부분은 게임에 대한 플레이어의 주관적 반응, 즉 사이버네틱스적 피드백 고리의 내면화를 훈습하는 것과 관련된다. 게임에서 이러한 주관성은 게임이 허용하는 단위조작들과 게임플레이 과정에 대한 개념적 이해 사이의 공간에서 현현한다.

데리다는 기록보관소에 작품을 보존하는 유일한 방법은 작품을 그 작품의 가능한 파괴에 노출하는 것이라고 지적한다("기록보관소는 언제나 선험적으로 그 자체에 대항[49]해 작용한다").[50] 무엇을 포함하고 무엇을 배제할지 선택하는 일은 공정한 과정이 아니다. 시뮬레이션 열병을 훈습하는 것

---

49) [옮긴이] 데리다에 따르면 "아카이브는 반복을 필요로 하며, 반복은 기억을 허용하지만 죽음 충동(death drive)과 분리할 수 없다. 따라서 아카이브는 망각을 유발하고 기록보관파괴적(archiviolithic)이며, 언제나 스스로에 대항해서 작동한다". 여기서 "스스로에 대항해서 작동함"이란 "자가면역(self-immunity)"을 의미하며, 이는 면역 체계가 자신의 조직을 공격하는 것을 가리키는, 생물학에서 유래한 개념이다. 데리다는 이 개념을 확장해 사회나 조직이 자신을 방어하기 위해 내린 조치가 결국 자기 파괴적인 결과를 초래하는 현상을 설명한다. Jacques Derrida, *Archive Fever: A Freudian Impression*, trans. Eric Prenowitz(University of Chicago Press, 1998) 참조.

50) Derrida, *Archive Fever*, 12. 데리다는 아카이브 충동과 죽음 충동을 연관시킨다. 아카이브 열병은 정신분석학적 의미에서 아카이브 충동을 훈습하는 방식이다.

은 시뮬레이션이 포함하기로 한 것과 배제하기로 한 것의 표현 방법을 배우는 일이다. 스타와 터클은 이전 시뮬레이션의 애매함, 생략, 오류, 논란을 수정하거나 재고하는 새로운 시뮬레이션을 만드는 것을 치료의 일부로 제시한다. 이것은 실제로 가치 있는 프로젝트다.[51] 그러나 좀 더 접근성이 좋고 쉽게 교환될 수 있는 전략은 시뮬레이션의 규칙을 주관적 경험 및 짜임과 관련짓는 시뮬레이션 비평의 장을 만드는 것이다.

또한 시뮬레이션 열병은 바디우의 사건, 즉 상황의 안정성이 파열되고 그 다수성이 다시 짜이는 것과 관련될 수 있다. 사건과의 대치는 "헌신"과 쇄신의 대치다. 심지어 바디우는 상황의 공백에 반응하고 그 함축을 고려하며 대응하기로 선택한 개인에게 "주체"라는 칭호를 부여하기도 한다.

---

51) 이 책의 주제는 아니지만, 나는 특히 정치와 관련된 연구와 전문 작업에서 이 목표에 전념해 왔다. 2003년에는 곤살로 프라스카와 함께 미국 대통령 후보에 관한 최초의 공식 게임(*The Howard Dean for Iowa Game*, http://www.deanforamericagame.com/)을 설계했고, 2004년에는 공공 정책 의사 결정에 관한 두 게임, <액티비즘(Activism)>(http://www.activismgame.com/)과 <일리노이 탈환(Take Back Illinois)>(http://www.takebackillinoisgame.com/)을 설계했다. 이 책이 출간되는 현재, 나는 우드로 윌슨 재단이 감독하고 미국 회계감사원(GAO)이 후원하는 미국 연방 예산 게임 개발 과정의 초기 단계에 있다. 이 마지막 게임은 우연찮게도 폴 스타가 의회예산국에서 일했던 경험으로 거슬러 올라간다.

이 과정은 멈추는 법이 없다. 따라서 바디우는 사건의 재구조화에 대한 끝없는 "충실성"에 "진리"라는 칭호를 부여한다.[52] 이것이 어떻게 가능한지 설명하기 위해 나는 시뮬레이션에 대한 주관적 경험을 명시적으로 전경에 내세우고, 이로써 예술로 기능하려는 게임 장르에 비추어 시뮬레이션 열병의 특히 강력한 변종으로 판명된 근래의 몇 가지 시뮬레이션을 살펴보고자 한다.

---

52) Badiou, *L'etre et l'événement*, 38.[조형준 옮김(2013). ≪존재와 사건: 사랑과 예술과 과학과 정치 속에서≫. 새물결.]

08
재미의 대안

영화와 문학은 대중문화와 예술 양쪽에 영향을 미치지만, 각 영역과의 관계는 종종 문제가 되기도 한다. 제임스 페니모어 쿠퍼의 ≪가죽스타킹 이야기(Leatherstocking Tales)≫를 읽거나 프리츠 랑의 <메트로폴리스(Metropolis)>를 보는 것을 별로 좋아하지 않는 사람들도 있겠지만, 각 매체의 역사에서 이 인공물들이 갖는 역사적 중요성은 논쟁의 여지가 없다.[1] 일부 비평가들은 대니엘 스틸의 소설이나 마이클 베이의 영화가 대중문화에 편승한, 사색적 가치가 거의 없는 순수한 오락물이며 기껏해야 표현되지 않은 육체적 쾌락의 라블레풍(Rabelaisian) 발산, 최악의 경우 자기 성찰을 내다

1) 쿠퍼의 ≪가죽스타킹 이야기≫는 19세기 초 미국의 영웅 내티 범포의 모험을 다룬 일련의 소설(≪사슴 사냥꾼≫, ≪모히칸족의 최후≫, ≪길잡이≫, ≪개척자≫, ≪대평원≫)이다. 이 책들은 끔찍한 대사와 지나치게 복잡한 구성으로 종종 비판받기도 하지만, 최초의 주류 미국 소설로 널리 알려져 있다. 프리츠 랑의 1927년 작 <메트로폴리스>는 독일 표현주의를 영화화한 초기 작품으로, 일반적으로 필름 누아르의 선구적 작품으로 인정받고 있다.

버린 경박함이라고 비난할 수도 있다.

역사적으로 한 문화의 예술은 종종 그 문화의 가치가 함축된 암호로 읽혀 왔다. 발터 벤야민은 복제에 저항하는 예술 작품의 특수한 특성, 그 시공간적 현전, "그것이 놓이게 된 곳에서 지니는 그것의 독특한 현존"을 표현했다.[2] 벤야민은 비너스상을 예시로 들어 이를 설명했는데, 그리스인들은 비너스상을 신에 대한 경의로 숭배하고 중세인들은 우상숭배의 불길한 상징으로 간주했다. 예술의 의례적 사용은 가장 초기의 인공적 예술 작품, 15000년에서 30000년 전에 만들어진 라스코와 쇼베의 동굴 벽화로 거슬러 올라갈 수 있다. 이 예술 작품들은 벤야민이 제의가치(cult value)라고 부르는 것을 드러내며, 인간이 아닌 영과 대화하기 위한 마술 기구이자 의례적 작품으로 사용된다. 이러한 인공물은 전시가치(exposition value)와 제의가치를 분리하는 역사적 렌즈를 통해 소급해서 볼 때만 예술 작품이 된다. 앞서 나는 아우라를 보들레르의 현대 파리 속 인간 경험과 관련지어 논했다. 벤야민은 예술 작품의 이러한 고귀한 고유성 또한 '아우라'라고 명명했다. 아우라는 예술 작품을 전통 속에 통합하는 것으로, "아무리 가까워도 고유한 머나먼 곳의 현상"을 뜻한다.

예술 작품의 복제가 가능해지면서 전시가치가 가장 중요

---

2) Benjamin, "The Work of Art in the Age of Mechanical Reproduction," 220.

해지고 제의가치는 쇠퇴한다. 벤야민은 예술 작품에서 제의가치가 쇠퇴하는 것을 아우라의 '몰락' 혹은 '시듦'이라고 부르지만, 이러한 시듦이 해방적 기능을 하도록 의도한다. 벤야민에 따르면 기계적 복제는 "예술 작품이 의례에 기생적으로 의존하는 관계로부터 예술 작품을 해방한다".[3] 예술이 제의적 실천에서 벗어나면서 그것은 새로운 기능, 즉 정치의 기능을 얻게 된다. 그중에서도 기계적으로 복제 가능한 예술은 "예술에 대한 대중의 반응을 변화시켰다". 특히 영화의 경우 예술은 새로운 종류의 집단적 사회 비판으로 이용할 수 있는 것이 된다. 벤야민에 따르면,

> 피카소 그림에 대한 반동적 태도는 채플린 영화에 대한 진보적 반응으로 바뀐다. 진보적 반응의 특징은 시각적·정서적 향유와 전문가의 방향성이 직접 내밀하게 융합되는 것이다. 그러한 융합은 사회적으로 큰 의미가 있다. 예술 형식의 사회적 의미가 줄어들수록 비평과 대중의 향유 사이 구분은 더욱 날카로워진다. 관습적인 것은 무비판적으로 향유되고, 진정으로 새로운 것은 혐오 섞인 비판을 받는다. 영화에 대한 대중의 비판적 태도와 수용적 태도는 일치한다. 그 결정적 이유는 개인의 반응이 곧 형성될 대중의 반응에 의해 사전에 결정되기 때문이며,

---

3) 같은 글, 224.

영화만큼 이 점이 두드러지게 드러나는 곳은 없다.[4]

특히 벤야민은 영화가 표상적 가능성의 공간을 넓혔다는 점에 주목한다. 벤야민은 특히 프로이트주의적 이론을 예증하는 영화의 능력을 강조하지만, 더 일반적으로는 영화가 개별적 진술, 운동, 상황을 분리하는 카메라의 능력에 힘입어 연극이나 회화 같은 예술보다 오묘하게 분석 가능한 행동을 만들어 내는 능력에 주목하려 한다. 앞서 나는 단위조작, 정신분석학적 실천, 객체 기술의 구조 사이 상관관계를 도출했는데, 벤야민은 단위조작으로서의 정신분석학과 단위조작으로서의 영화 사이 또 다른 연결고리를 제시한다. 벤야민에게 영화의 중요성은 영화가 제공하는 서사적 표현보다는 인간 활동의 개별 단위체로 침투하는 능력에 기인한다.

> 영화는 우리 주위의 사물들을 근접 촬영하고, 낯익은 객체들의 숨겨진 세부사항에 초점을 맞추고, 카메라의 독창적인 안내에 따라 일상 환경을 탐구함으로써 한편으로 우리 삶을 지배하는 필연성들에 관한 이해를 넓히고, 다른 한편으로 예상치 못한 거대한 행위의 장을 확인시켜 준다.[5]

---

4) 같은 글, 234.

5) 같은 글, 236.

특히 벤야민은 특정한 일상적 행위의 배후에 숨은 메커니즘을 밝혀내는 영화의 능력을 강조한다.

> 설령 사람들이 걷는 방식에 관한 일반적 지식을 갖고 있더라도, 걸음걸이의 몇 분의 일 초 동안 사람이 취하는 자세에 관해서는 아무것도 모른다. 라이터나 숟가락을 잡는 행위는 낯익은 일상이지만, 우리는 그러한 행위가 우리의 기분에 따라 어떻게 변하는지는 물론 손과 금속 사이에서 실제로 어떤 일이 일어나는지에 대해서는 거의 알지 못한다. 여기서 카메라는 하강과 상승, 중단과 분리, 연장과 가속, 확대와 축소라는 수단으로 개입한다. 카메라는 정신분석학이 우리에게 무의식적 충동을 소개하는 것과 마찬가지로 무의식적 광학을 소개한다.[6]

본질적으로 벤야민은 숟가락을 들거나 담배에 불을 붙이거나 한 걸음 내딛는 동작에 대한 단위조작적인 시각적 관찰을 가능케 하는 필름 카메라의 절차적 재조합 특성을 표현하고 있다.

19세기 파리의 아케이드(일종의 지붕으로 덮인 거리, 쇼핑몰의 전례)에 관한 인용문, 관찰, 경구를 방대한 몽타주로 엮어 현대적 경험을 구성하고 보들레르가 기록했던 만보객의

---

6) 같은 글.

움직임을 뒷받침하는 그의 위대한 미완성 저작 ≪아케이드 프로젝트(Das Passegenwerk)≫를 생각하면, 벤야민이 영화를 단위조작적 표현의 도구로 여겼으리라는 점은 놀랍지 않다.[7] 벤야민은 1940년 나치 독일을 탈출하려다 자살했고, 저작은 완성되지 못한 채 꼼꼼하게 정리된 방대한 메모 모음집으로만 현존한다. 일각에서는 원고가 단순히 메모와 인용문을 모은, 책을 쓰기 위한 일종의 공책이었다고 추정한다. 그러나 구조적 의미의 단위체들에 대한 벤야민의 친화력을 고려할 때 그가 바로 이 구조, 즉 재짜임 가능한 단위조작적 경구들의 텍스트에 대한 실험을 염두에 두고 있었다고 결론짓는 것은 타당하다. 몽타주의 상이 ≪아케이드 프로젝트≫에 어떤 종류의 목적적이고 구조적인 틀을 제공했음은 분명하다. 벤야민은 영화 제작자처럼 19세기의 중요한 사회적·문화적 참조 문헌에 관한 수많은 개별적 논평을 연결하려 노력했다. 비평가 수전 벅모스는 ≪아케이드 프로젝트≫가 본성상 분리된 단위체들의 작품이라고 주장하며 후자의 견해를 취한다.

이러한 구성물들의 의도적 비연결성으로 인해 벤야민의

---

7) Walter Benjamin, *The Arcades Project*, trans. Rolf Tiedemann, Howard Eiland, and Kevin McLaughlin(New York: Belknap Press, 1999).[조형준 옮김(2013). ≪아케이드 프로젝트 1, 2≫. 새물결.]

통찰은 경직된 서사적·담론적 구조에 갇히지 않으며, 결코 갇히지 않아 왔을 것이다. 그 대신 그것은 변화하는 "현재"의 변화된 요구에 대응해 배열을 변경하고 시험적인 조합을 시도하기 쉽다.[8]

파편적 표상을 통해 벤야민은 자신의 사회적·문화적 참조 문헌을 추상적 관념으로, 특수한 맥락에서 벗어나 문화적 역사가 아니라 문화적 단위조작의 역할을 하는 경구로 풀어낼 수 있었다. 벅모스는 이러한 이미지를 라이프니츠주의적 단항 존재자와 담론적 문화 생산이 합쳐진, "정치적으로 채워진 모나드"라고 부른다.[9] 벤야민의 프로젝트는 반복적이고 개별적으로 구성된 예시들(매춘부, 만보객, 아케이드, 그가 비판하고자 했던 바로 그 문화적 형태를 반영하는 충격적인 그들의 단절성)을 통해 일반적인 문화적 순간들을 드러내고 구체화하는 것이었다.[10] 벤야민에게 궁극적 문화 비평 형태는 그가 중시했던 예술 형식과 동일한 형태를 취하는 것이었고, 실제로 그는 이 작업이 기계적으로 복제 가능한 예술과

---

8) Susan Buck-Morss, *The Dialectics of Seeing: Walter Benjamin and the Arcades Project*(Cambridge, Mass.: MIT Press, 1990), 336.[김정아 옮김(2004). ≪발터 벤야민과 아케이드 프로젝트≫. 문학동네.]

9) 같은 책, 221.

10) Benjamin, "On Some Motifs in Baudelaire," 155-200을 보라.

동일한 목적(정치적 비판)을 달성하도록 의도했다. 벅모스의 말을 빌리자면, ≪아케이드 프로젝트≫는 "벤야민 자신의 세대에 정치 교육을 제공하도록 의도되었다".[11]

현대 대중문화에 넘쳐나는 비디오게임은 벤야민의 분석적 시각에서 본 영화와 유사점을 갖는다. 비디오게임은 영화와 마찬가지로 벤야민이 말한 "진보적 반응", 즉 비평과 향유의 합일이 증가하는 현상을 드러낸다. 비디오게임은 절차적 체계로서 영화에 대한 벤야민의 단위조작적 논리를 확장한다. 즉 게임은 인간 경험의 정확한 단위체에 대한 추상적 표상을 만들어 낸다. 비디오게임과 벤야민의 글 속 영화가 다른 점은 물질적 실천에 있다. 벤야민은 1930년대에 영화가 이미 혁명적 예술의 한 형식이 아니라 자본주의적 사업 관행으로 진화하는 것을 목격했다. 벤야민에 따르면 "영화 제작자의 자본이 유행을 규칙으로 설정하는 한, 오늘날의 영화에는 전통적 예술 개념에 대한 혁명적 비평을 촉진하는 것 외에 다른 어떤 혁명적 공로도 인정될 수 없다".[12]

예술이 광범위한 마르크스주의적 혁명을 촉진할 것이라는 벤야민의 희망에도 불구하고, 오늘날 자본의 힘은 70년

---

11) Buck-Morss, *The Dialectics of Seeing*, 47.[김정아 옮김(2004). ≪발터 벤야민과 아케이드 프로젝트≫. 문학동네.]

12) Benjamin, "The Work of Art in the Age of Mechanical Reproduction," 231.

전보다 훨씬 더 강력해졌다. 2004년 비디오게임 소프트웨어는 280억 달러 규모의 "오락 소프트웨어" 산업에서 73억 달러를 차지했다.[13] 미국의 주요 로비활동 단체인 오락소프트웨어협회(Entertainment Software Association, ESA)는 혁명 대신 여가의 생산을 지지하는 입장을 명시적으로 내세운다. 오락소프트웨어협회라는 명칭이 비디오게임과 오락의 직접적 상관관계를 함의한다면, 이 단체의 사명 진술에서 그 친화력을 확인할 수 있다. "오락소프트웨어협회는 비디오게임 콘솔과 개인용 컴퓨터, 인터넷을 위한 비디오게임 및 컴퓨터게임을 유통하는 기업의 사업 및 공공 업무에 필요한 사항을 제공하는 데에 전념하는 미국 협회다."[14] 할리우드 영화 산업의 정신에 비추어 볼 때, 오락소프트웨어협회가 "오락 소프트웨어"와 "비디오게임 및 컴퓨터게임"을 무언으로 결합하는 것은 게임에 관해 현대 문화가 상속한 이데올로기, 즉 게임은 오락이며 사유를 자극할 여지가 없는 시간 때우기라는 이데올로기를 드러낸다.

비디오게임과 혁명적 예술 사이의 골은 '놀이(play)'라는 개념을 통해 가장 유익한 방식으로 설명할 수 있다. 네덜란

---

13) Http://www.theesa.com/archives/2005/05/e3_2005_state_o_1.php/. 더 많은 업계 데이터는 http://www.theesa.com/facts/top_10_facts.php/ 참조.

14) Http://www.theesa.com/about/related_links.php/.

드의 역사학자 요한 하위징아는 오락으로서의 게임이라는 우리가 이어받은 개념의 초기 역사에서 중요한 역할을 한다. 하위징아는 놀이와 문화에 관한 그의 연구 ≪호모 루덴스(Homo Ludens)≫에서 놀이적인 것(the playful)과 진지한 것(the serious)을 구분하는 놀이의 정의를 제공한다. 하위징아에게 놀이는,

> 의식적으로 "일상적" 삶의 외부에, "진지하지 않은" 것으로 서 있는 자유로운 활동이지만, 동시에 플레이어를 강렬하고 완전하게 흡수한다. 그것은 물질적 이해관계와 연관이 없는 활동이며, 이를 통해 어떠한 이익도 얻을 수 없다. 그것은 고유한 시공간 경계 내에서 고정된 규칙들에 따라 질서정연한 방식으로 진행된다. 이는 자신을 비밀로 둘러싸고 변장이나 기타 수단을 통해 공통 세계와의 차이를 강조하는 경향이 있는 사회적 집단의 형성을 촉진한다.[15)]

언뜻 보기에 놀이에 대한 하위징아의 이해는 물질적·정치적 유형의 문화적 생산과 분명히 어긋나는 것처럼 보인다. 하위징아에 따르면 놀이는 "진지하지 않으며" 물질적 이득의

---

15) Johan Huizinga, *Homo ludens*(New York: Beacon, 1971), 13.[이종인 옮김(2018). ≪호모 루덴스≫. 연암서가.]

문제와도 무관하다. 그러한 범주는 정치적 혁명의 선구자로서의 복제 가능한 예술에 관한 벤야민의 이해와 완전히 상충하는 것처럼 보일 수 있다. 이와 동시에 하위징아는 법, 전쟁, 정치와 같은 전적으로 진지한 관행이 뿌리내리는 메타문화적 현상으로서 놀이를 드러내려 한다. 하위징아는 진지함과 놀이의 이분법을 약화하려 시도하지만, 그의 독자들은 때때로 그의 정의에서 "진지하지 않음"을 둘러싼 주의 환기용 인용 부호를 고려하지 못한다. 비록 게임의 존재론에 관심이 있는 학자들 사이에서 하위징아의 저서는 필독서가 되었지만, 놀이와 진지함 사이의 복잡한 관계는 종종 사소하게 여겨진다. 게임 설계에 관한 에릭 지머먼과 케이티 샐런의 포괄적 연구에서 하위징아의 정의는 놀이의 특성에 대한 핵심 목록으로 정리되어 있으며, 이 중 "진지하지 않음"은 분석되지 않은 채로 남아 있다.[16)]

그러나 놀이에 대한 하위징아의 특징 묘사는 놀이와 진지함을 대조하는 것보다는 벤야민이 제의실천(cult practice)이라고 부르는 일종의 의례적 활동과 더 유사하다. 하위징아에 따르면 놀이는 "사회적 집단의 형성을 촉진"하며, 이 집단의 문화적 의미는 놀이의 장소 자체를 벗어나 그 외부에서도 존속한다. 게임에서 사회적 집단의 구성은 놀이의

16) Katie Salen and Eric Zimmerman, *Rules of Play: Game Design Fundamentals*(Cambridge, Mass.: MIT Press, 2004), 75.

사용과 예술의 사용 사이에 잠재적 상관관계가 있음을 시사한다.

유감스럽게도 후대의 놀이 이론가들은 게임과 문화 생산의 개념적 격차를 더욱 확대했다. 프랑스 사회학자 로제 카유아는 ≪인간, 놀이, 게임(Man, Play, and Games)≫에서 자신만의 놀이 개념을 제시하며 하위징아의 연구를 확장했다. 특히 카유아는 놀이가 "일상생활의 외부"에 있다는 하위징아의 논증을 확장한다. 카유아에게 놀이는 "'현실 생활과 반대되는' 제2의 현실 또는 자유로운 비현실에 대한 특별한 알아차림을 동반하는" '가상(make-believe)'이다.[17] 일상생활과 분리된 놀이와 일상생활에 반대되는 놀이라는 개념 사이에는 분명히 친화력이 있다. 성스러운 것과 세속적인 것에 대한 에밀 뒤르켐의 개념[18]이나 성스러움(numinous)에 대한 루돌프 오토의 개념[19]과 같은 종교에 관한 기능주의적 관점이 명백한 예시다. 카유아와 하위징아는 놀이가 인간 문화를

---

17) Roger Callois, *Man, Play, and Games*, trans. Meyer Barash(Chicago: University of Illinois Press, 2001), 10[이상률 옮김(2018). ≪놀이와 인간≫. 문예출판사.], 강조는 저자.

18) Emile Durkheim, *Elementary Forms of the Religious Life*, trans. Karen E. Fields(New York: Free Press, 1995), 34-38.[민혜숙·노치준 옮김(2020). ≪종교생활의 원초적 형태≫. 한길사.]

19) Rudolf Otto, *The Idea of the Holy*(Oxford: Oxford University Press, 1958), 14.[길희성 옮김(1987). ≪성스러움의 의미≫. 분도출판사.]

구조 짓고 조직한다고 주장하지만, 둘 다 놀이를 일상적 생산에서 벗어난 "순수한 공간"으로 분리한다. 하위징아는 이 고립된 공간을 "마술적 원(magic circle)"이라고 부르는데, 이 개념은 여러 현대 게임 이론의 중심이 되었으며 나는 이를 뒤에서 다시 논할 것이다.

인간 문화의 바로 그 근간에서 놀이를 찾으려는 하위징아와 카유아의 노력은 이 두 영역을 그것들의 접점에서 분리할 위험을 불러일으킨다. 하위징아나 카유아와 달리, 한스 가다머는 예술 작품에서 놀이가 하는 역할에 초점을 맞춘다. 가다머는 놀이에 관한 관심을 미학으로 제한하고, "고정된 규칙들"의 체계로서의 놀이에 대한 하위징아의 관념을 채택해 그러한 구조를 예술 작품에 적용했다. 가다머에 따르면 놀이는 예술 작품의 "구조로의 변형", 혹은 하이데거의 용어로 "탈은폐(unconcealment)" 역할을 한다.[20] 놀이를 해체를 위한 촉매로 이해한 데리다와 달리 가다머는 놀이의 단위조작적 본성("고정된 규칙")에 대한 하위징아의 중요한 제스처를 유지하지만, 놀이와 문화 생산이 분리되어 있다는 고립주의적 견해에 이의를 제기한다.

현대의 상황에서 놀이와 문화 생산의 관계는 이러한 기본

---

20) Hans Georg Gadamer, *Truth and Method*, trans. Joel Weinsheimer and Donald G. Marshall(New York: Continuum, 1989), 112-113.[이길우 외 옮김(2012). ≪진리와 방법 1, 2≫. 문학동네.]

적인 분리주의를 계승한다. 오락소프트웨어협회는 비디오게임의 범위를 확장하는 데 중요한 진전을 이루었지만, 여전히 모든 종류의 비디오게임을 "오락"과 암묵적으로 연계하고 있으며, 이는 우리가 놀이와 깊은 이데올로기적 관계를 맺고 있음을 증언한다.[21] 닐 포스트먼은 텔레비전과 관련해 이러한 "매체-은유 전환"의 추세를 처음으로 추적했다. 포스트먼은 책에서 텔레비전으로의 전환이 점차 "위험한 난센스"에 관한 대중 담론을 만들어 냈다고 주장했다.[22] 포스트먼은 기계적으로 복제 가능한 예술의 정치적 응용에 대한 벤야민의 비전을 공유하지는 않지만, 그러한 이미지가 "현실을 해석하고 이해하고 시험하는" 우리의 주요 수단으로서 문자 언어를 추월하기 시작했음을 인지한다.[23] 흥미롭게도

---

21) 오락소프트웨어협회 자체는 비디오게임의 역할 확대에 관해 상당히 진보적인 입장을 취해 왔다. 오락소프트웨어협회 회장 더그 로웬스타인의 2005년 전자 엔터테인먼트 엑스포(E3) 업계 현황 연설은 비디오게임의 역할과 목적을 확장할 것을 강력히 촉구한다. http://www.theesa.com/archives/2005/05/e3_2005_state_o_1.php/ 참조. 오락소프트웨어협회는 교육과 건강 등 오락적이지 않은 맥락에서의 게임 사용에 관한 연구도 수집하고 있다. http://www.theesa.com/facts/third_party.php/ 참조.

22) Neil Postman, *Amusing Ourselves to Death: Public Discourse in the Age of Show Business*(New York: Penguin, 1986), 16.[홍윤선 옮김(2009). ≪죽도록 즐기기≫. 굿인포메이션.]

포스트먼은 이러한 사회적 변화를 놀이의 한 형태, 더 구체적으로는 어린이용 게임과 연관시키며, 활판 인쇄술 이후의 시대를 기계적으로 복제된 이미지가 까꿍 게임처럼 빠르게 나타났다 사라지는 "까꿍 세계(peek-a-boo world)"라고 부른다. 이러한 발전은 텔레비전의 "위험한 완벽함"에서 정점에 도달한다.[24] 텔레비전을 행위 가능한 세계에서 고립시키는 성질은 놀이를 고립시키는 것과 놀랍도록 유사하다. 그것은 귀결을 갖지 않고 완전히 자립적인 안전한 공간이다. 포스트먼에 따르면 텔레비전이라는 공간에서 우리는 재미와 오락을 위해 조사와 반대를 희생한다. 벤야민은 이미 자본주의가 영화를 연예 공연업으로 개조하는 것을 비판하기 시작했고, 포스트먼은 이 비판을 현대 비디오게임 문화와 자연스럽게 연결해 다룬다. 황당하게도 하위징아 자신의 말은 놀이와 사회 구조의 관계를 해체하는 데 도움이 된다. 하위징아에 따르면 "놀이의 재미는 모든 분석과 논리적 해석에 저항한다. 개념으로서 그것은 다른 어떤 정신적 범주로도 환원될 수 없다".[25] 이러한 감상의 목적은 놀이가 모든 문화 구조에 선행한다는 하위징아의 급진적 주장을 강조하기 위한 것이

---

23) 같은 책, 74.

24) 같은 책, 80.

25) Huizinga, *Homo ludens*, 3.[이종인 옮김(2018). ≪호모 루덴스≫. 연암서가.]

지만, 정확히 텔레비전의 손에 의해 자기반성과 문화적 조사가 죽었다는 포스트먼의 묵시록적 비전을 뒷받침하는 데에도 쉽게 동원될 수 있다.

따라서 비디오게임은 사회 논평, 사회 변화, 혹은 그 외 좀 더 "혁명적인" 문제를 위해 그것이 도구로 사용되는 것에 반대하는 두 가지 동등하게 강력한 힘의 영향을 받는다. 한편으로 게임의 인류학적 역사는 게임이 물질세계와 분리되는 선례를 남겼다. 다른 한편으로 비디오게임은 성찰성은 낮고 허식은 높은 오락 제작을 주요 목적으로 하는 대중 시장 오락 문화를 계승하고 있다.

비디오게임에 대한 이 기존 개념화를 뒤집으려는 게임 비평가와 개발자의 진심 어린 시도조차 현상 유지에 도전하기보다는 오히려 그것을 강화하는 것처럼 보일 수 있다. 소니 온라인엔터테인먼트의 최고 크리에이티브 책임자이자 인기 대규모 멀티플레이어 온라인 게임 <울티마 온라인(Ultima Online)>과 <스타워즈 갤럭시즈(Star Wars Galaxies)>의 수석 설계자인 라프 코스터는 최근 그러한 노력의 일환으로 만화 삽화와 반경구적인(semi-aphoristic) 통찰을 담은 독특한 책 ≪라프 코스터의 재미이론(A Theory of Fun for Game Design)≫을 내놓았다. 책의 표제는 코스터가 이미 게임의 척도로 "재미"를 채택했음을 함의하지만, 코스터는 익명적 욕망의 생산보다 더 넓은 목적으로 이 용어를 회복하려는, 위험이 따르는 시도를 한다.

코스터는 게임 경험의 중심에 "재미"를 보존하기 위해 인지과학으로부터 느슨한 원리를 동원한다. 그는 재미란 "우리 뇌가 기분이 좋다고 느끼는" 감각이라고 주장한다.[26] 코스터는 포스트먼의 비판과 같은 재미에 대한 비판에 반대하며 우리가 재미를 맥락으로 "이주"시킨다고 주장한다.[27] 특히 게임이 만들어 내는 주요 재미는 과제에 숙달하는 데서 비롯된다. 그 표상적 형태에서 내가 단위조작이라고 부르는 것을 코스터는 "현실에 대한 추상적 모델"이라고 부른다.[28] 코스터에게 재미는 "학습 목적으로 패턴을 흡수할 때 뇌가 우리에게 주는 피드백"으로, 교육학적인 범주에 매우 가깝다.[29]

이러한 일반적 접근법은 코스터로 하여금 게임의 목적이 확장되는 것을 환대하는 주장을 펼칠 수 있게 한다. 하위징아와 마찬가지로 코스터는 게임이 문화적 행동을 구조 짓는다고 주장하지만, 코스터는 그러한 행동을 일반적인 종류의 문제에 대한 연습지향적 정신 숙달로 명시적으로 묘사한다. 감탄스럽게도 코스터는 이러한 입장을 바탕으로 전쟁, 외계

---

26) Raph Koster, *A Theory of Fun for Game Design*(Scottsdale, Ariz.: Paraglyph Press, 2005), 40.[유창석·전유택 옮김(2017). ≪라프 코스터의 재미이론≫. 길벗.]

27) 같은 책, 50.

28) 같은 책.

29) 같은 책, 96.

인 침공, 운전, 스포츠 등 현재의 장르를 뛰어넘는 상황에 대한 단위조작적 모델을 구축하려 시도하는 비디오게임을 촉구한다. 코스터는 게임을 "표현적 매체"로 사용할 것을 촉구하며, ≪베오울프(Beowulf)≫와 <게르니카(Guernica)>를 게임 기반 표현의 타당한 모델로 제시한다. 코스터는 다음과 같이 주장한다. "다른 어떤 예술 매체도 '재미'와 같이 사용자에게 의도된 '효과'를 중심으로 자신을 정의하지 않는다. 그것들은 모두 더 넓은 범위의 정서적 영향을 포괄한다."[30] 코스터의 만화 삽화 중 하나는 비디오게임 가게 계산대에 선 잘 차려입은 수염 난 남자를 묘사한다. "저기, <양육권 분쟁 3>은 아직 안 나왔어요?" 그가 묻는다. 계산대 뒤의 베스트셀러 포스터는 <햄릿>, <심 간디>, <인종차별 반대> 같은 그 외 있을 수 있는 게임을 시사한다.[31]

유감스럽게도 코스터가 게임의 첫 번째 원리로서 재미에 기대는 것은 그를 막다른 길에 몰아넣는다. 한편으로 코스터는 단순한 오락 이상의 목표를 이행하는 게임을 설득력 있게 촉구한다. 코스터가 게임 설계 커뮤니티에서 상대적으로 유명하다는 점을 고려할 때 이 촉구는 특히 건설적이다. 다른 한편으로 코스터는 게임이 플레이어에게 만들어 내는 효과(모든 게임이 모든 플레이어에게 만들어 내는 효과)가 "재

30) 같은 책, 152.

31) 같은 책, 181.

미"라고 주장한다. 게임에 대한 이러한 단일 출력에 의존하는 것은, 단일 표현 목표가 그것의 매체를 제한한다는, 이전에 그가 책망하는 듯 보였던 관찰과 모순된다. 재미에 대한 의존은, 게임의 혁명적 잠재력을 그의 원동력이라 할 수 있는 재미라는 개념과 적절히 결합되도록 개조해야 하는 개념적 문제를 코스터에게 상정한다. 코스터는 통상적이고 대중적인 의미의 재미를 넘어서는 게임에 대해 제기될 수 있는 반론을 예상하면서 재미의 영역에 다양한 범위의 가능한 반응을 귀속한다. 코스터가 말하기를, "비디오게임이 예술이 아닌 이유에 관해 가장 많이 듣는 지적 중 하나는 비디오게임은 재미를 위한 것일 따름이라는 주장이다. 비디오게임은 오락일 뿐이라는 것이다. 재미에 대한 과소평가가 왜 위험한지 내가 분명히 했기를 바란다".[32] 이는 코스터가 게임과 그 표현적 출력을 전도하는 순간이다. 여기서 재미는 주요 항이 되고 비디오게임 기반 표현은 그에 종속된다. 코스터는 "여기서 '재미'라는 단어에 대한 정의 문제에 부딪힐 수 있다"고 인정하지만, "매체의 기본 구성요소에 실제로 이르기 위한 형식주의적 관점"을 선호한다.[33] 벤야민처럼 코스터는 무비판적 향유와 적대적 비판 사이에 공간을 열고자 한다. 이러한 의도에도 불구하고 코스터는 오락 산업과 종종 연관

---

32) 같은 책, 148.

33) 같은 책, 152.

되는 자본의 피상적 전달 수단으로서의 재미라는, 벤야민이 예견하고 포스트먼이 비판한 수사를 피하기 어렵다.

재미에 대한 코스터의 이해는 게임 플레이의 결과와 일상적 의미의 쾌락을 떨어뜨려 다른 종류의 반응을 가능하게 한다. 그러나 코스터는 같은 제스처를 통해 이러한 결과가, 비록 다른 종류의 재미이기는 하지만, 여전히 재미를 수반한다고 주장한다. 우리는 코스터의 대안적 재미를 벤야민이 기계적으로 복제 가능한 예술에 관해 최초로 구상했던 사회적·정치적, 심지어 혁명적 비판을 수반하는 일종의 대안 현실적 재미, 즉 '재미′(fun′. 재미 프라임)'이라고 부를 수 있다.[34] 이러한 개념적 유사성에도 불구하고 어떤 종류의 의미 있는 반응도 "재미"라는 규정에 묶어야 한다는 코스터의 주장은 도착일 따름이다. 재미′이라는 개념이 얼마나 부조리한 것인지 인식하려 한다면 일상적 경험에서 더 나아갈 필요가 없다. "그녀와 짐을 마주쳤을 때 믿기지 않았어요. 최근 우리 관계가 대체로 재미′이었다는 것은 알았지만 끝났다는 건 몰랐어요." 혹은 "메리의 남편이 또 심장마비를 일으켰다고 들었어요. 그것도 메리의 어머니가 돌아가신 지 얼마 지나지 않아서…. 올해 정말 많은 재미′을 봤네요". 크리스 크로퍼드는 이러한 한계를 인식하고 재미가 비디오게임의 영향을 측정

34) 나는 재미′이라는 용어를 제안하는 데 윌리엄 휴버의 도움을 받았다.

하는 척도로 부적절하다고 말한다. 크로퍼드에 따르면 "재미는 어른의 경험에 맞지 않는다".[35]

편향된 비디오게임

2003년 말, 곤살로 프라스카는 자신이 뉴스게이밍이라고 부르는 시리즈의 첫 번째 작품으로 <9월 12일(September 12)>이라는 작은 웹 기반 게임을 출시했다. 뉴스게이밍 시리즈는 정치 만화처럼 게임으로 사회적·정치적 진술을 세우려는 시도다. <9월 12일>은 매우 간단한 게임으로, 중동 마을을 만화처럼 화려하고 정밀하게 묘사한다. 사람들은 걸어서 마을을 돌아다니고, 이 중 몇몇은 테러리스트다. 플레이어는 화면의 조준경을 조작해 표적 테러리스트를 찾아 이동할 수 있다. 마우스를 클릭하면 잠시 후 선택한 표적에 미사일이 발사된다. 미사일은 막대한 피해를 입히며, 각 미사일은 표적이 된 테러리스트뿐 아니라 (만약 플레이어의 타이밍이 맞을 경우) 근처의 모든 건물과 무고한 사람들을 파괴한다. 무고한 사람이 죽으면 주변 사람들이 시신을 애도하다가 스스로 테러리스트로 변한다. 이 게임의 메시지는 간단하다. 즉 마을을 폭격하는 것은 테러리스트의 위협에

35) Crawford, *Chris Crawford on Game Design*, 35.

대한 현실적 대응책이 아니며 더 많은 폭력을 낳을 뿐이라는 것이다. <9월 12일>과 같은 표본은 게임이 주목할 만한 수사학적 장치가 될 수 있음을 시사한다. 플레이어는 게임 규칙들과 주관성 사이의 간극 속에서 게임의 표상에 대한 자신의 이해를 완성하고 정제해 그 경험에 자신을 함축시킨다. 이러한 매체의 힘은 활용되지 못했는데, 시장이 중요한 주제에 대한 플레이어의 참여를 유도하기보다는 주로 플레이어를 즐겁게 하는 데 초점을 맞추었기 때문이다.

<심시티>와 같은 게임은 플레이어에게 도시 계획과 지역 거버넌스에 관해 무언가를 가르치는 파생적 효과를 지니고 있다. <풀 스펙트럼 워리어(Full Spectrum Warrior)>, <아메리카 아미(America's Army)> 같은 군사 시뮬레이션과 <버추얼 유(Virtual U)> 같은 훈련 시뮬레이션 게임은 좀 더 명확한 교육론을 전달한다. <아메리카 아미>는 미 육군이 자금을 지원한 군인 모집 도구로, 플레이어가 군인의 입장이 되어 다양한 "현실적" 군대 임무를 수행하게 한다. <버추얼 유>는 앨프리드 P. 슬론 재단에서 자금을 지원한 대학 행정 시뮬레이션으로, 다양한 미국 대학의 경영 관행에 관해 알려 준다. 이러한 게임은 게임 규칙들에 대한 플레이어의 정신적 모델과 현실 세계에 대한 플레이어의 이해 사이에 상관관계를 만들려고 한다. 비평을 북돋는 주관성과 단위조작적 규칙들 사이의 간극은 게임의 수사학적·교육적 가능성의 근간에 있는 간극이기도 하다.

다른 게임 기반 사회 논평은 기존 상업 게임을 변형한 비디오게임 "모드(mod)"의 형태로 등장했다. 1999년, 앤마리 슐라이너와 그녀의 공동 작업자들은 인기 멀티플레이어 일인칭 슈팅 게임 <카운터 스트라이크>에 <벨벳 스트라이크(Velvet-Strike)>라는 모드를 설계했다.[36] <벨벳 스트라이크>를 통해 플레이어는 "온라인 판타지의 인질", "당신이 당신의 가장 위험한 적이다" 등의 정치적 메시지가 담긴 가상 포스터를 뿌릴 수 있었다. 2001년, 예술가 조시 온은 정책 결정이 대통령 지지율에 어떤 영향을 미치는지 살펴볼 수 있는 시뮬레이션 게임 <안티워게임(Antiwargame)>을 제작했다. 플레이어는 군사, 사회, 외교 목표에 정부 자금을 할당한다. 온은 미국 정책이 오직 "미국 지배 계급의 세계에서의 이익 확보"를 위해서만 존재한다는 자신의 견해를 게임 논리에 주입했다.[37] 그 결과 배치 부대의 탈영자는 많아지고, 사회적 지출이 감소하면서 국내 인구는 불안정해진다. 온은 <안티워게임>을 통해 미국 외교 정책에 관한 자신의 개인적 관점을 전달한다.

게임 플레이를 통해 제대로 사회적 도전을 제기한 상업 게임 중에는 크리스 크로퍼드의 <밸런스 오브 더 플래닛

---

36) http://www.opensorcery.net/velvet-strike/ 참조.

37) http://www.netarts.org/mcmogatk/2003/works/harger/antiwargame.html/에서 예술가 진술 참조.

(Balance of the Planet)>이 있다. 1990년 지구의 날에 출시된 <밸런스 오브 더 플래닛>은 환경 문제와 그 귀결을 모델링하는 시뮬레이션 게임이다. 크로퍼드의 말을 빌리자면, 이 게임은 심지어 "환경 문제들의 복잡성과 그것들의 뒤엉킴 그리고 경제 문제와 환경 문제의 뒤엉킴 … 그 모든 것이 연결되어 있으며, [그리고] 단순한 접근법은 항상 실패한다"는 점을 다룬다.[38] 게임에서 플레이어는 호수 산성화부터 방사능, 기름 유출에 이르는 다양한 설정에 관해 선택한다. 이 게임은 플레이어가 인간 생명에 가치를 두도록 (그리고 제3세계의 생명과 도시의 산업적 생명을 위한 가치를 분리하도록) 한다. 1994년 <심시티> 개발자가 만든 게임 <심헬스(Sim Health)>는 플레이어가 미국에 필요한 종류의 의료 체계를 모델링할 수 있게 해 준다. <밸런스 오브 더 플래닛>이나 <심헬스>와 같은 게임을 통해 플레이어는 조정 가능한 가치 체계를 시뮬레이션하고, 그 가치 체계의 효과를 목격하며, 게임 플레이 경험 너머로 그러한 지각을 가져간다.

곤살로 프라스카는 그러한 게임이 전달하는 사회적 기능을 시뮬레이션 일반으로 일반화한다. 프라스카에 따르면 "시뮬레이션 저자는 특수한 하나의 사건이 아니라 잠재적 사건들의 집합을 표상한다. 이로 인해 저자는 자신의 객체를 체계로 생각하고 그 행동을 지배하는 법칙이 무엇인지 고려

38) Crawford, *Chris Crawford on Game Design*, 383.

해야 한다. 유사한 방식으로, 시뮬레이션을 해석하는 사람들은 시뮬레이션을 지배하는 규칙을 추론함으로써 시뮬레이션에 대한 정신적 모델을 만든다". 이러한 시뮬레이션에서 "플레이어의 목표는 자신의 개인적 관념과 믿음에 따라 모델의 규칙을 분석하고, 반론하고, 수정하는 것이다".[39] 이러한 규정 아래에서 게임은 플레이어가 게임에 담긴 입장을 단순히 참으로 받아들이는 것이 아니라 탐구하는 수사학적 의견 텍스트가 된다.

혹자는 정치적·사회적 관행에 관한 비디오게임이 성찰적이기보다는 단순히 설교적이 될 위험이 있다고 이의를 제기할 수 있다.[40] 이러한 이의는 수사학적 기능을 수행하는 비디오게임이 시뮬레이션 열병을 일으키지 않는 폐쇄된 체계라고 가정한다. 이 이의는 미학적 문제도 제기한다. 즉 수사학적 기능을 수행하는 비디오게임은 게임의 설계 전략으로 창발을 제안한다는 것이다. 앞서 나는 세포 자동자를 창발적 체계로 논했는데, 게임 외의 창발적 체계로는 교통 패턴, 뇌 화학, 질병의 확산 등이 있다. 예스페르 율은 창발적 게임을 액션/어드벤처 게임과 같이 플레이어가 순차적 행위를 수행해 게임의 목표에 도달하는 게임인 "진행형 게임(progressive

39) Frasca, "Videogames of the Oppressed."

40) 예스페르 율의 웹로그에서 "설교적 게임"에 대한 성찰을 참조하라. http://www.jesperjuul.dk/ludologist/index.php?p=33&c=1/.

game)"과 대조한다.41) 율은 창발적 게임은 전략적 전술을 필수적이게 하기에 재플레이성(replayability)이 높은 반면, 진행형 게임은 플레이어가 게임의 순차적 도전을 모두 완료하면 될 따름이기에 재플레이성이 낮다고 올바르게 주장한다.

설계 전략으로 진행보다 창발을 우선시하는 데는 여러 이유가 있다. 후자는 내적으로 더 짜임적인 게임 플레이를 요구하므로 매체의 표현적 지원성을 극대화하는 것처럼 보일 수 있다. 하지만 "재미"를 극대화하는 예술 게임에 대한 코스터의 촉구처럼, 재플레이성을 극대화하는 창발적 게임에 대한 율의 촉구는 게임의 표현적 잠재력보다 형식적 성질에 특권을 두는 함정에 빠질 위험이 있다. 재미와 창발은 오락 게임에 대한 가치 제안(value proposition)으로서 모두 일종의 회계, 즉 플레이어의 투자 대비 수익을 함의한다. 그러한 경제에서는 반복적이지 않은 높은 정도의 상호작용이 실제로 더 많은 총"잠재적 재미"를 제시할 수 있다. 그러나 내가 주장했듯이 비디오게임은 그러한 경제에 참여할 필요가 없다. 오히려 비디오게임은 게임 플레이 경험을 통해 특정 목표를 추구하는 고도로 분리된 진술을 세우려 할 수도 있다.

변호, 특히 정치의 맥락에서 재플레이성은 여가 게임에서

---

41) Jesper Juul, "The Open and the Closed: Games of Emergence and Games of Progression," *Computer Games and Digital Cultures,* http://www.jesperjuul.dk/text/openandtheclosed.html/.

그런 것처럼 게임 플레이 경험의 반복을 수반할 필요조차 없다. 오히려 재플레이성은 전통적 예술·영화·인쇄물이라는 강력한 수사학적 작품과 같은 방식으로 표현될 수 있다. 즉 플레이어가 게임의 수사학적 주장을 재검토하게 함으로써 플레이어의 판단에 영향을 미친다. 이러한 의미에서 재플레이성은 자기반성, 토론, 반론 그리고 기타 수많은 논쟁적 활동을 함의한다. 그것은 특별한 종류의 시뮬레이션 열병이며, 그러한 표상이 만들어 내는 해결되지 않은 위기에 대한 개방성이다.

프라스카는 연구/실무 교차혼합 칼럼에서 <9월 12일>에 대한 반응에 관해 기술하면서 다음과 같이 말한다.

> 나는 이러한 비판은 대부분 정치 비디오게임이 아직 잘 확립된 장르가 아니라는 사실에 기인한다고 생각한다. 인쇄된 정치 만화가 너무 단순하다는 이유로 비판하는 사람은 아무도 없다. 캐리커처란 정의상 단순화인 것이다. 그럼에도 만화는 요점을 전달하며, 그것이 만화가 유용한 저널리즘 도구로 남아 있는 이유다.42)

42) Gonzalo Frasca, "Ideological Videogames: Press Left Button to Dissent," *IGDA The Ivory Tower*(November 2003), http://www.igda.org/columns/ivorytower/ivory_Nov03.php/.

이 논평은 우리가 전반적으로 아직 시뮬레이션 열병의 조건에 적응하지 못했음을 시사한다. <9월 12일>에 관한 온라인 토론에서 <버추얼 유>의 공동 설계자 벤 소여는 다음과 같이 말했다. "나는 그들이 그것을 '시뮬레이션'으로 간주함으로써 사람들이 이미 [이 블로그에서] 시작한 종류의 유효한 공격을 불러일으킨다고 생각한다. 만약 이 작품이 게임 매체 형식의 시사만화에 더 큰 비중을 두었다면 그런 공격이 이렇게 노골적이지는 않았으리라고 생각한다."[43] 소여의 지적은 그 자신의 시뮬레이션 열병에 따른 것일 수도 있다. 소여는 시뮬레이션이 정의상 감정적 체계라기보다는 과학적 체계이기에 게임 '그 자체'는 고도로 캡슐화된 논평으로 기능하지 못할지도 모른다고 시사하는 듯하다. 아마도 소여는 비디오게임과 폴 스타의 의회예산국 모델 같은 인공물에 적용되는 "시뮬레이션"이라는 단어의 문제적 본성을 지적했을 개연성이 더 높다. 그럼에도 이 문제적인 것은 그 자체로 게임과 시뮬레이션이 해야 할 일과 하지 말아야 할 일에 관한 고착화된 사전 개념화를 가리킨다. 이는 게임 일반에 대한 우리의 이해에 의문을 제기한다. 통상적으로 그것은 바이오켐FX나 폴 스타의 의회예산국 도구 같은 시뮬레이션은

43) 벤 소여, 웹로그 댓글(September 30, 2003), http://www.gamegirladvance.com/archives/2003/09/29/newsgaming_september_12.html/.

객관적 표상을 시도하는 반면 게임은 주관적 표상만을 바랄 수 있을 따름이라는 주장이다.[44)]

그러나 나는 시뮬레이션 열병의 매개체로서 객관적 표상과 주관적 표상을 구별할 수 있는 게임은 없다고 생각한다. 객관적 시뮬레이션이나 객관적 게임 같은 것은 존재하지 않는다. 문학, 사설, 공개 연설 그리고 수많은 다른 형식의 수사학적 연설과 마찬가지로 비디오게임도 저자의 의도와 해석의 자유 사이 분투에 참여한다. 비디오게임은 플레이어가 하나 이상의 단위조작의 종합에 대한 주관적 이해를 형성할 것을 요구한다. 게임은 플레이어가 자신의 경험을 통해 이러한 종합을 감지할 수 있는 것으로 만들도록 요구한다.

예술 작품에 관여하는 이러한 과정은 바디우가 말하는 의미에서 하나의 사건을 구성할 수 있으며, 이로써 그것은

---

44) 크리스 크로퍼드는 1984년 저서 ≪컴퓨터게임 설계의 예술(The Art of Computer Game Design)≫(New York: Osborne, 1984)에서 이러한 구분을 제시했지만, 안타깝게도 이 책은 절판되었다. 크로퍼드가 2003년에 출간한 ≪크리스 크로퍼드의 게임 설계(Chris Crawford on Game Design)≫에는 많은 내용이 담겨 있지만, 객관적 표상과 주관적 표상에 대한 원래 통찰은 1984년 책의 1장에서 찾아볼 수 있다(http://www.vancouver.wsu.edu/fac/peabody/game-book/Coverpage.html/에서 온라인 열람 가능). 크로퍼드는 2004년 게임 개발자 콘퍼런스(2004년 3월)에서 열린 제1회 진지한 게임 회담(Serious Games Summit)에서 이러한 감상을 다시 한번 반복했다.

주체를 구성하고 바디우 진리 이론의 핵심인 충실성의 과정을 개시한다. 바디우는 언어의 일상적 사용과 단절하는 시에 특별한 주의를 기울이며, 시가 특히 교란적이라고 생각한다.[45] 수학처럼 시는 형식적 범주화를 제공할 뿐 아니라, 그 광란의 구조 속에서 재짜임을 가능하게 하고 심지어 유도한다. 형식성·추상성·단절성이라는 이러한 특징은 비디오게임과 같은 절차적 매체의 특징이기도 하며, 예술의 목적에 대한 바디우의 이해를 특징짓는 일종의 교란적 재조합을 허용한다. 그러므로 비디오게임은 자신이 순전히 상업적 오락 가치의 산물이라는 안정적 관점에 도전한다. 재미′은 특히 현저한 시뮬레이션 열병을 생산하는 게임의 특징이다.

재미에 대항해서

재미′이 작동하는 게임의 유용한 예시는 라프 코스터의 게임에서 찾을 수 있다. ≪라프 코스터의 재미이론≫이 출간되자, 가장 최근에 출시된 코스터의 게임 <스타워즈 갤럭시즈>의 여러 플레이어가 공개 포럼과 온라인 서점 리뷰에서 이 책에 대한 비난을 퍼부었다. 이들의 평가 대부분은

---

45) Alain Badiou, "Que pense le poème?" in *L'art est-il une connaissance?*, ed. Roger Pol Droit(Paris: Le Monde Editions, 1993), 221.

책이 아니라 코스터의 <스타워즈 갤럭시즈> 설계에 대한 반응이었다. 다른 여러 대규모 멀티플레이어 온라인 게임(massively multiplayer online game, MMOG)과 마찬가지로, <스타워즈 갤럭시즈>는 등장인물을 성공적으로 발전시키고 성장(MMOG 전문 용어로 "레벨" 또는 "레벨 업")시키는 데 필요한 엄청난 작업량으로 인해 비판받았다. 이러한 태도는 아마도 인기 웹사이트 슬래시닷(Slashdot.org)에 게시된 ≪라프 코스터의 재미이론≫ 리뷰에 달린 첫 번째 댓글로 가장 잘 요약될 것이다. "여러 <스타워즈 갤럭시즈> 플레이어들이 증언할 수 있듯이, 라프 코스터가 어떤 분야의 전문가라면 그것은 게임을 재미없게 만드는 방법이다."[46)]

니컬러스 두셰노, 로버트 J. 무어, 에릭 니켈은 <스타워즈 갤럭시즈>의 친목성(sociability)에 관한 그들의 분석에서 사회적 상호작용을 설계하려는 게임의 시도를 분석한다.[47)] 특히 <스타워즈 갤럭시즈>는 조지 루커스의 첫 번째

---

46) Http://books.slashdot.org/comments.pl?sid=138365&cid=11577246/.

47) Nicolas Ducheneaut, Robert J. Moore, and Eric Nickell, "Designing for Sociability in Massively Multiplayer Games: An Examination of the 'Third Places' of SWG," in *Other Players*, ed. Jonas Heide Smith and Miguel Sicart(Copenhagen: IT University of Copenhagen, 2004), http://www.itu.dk/op/papers/ducheneaut_moore_nickell.pdf/에서 이용 가능. 아래에서 논하는 바자회 판매와 통근의 연결성을 소개해

스타워즈 영화에서 처음 소개된 유명한 타투인(Tatooine) 술집[48]을 추상화한 칸티나 형태의 동네 술집을 재현하려고 시도했다. 두셰노와 동료들은 게임에서 칸티나가 수행하는 주요 기능을 다음과 같이 기술한다.

> <스타워즈 갤럭시즈>의 여러 도시에서는 … 항상 칸티나를 찾을 수 있다. 이러한 장소는 중요한 게임 기능을 한다. 실제로 그것은 "예능인(Entertainer)" 등장인물 클래스가 서비스를 수행할 수 있는 몇 안 되는 장소 중 하나다. 예능인들은 주로 칸티나에서 춤을 추거나 음악을 연주한다. 그리고 무용수의 춤을 보거나 음악가의 음악을 듣는 것이 "전투 피로"를 회복할 수 있는 유일한 방법이기 때문에, 대부분의 플레이어는 정기적으로 칸티나를 방문해야 한다.[49]

코스터와 그의 팀은 상처 입은 전투원들이 예능인에게 치료 서비스를 요청하는 동안 칸티나에 머물게 함으로써 휴식

준 저자들에게 큰 도움을 받았다.

48) [옮긴이] <스타워즈>의 타투인 행성에서 등장하는 술집으로, 라틴아메리카와 스페인에서 흔히 보이는 술집 유형인 칸티나의 형태를 취하고 있다.

49) 같은 책, 2.

시간(downtime)을 장려하기 위해 칸티나를 설계했다.[50] 하지만 예상한 대로, 여러 플레이어가 대화에 참여하기보다는 게임에 내장된 매크로(macro)를 사용해 자동으로 치료받았다. 두셰노와 동료들은 이들을 "기구적(instrumental)" 플레이어라고 부르며 치유와 대화를 위해 찾아오는 "사회적(social)" 플레이어와 대조한다. 연구진은 칸티나에서 일어나는 이러한 독특한 발언들에 대한 복잡한 양적 분석을 통해 다수의 플레이어가 칸티나를 전투에서 회복하기 위한 유틸리티, "전투 피로 드라이브 스루"처럼 사용한다는 점을 발견했다.

<스타워즈 갤럭시즈>는 예능인 외에도 비전투 직업에 전념하는 또 다른 등장인물 클래스로 장인(artisan)을 제공한다. 장인은 기술자이며, 갑옷 제작자, 건축가, 재단사, 드로이드 공학자 같은 직업으로 전직할 수 있다. 기본 아이템을 제작하려면 장인은 먼저 자원을 찾아 추출한 다음 도구를 사용해 공예품을 제작해야 한다. 완성된 제품은 전투 임무를 수행하는 데 방어구, 무기 등이 필요한 다른 플레이어에게 바자회를 통해 판매할 수 있다. 바자회는 <스타워즈 갤럭시즈>의 은하계 전체에 걸쳐 서비스를 제공하지만, 플레이어가 원할 때마다 접근할 수는 없다. 아이템을 구매하거나 판매하려면 플레이어는 <스타워즈 갤럭시즈> 도시 내에 있는 특수한 단말기에 접속해야 한다. 싸움꾼(brawler)과

50) Http://www.legendmud.org/raph/gaming/index.html/.

명사수(marksman)는 <스타워즈 갤럭시즈> 도시에서 자주 볼 수 있지만, 장인은 외딴 행성에서 자원을 찾거나 인공물을 조립하는 데 많은 시간을 보낸다. 그렇다면 장인들은 도시로 통근해 바자회에 자신들의 제품을 가져가야 한다. 마찬가지로 고객이 아이템을 구매하려면, 아이템을 수령하기 위해 해당 아이템이 판매되는 단말기로 이동해야 한다. 어느 경우든 장인의 물품은 플레이어가 은하계를 횡단하도록 장려한다. 그렇다면 칸티나와 마찬가지로 바자회는 어떤 측면에서 불필요한 플레이어 상호작용을 촉진하는 사회 공학 도구로 만들어졌다고 할 수 있다. 그런데 실제로 바자회에서 물건을 사고팔려면, 특히 장인들의 경우, 공허한 이동 시간이 많이 필요하다.

MMOG는 종종 게임으로 기능하는 만큼이나 사회적 공간으로 기능하며, 따라서 칸티나와 바자회를 설계상의 결함, 의미 있는 사회적 공간을 만들려는 노력의 실패라고 부르고 싶은 유혹이 인다. 치료와 무역에 필요한 지루하고 공허한 플레이는 놀이가 아닌 일을 에뮬레이션(emulate)하는[51] 것처럼 보이며, 슬래시닷의 전문가가 남긴 댓글 같은 반응을 끌어낸다. 이러한 반응은 재미가 게임의 첫 번째 원리이며, 게임으로서 <스타워즈 갤럭시즈>는 공허한 만족감을 제공해야 한다는 가정에서 주로 비롯된다.

---

51) [옮긴이] 한 체계에서 다른 체계를 복제하는 것을 뜻한다.

하지만 그 대신 우리는 <스타워즈 갤럭시즈>를 현대 사회의 특정 관행에 도전하는 게임으로 생각할 수도 있다. 사전에 프로그래밍된, 생각 없는 주절거림으로 가득 찬 칸티나는 익명의 공적인 여러 사회적 만남을 표상할 수 있지만, 특히 웨이팅 테이블(waiting table. 식사 시중)의 단위조작을 표상한다. 어원적으로 "웨이터(waiter)"는 시녀(lady-in-waiting)가 왕의 시중을 드는 것 같은 품위 있는 수행이라는 개념에서 유래했다. 그러나 좀 더 일상적인 용어로서 웨이팅 테이블은 배우나 학생이 다른 좀 더 "진지한" 경력을 추구하는 동안 식사 시중을 드는 것처럼 일종의 임시직, 구직 중에 임시방편으로 하는 일, 부업 혹은 아르바이트를 의미하기도 한다. 이러한 맥락에 비추어 볼 때, 판타지 은하계에서 웨이팅 테이블의 가상 등가물을 수행하기 위해 월정액을 내는 것은 다소 기괴하고 심지어 도착적으로 보인다. 그러나 웨이팅 테이블은 또한 그에 내장된 동기(직업 자체를 정당화하는 어떤 외적 목표를 매 순간 상기시키고 강화하는 것)를 제공한다.

그러한 외적 동기의 생산은 웨이터와 고객 사이 상호작용이 지닌 양가성(ambivalence)과 직접적으로 연결되는 것처럼 보인다. 비록 웨이팅 테이블은 어떤 사람들에게는 깊이 있는 대인 관계를 제공하는 만족스러운 직종일 수 있지만, 적어도 고급 레스토랑과 클럽 외부의 현대 신화에서 그러한 태도는 드물다. 실제로 술집, 카페, 레스토랑 밖에 있는 웨이터의 목표를 달성하는 데 필요한 웨이팅 테이블의 근본적 단위조작은 정확히 부재하는, 익명의, 심지어 의미 없는 단기적 대인 상호작용의 형태로 이루어질 수 있다. <스타워즈 갤럭시즈>는 그러한 경험의 정수를 제공할 수 있다. 칸티나 고객은 치유라는 기구적 필요를 충족하기 위한 수단으로 사용될 따름인 사전 프로그래밍된 단순 매크로에 의해서만 제어된다. 단순한 자동증(automatism)의 단위조작으로서, 만족할 때까지 동일한 진술을 하도록 프로그래밍된 로봇 고객보다 더 나은 설계는 거의 없다. 더 큰 문제는 웨이터처럼 <스타워즈 갤럭시즈> 예능인도 수입 대부분을 팁에 의존한다는 점이다.

혹자는 <스타워즈 갤럭시즈>의 예능인이 실제로는 냉소적이고 혹사당한 플레이어 유형, 게임 플레이 행위 자체의 실망스러운 본성을 드러내 다른 곳에서 만족을 찾도록 장려하기 위한 플레이어 유형인지 궁금해할 수 있다. 게임 내에서조차 예능인 등장인물의 플레이어는 자신이 맡은 특정 역할보다 넓은 목표에 의지할 수 없으며, 게임은 오락보다 넓은 꿈에 대한 호소를 제공하지 않는다. 역기능적인 웨이터-고객 관계의 단위조작에 주목함으로써, 칸티나는 성공이 희박한 현실 속 신진 예술가의 이상주의적 꿈에 대한 성찰로 이해될 수 있다.

칸티나가 예술가의 이상주의적 목표에 대한 <스타워즈 갤럭시즈>의 비판을 강조한다면, 바자회는 훨씬 더 광활한 현대 도시 생활의 허무함을 강조한다. <스타워즈 갤럭시

즈> 속 두 행성에서의 칸티나 방문 관행에 관한 연구에서, 두셰노와 동료들은 <스타워즈 갤럭시즈>의 설계가 머나먼 거리를 사이에 둔 넓게 분산된 활동 중심지들을 설정한다는 점을 관찰한다. 이들의 관찰에 따르면 플레이어 도시는 "'교외'에 고립되어 있다. 만약 플레이어들이 주요 도시의 각 칸티나에 가까운 (혹은 심지어 그 위에 있는) 고밀도 아파트들에 거주할 수 있다면, 방문 패턴은 아마도 달라질 것이다".[52] 칸티나에 도달하기 어려운 상황은 익명의 은하계를 가로지르며 유사한 여정을 거쳐야 하는 바자회 단말기로 확장될 수 있다.

<스타워즈 갤럭시즈> 플레이어가 "교외에 갇혀 있다"는 두셰노와 동료들의 관찰은 생산적이다. 공간적 확장이 게임 내 친목성을 높이기 위한 것이든 그렇지 않든, 칸티나를 방문하거나 구매한 인공물을 수령하기 위해 전체 항성계를 횡단하는 작업은 장거리 용무를 위한 단위조작이 된다. <스타워즈 갤럭시즈>는 간단한 작업을 완료하는 데 상당량의 통근을 요구한다. 대도시에 살고 있거나 살았던 경험이 있는 사람이라면 아주 간단한 일상적 용건에조차 수반되는 그 끔찍함에 친숙할 것이다. 예컨대 로스앤젤레스나 애틀랜타처럼 자동차 의존도가 높은 도시 거주자는 시내에서

52) Ducheneaut, Moore, and Nickell, "Designing for Sociability," 11-12.

단지 8킬로미터만 이동해도 어느 방향으로든 45분 동안 꽉 막힌 도로를 통과해야 할 수 있다. <스타워즈 갤럭시즈>는 거리를 무한대로 없앨 수 있는 가상 공간에서 텅 빈 통근을 재현함으로써 통근을 성공적인 상업주의의 전제 조건으로 강제한다.

종합하자면 <스타워즈 갤럭시즈>의 칸티나 및 바자회 문화는 특히 하나의 현실 세계 지시대상, 즉 남부 캘리포니아에 대한 단위조작으로 간주할 수 있다. 이 지역의 거대한 도시 스프롤 현상(urban sprawl)[53]과 저렴한 주거 공간의 부족(2005년 3월, 미국의 다른 지역에서 주택을 구매할 수 있는 사람은 전체 인구의 53퍼센트였던 데 반해, 로스앤젤레스에서는 17퍼센트에 불과했다)으로 인해 점점 더 많은 중산층 가정이 직장에서 점점 더 멀리 떨어져 살아야 했다.[54] 이와 더불어 로스앤젤레스, 샌버너디노, 오렌지 카운티, 샌디에이고는 전국에서 교통 혼잡이 가장 심해 장거리 통근에 대한 부담이 가중되고 있다.[55] 게다가 할리우드 영화 산업은 남부 캘리포니아에서 거대한 웨이팅 테이블 문화를 만들고 유지하는 데 도움을 주고 있으며, 웨이터와 웨이트리스는 2008년까지

---

53) Http://www.sprawlcity.org/hbis/index.html/.

54) Http://www.dailynews.com/Stories/0,1413,200~20950~2854247,00.html/.

55) Http://www.transact.orglca/congestion5.htm/.

예상되는 로스앤젤레스 카운티의 일자리 증가 상위 10개 직종에 속한다.[56] 2003년 소니온라인엔터테인먼트의 최고 크리에이티브 책임자로 임명된 라프 코스터는 <스타워즈 갤럭시즈>를 제작하기 위해 캘리포니아주 샌디에이고에 있는 본사로 자리를 이동했다.[57]

<스타워즈 갤럭시즈>를 현대 남부 캘리포니아의 삶에 대한 완전하고 정합적인 비판이라고 부르는 것은 부적절할 것이다. 하지만 이 게임의 두 가지 주요 설계 혁신인 칸티나와 바자회 단말기는 해당 지역에서 특히 두드러진 불만을 설득력 있게 표상한다. <스타워즈 갤럭시즈>는 혁명적 목표에 기여하는 예술 작품에 대한 벤야민의 갈망을 충족하지는 못할지도 모르지만, 본연의 역할이라고 추정되는 오락 소프트웨어를 넘어 사회적 논평이 되었다. 사회 구조를 표상한 게임 속 핵심 단위조작을 통해 플레이어가 그것에 관한 새로운 지식을 얻는 이런 유형의 경험은 코스터에게 여전히 "재미"로 여겨지겠지만, 이는 내가 재미′이라고 부르는 종류의 도착적 재미다. 이제 <스타워즈 갤럭시즈>와 같은 비디오게임이 플레이어에게 장려하는 종류의 비판적 조사에 적절한 이름은 재미도, 재미′도 아니라는 점이 분명해져야 한다. 비디오게임에 그것이 지닌 사회적 비판으로서의 잠재력을

---

56) Http://www.calmis.ca.gov/FILE/OCCPROJ/laF&G.htm/.

57) Http://www.legendmud.org/raph/whatsnew.html/.

생각 없는 시간 때우기로서의 잠재력과 공유하도록 강요하는 것은, 플레이어의 시뮬레이션 열병이 지닌 힘을 게임 자체에 제약하고 그 불안이 일상에서 발휘되지 않게 할 따름이다.

09
시뮬레이션 간극

일부 포스트구조주의 전략과 마찬가지로 단위분석은 특히 반응과 관련이 있으며, 이 경험의 핵심은 단위조작들과 주관성이 만나는 지점에서, 즉 시뮬레이션 열병의 위기 속에서 발생한다. 하지만 비디오게임은 여기서 더 나아가 플레이어 반응의 중요성을 급진적으로 증가시킨다. 에스펜 올세트는 ≪사이버텍스트≫에서 이 점을 지적한다.

> 사이버텍스트 개념은 매체의 복잡성을 문학적 교섭에서 필수적인 부분으로 상정함으로써 텍스트의 기계적 조직에 초점을 맞춘다. 그러나 독자-반응 이론가들이 주장하는 것보다도 더 통합적인 상으로서 그것은 텍스트의 소비자 혹은 사용자에도 주목한다.[1)]

그러나 독자-반응 이론가, 해체주의자, 그 외 포스트구조주의자들이 '독자'의 입장을 우선시하는 반면, 올세트의

---

1) Aarseth, *Cybertext*, 1.[류현주 옮김(2007). ≪사이버텍스트≫. 글누림.]

사이버텍스트는 '작품'의 입장을 우선시한다. 올세트에 따르면 사이버텍스트는 "표현의 다양성을 생산하는 기계다".[2] 독자-반응 비평은 텍스트를 풀어내는 일과 관련해 사이버텍스트 비평과 몇몇 동일한 특성을 공유하며, 둘 다 독자 또는 플레이어의 지속적 반응과 인지 기능에 초점을 맞춘다. 독자-반응 규정에서 텍스트의 의미는 설령 텍스트가 독자의 독해를 "제약"할 수 있더라도 텍스트가 아니라 독자의 생산물이다. 예를 들어 비평가 볼프강 이저의 독자-반응 개념에서 텍스트는 이정표처럼 독자의 경험을 제어하지만 독자가 채워야 하는 "간극"을 남긴다. 롤랑 바르트의 "저자의 죽음" 개념은 독자가 저자성의 제한에 얽매이지 않고 텍스트에 접근할 수 있게 해 준다.[3] 해체주의는 텍스트적 의미작용을 순수하게 관계적인 요소들로 해체해 이러한 요소들 간 풀릴 수 없는 상호관계를 매개하는 지속적인 주체적 노력의 과정이다. 이 모든 접근법에서 해석은 특수한 관점에서 텍스트를 불러내는 과정이 되며, 독자를 포스트구조주의 비평의 중심상으로 만든다.

사이버텍스트에 관한 올세트의 설명에서 여전히 독자(혹은 사용자, 플레이어)는 핵심적이다. 사이버텍스트와 상호

---

2) 같은 책, 3.

3) Barthes, "The Death of the Author," in *Image, Music, Text*, 142-148 참조.

작용하는 과정에서 "사용자는 기호학적 시퀀스를 발생시킬 것이며, 이러한 선택적 움직임은 '독해'에 대한 다양한 개념이 설명하지 못하는 물리적 구성의 작업이다".[4] 그러나 바로 이러한 "작업"이 텍스트를 "에르고딕"으로 규정한다. 비록 올세트는 사이버텍스트가 독자-반응 비평이 텍스트의 사용자에 초점을 맞추는 것을 '넘어선다고' 주장하지만, 그는 바르트를 따라 이러한 사용 특성을 다시 작품 자체로 돌려보낸다. 올세트에게는 에르고딕 '문학'이 있을 따름이며, 이는 에르고딕 경험이나 에르고딕 만남이 아니다.[5] 사이버텍스트 경험에서 사용자는 결코 사라지지 않지만, 올세트는 에르고딕 경험의 초점을 사용자에게서 텍스트로 옮긴다.

위에서 인용한 구절 바로 뒤에 올세트는 사이버텍스트를 "기계적 부품들 간 기능적 차이가 미적 과정을 결정하는 데 결정적 역할을 하는 다양한 종류의 문학적 소통 체계"로 특징짓는다.[6] 사이버텍스트는 사용자와 기계 사이의 사이버

4) Aarseth, *Cybertext*, 1.[류현주 옮김(2007). ≪사이버텍스트≫. 글누림.]

5) 경험의 개방성을 독자의 특성이 아니라 작품의 특성이라는 측면에서 설명하는 바르트의 쓰기 텍스트(writerly text) 개념과 비교하라. Barthes, *S/Z*, 4-5.[김웅권 옮김(2015). ≪S/Z: 1970 et 1976≫. 연암서가.]

6) Aarseth, *Cybertext*, 22.[류현주 옮김(2007). ≪사이버텍스트≫. 글누림.]

네틱스적 피드백 고리를 함의하지만,[7] 올세트는 주로 이러한 사이버네틱스적 관계의 체화를 그가 텍스트적 형식에 관한 "관점"이라고 부르는 것의 특성으로 간주한다.[8] 올세트에 따르면 이러한 사이보그 관계는 "일종의 기계, 즉 기호, 조작자, 매체의 공생"이다.[9] 사이버텍스트 이론은 이 세 가지 구성요소의 필수 불가결성을 고려하는 텍스트 접근 양태를 열어 준다. 그러나 그렇게 함으로써 사이버텍스트 이론은 사용자의 개별적 주관성이 지닌 중요성을 약화(undermining)할 위험도 지게 된다. 캐서린 헤일스는 사이버텍스트 이론에 대한 마르쿠 에스켈리넨의 접근법에 응답하며 그것이 하나의 최상위 매체로 개별 매체를 생략하는 방식에 주목한다.

> 모든 기능주의 이론과 마찬가지로 사이버텍스트 이론은 기능에 기반한 견본을 만들기 위해 물질성을 배제하고, 일반적으로 이러한 기능이 특수한 매체로 사례화되는 방식을 외면한다. 사이버네틱스는 복잡한 생리적·생물학적 과정을 "기능"으로 환원한 다음 생물학적 유기체와 기계가 동일한 기능을 수행하기 때문에 둘 사이에 본질적인 차이가 없다고 주장하면서 이와 거의 동일한 움직임을

7) 같은 책, 19.

8) 같은 책, 18.

9) 같은 책, 55.

보였다. 올세트와 에스켈리넨은 "물질"이라는 단어를 빈번히 사용하지만, 사이버텍스트 이론은 컴퓨터로 생성된 텍스트, ≪주역≫, 인쇄 소설 사이의 물질적 차이를 대체로 무시하기 때문에 중요한 의미에서 매우 비물질적이다. 물론 그렇게 함으로써 얻을 수 있는 일반성은 이론으로서 그것이 가진 힘을 설명한다. 그러나 만약 독해 실천의 특정성, 개별 텍스트에 대한 사용자 또는 독자의 반응, 다른 종류의 텍스트들이 가져올 수 있는 미묘하게 다른 효과들을 설명하고자 한다면 매체들 간 물질적 차이가 문제가 되며, 이는 매우 중요하다.[10]

헤일스가 사이버텍스트 이론이 물질적 특정성을 약화한다고 보는 것처럼, 나는 그것이 주관적 특정성을 약화한다고 본다. 계산 전략으로서 단위조작은 추상적이고 형식적인 용기 안에 세계에 대한 표상을 체화한다. 이 단위체는 이데올로기가 전혀 없는 익명의 상이 아니다. 사이버텍스트를 이해의 양태, "관점"으로 생각하면 개별 사용자 경험의 피드백 고리를 닫을 위험이 있다. 극단적으로 보자면 사이버텍스트 이론은 작품의 주관적 사용에 따른 모든 단계적 차이를 짜임이라는 공통적 역할을 위해 포기하는 체계조작이 된다. 이러

10) N. Katherine Hayles, "What Cybertext Theory Can't Do," *Electronic Book Review*, http://www.altx.com/ebr/riposte/rip12/rip12hay.htm/.

한 이유로 플레이어 경험에서 게임 규칙들이 표현되는 방식을 탐구하는 것은 아마도 게임 비평이 할 수 있는 가장 중요한 작업일 것이다.

대부분의 게임이 "재미"에 초점을 맞춘 상업적 작품이고 비평적 호평보다는 상업적 성공 여부로 평가된다는 점에서 대중매체의 비평은 주관성의 최소 공통분모인 플레이어의 향유에 초점을 맞추는 경향이 있다.[11] <9월 12일>과 같은 게임은 시뮬레이션 열병을 고조하고, 이로 인해 다른 종류의 게임보다 비평하기가 더 쉬워진다. <9월 12일> 출시 후 게임 설계자 그레그 코스티캔은 자신의 개인 웹로그에 격앙된 반응을 올렸다.

> 승리 조건은 없다. 기본적으로 모든 사람이 죽고 도시가

---

11) 현재의 게임 비평이 제공하는 유일한 실질적 오묘함은 장르 구분이다. 게임 비평가들은 <테트리스>와 같은 퍼즐 게임을 <헤일로(Halo)>와 같은 일인칭 슈팅 게임의 관점에서 리뷰하지 않는다. 그러나 이러한 구분은 비평 자체보다 한 수준 위에 있다. 즉 그것은 게임을 플레이하기 이전의 플레이어가 지닌 주관적 사전 개념화에 관한 것이며, 게임을 플레이하는 와중에 플레이어가 지니는 전제에 관한 것이 아니다. 영화가 대체로 유사한 종류의 대중적 비평에 의해 좌우되는 상업적 매체인 것도 참이다. 그러나 영화 비평의 오묘함은 게임 비평의 오묘함을 훨씬 능가하는데, 이는 대체로 상업적인 게임 내용의 동질성과 위험에 대한 게임 업계의 높은 불호에 기인한다.

> 잿더미로 변할 때까지 계속하거나, 아니면 당신이 지루해져서 넷핵이나 다른 게임을 하러 갈 때까지 모두가 도시를 걸어 다닐 뿐이다.
> 이제 … 이해했다. 테러리스트들은 사악한 서구 제국주의자들이 무차별적인 미사일 공격으로 그들과 이웃 국가의 절반을 파괴하기 전까지는 걸어 다닐 뿐인 지극히 평화로운 사람들이다.[12]

테러리스트는 게임 내에서 실제 테러를 수행하지 않는다. 이들은 외견으로 식별되지만, 테러 행위는 시뮬레이션에서 생략된다. 코스티캔의 반응은 셰리 터클이 말한 시뮬레이션 거부 사례의 가능성을 시사한다. 코스티캔의 우려는 이러한 표상에 대한 그의 불편함에서 비롯한다. 결국 테러리스트는 단순히 무고하게 "걸어 다니지" 않는다. 그러나 이 시뮬레이션 모델은 테러에 대한 반응에 초점을 맞추기 위해 실제 테러 활동은 배제한다.

앞서 나는 시뮬레이션이 배제하는 것이 시뮬레이션이 포함하는 것 못지않게 중요하다고 이야기했다. 이 경우 코스티캔은 테러리즘을 이렇게 일방적인 방식으로 논할 수 없다는 전제를 바탕으로 반응하고 있다. 현재의 사례에서 이러한 반

---

12) Http://www.costik.com/weblog/2003_10_01_blogchive.html#106548725908817670/.

응은 개인적이고 심리적인 것일 수 있다. 코스티캔은 세계무역센터가 있던 곳에서 한 블록 떨어진 곳에 살고 있으며, 9·11 사건에서 자기가 겪은 경험에 관한 자세한 개인적 이야기를 공개하기도 했다.[13] 이것이 코스티캔이 <9월 12일>에 그렇게 분노에 찬 반응을 보인 이유일지도 모른다. 코스티캔은 시뮬레이션 열병을 노골적으로 드러내고 있다. 코스티캔은 게임에 테러 행위를 렌더링하지 못하는 시뮬레이션의 실패가 일종의 수정주의, 테러는 실제로 일어난 적이 없다는 수정주의라는 가정을 세운다. 코스티캔이 말하기를,

> 그러나 제작자들처럼 이것을 "시뮬레이션"이라고 부르는 것은 정말 가당찮은 짓이다. 무엇의 시뮬레이션인가? 연구는 한 것인가? 어떤 체계를 시뮬레이션한 것인가? 고찰에 어떤 지적 깊이가 있나? 요점은 무엇인가? 그리고 제작자들은 자신들이 세우려 하는 요점으로 인해 자신들이 우쭐대는 우월감에 찬 멍청이처럼 보인다는 점을 생각하긴 했을까?[14]

만약 시뮬레이션 열병이 소스 체계에 대한 생략과 포함 그리고 그러한 결단에 대한 플레이어의 주관적 반응 사이의

13) 같은 곳.

14) 같은 곳.

분투라면, 코스티캔의 입장은 그가 얼마나 심각한 열병에 걸린 상태인지 보여 준다. 이것은 비평이 아니다(시뮬레이션 열병은 생리학보다는 정신분석학의 영역에 더 가까운 상태다). 코스티캔은 게임의 단순성에 이의를 제기한다. 예를 들어 이 게임은 테러 활동의 배후에 있는 전 세계 금융 네트워크를 모델링하지 않으며, 그러한 테러를 발생시키는 복잡한 종교적·역사적 배경을 모델링하지 않는다.

그 대신 게임이 모델링하는 것은 (인정컨대 단순한 방식이긴 하지만) 9·11 테러에 대한 서구의 반응 방식이 이러한 다른 모든 조건을 무시하고 군사적 파괴라는 단순성으로 회귀하는 데 만족하는 듯하다는 점이다. 이 게임의 논증은 테러와 테러에 대한 국가의 대응이 지닌 정치적·역사적 맥락이라는 체계를 방아쇠 버튼 누르기라는 단일한 단위조작으로 대체하는, 정치적·역사적 맥락에 대한 고찰의 실패를 포함하는 것으로 해석할 수 있다.

몇몇 <9월 12일> 플레이어는 시뮬레이션 열병 상태를 더 잘 헤쳐 나간다. 또 다른 플레이어는 자신과 시뮬레이션 열병의 조우에 관해 다음과 같은 다소 오묘한 설명을 제공한다.

> 흥미롭게도 … 처음에는 "와, '사소한' 것 하나를 말하기 위해 이렇게 많은 작업을 거쳐야 한다니"라는 생각이 먼저 들었다. 그러자 저자들이 시도하고자 했던 바는 그

> 런 것이 아니라는 생각이 들었다. 그랬더니 나는 저자가 무엇을 하려 했는지 반드시 신경 쓸 필요는 없으며, 그것을 나와 더 관련 있는 나 자신의 맥락과 어떻게 조합하는지가 더 중요하다는 사실에 관해 생각하게 되었다. 그러자 나는 단순한 시뮬레이션조차 사설이나 만화 같은 정적 텍스트나 시각적 표현과는 다른 방식으로 내가 의미를 만들어 내는 데 적극적으로 참여할 수 있는 여지를 제공한다는 점을 깨닫게 되었다. 그랬더니 나는 이러한 문제에 관해 더 깊이 생각하게 되었다.[15]

이 플레이어의 관점에서 볼 때, 게임을 플레이하는 다양한 방식과 시뮬레이션 효과의 다양한 주관적 체화는 더욱 풍부한 경험을 시사한다. 이 플레이어가 묘사하는 경험의 핵심은 시뮬레이션의 사실성이 아니며, 국제 정치에 관한 검증되고 국제적으로 통용되는 일련의 모델과 시뮬레이션의 상응 여부가 아니다. 그 대신 그러한 경험의 가치는 시뮬레이션의 규칙들에 대한 여러 주관적 경험이 서로에 대항해서 발휘되도록 허용하고자 하는 플레이어의 의지에서 직접적으로 비롯한다. 이러한 비결정성의 결과는 의미작용의 실패가 아니라 논쟁에 대한 성찰이다. <9월 12일>의 주제와 단순성은 시

---

15) Http://www.gamegirladvance.com/archives/2003/09/29/news gaming_september_12.html/.

뮬레이션 열병에 관한 몇 가지 교훈을 제공한다.

첫째, 단위조작은 편향되어 있다. 아리스토텔레스를 기점으로 보편자는 이성을 통해 접근할 수 있는 인간 경험 내부의 표상으로 여겨져 왔다. 컴퓨터의 편재성과 그 믿기 힘든 계산 능력 때문에 우리는 종종 컴퓨터가 초월적 형식주의가 아니라 인간 표상의 형식을 사용한다는 점을 잊어버리고는 한다. 폰 노이만의 조건 제어 전송 이후, 계산의 표상적 힘은 마치 구조주의가 언어학적 분석이 수행할 수 있는 표상의 형식 수를 늘렸듯 컴퓨터가 수행할 수 있는 표상의 형식 수를 늘렸다. 표상을 덜 캡슐화된 형태에서 더 캡슐화된 형태로 전환할수록 그 표상을 둘러싼 논란이 증가한다. 때때로 <9월 12일>에서처럼 이러한 증가가 즉시 나타나기도 한다. <9월 12일>에는 단 하나의 플레이어 규칙이 존재한다. 즉 플레이어는 쏘거나 쏘지 않을 수 있다. 그런데 이 게임에는 몇 가지 추가 시뮬레이션 규칙이 내장되어 있다. 예를 들어 미사일은 의도한 것보다 더 많은 것을 파괴할 수밖에 없는 정밀하지 않은 무기다. 또한 미사일이 발사되는 시점과 표적을 타격하는 시점 사이에는 시간 지연이 강제되며, 이 지연 시간 동안 테러리스트는 장소를 옮기고 그 자리가 무고한 시민으로 대체될 수 있다. 종합하자면 이러한 규칙들은 현재 미국 외교 정책에 대한 고도로 캡슐화된 단위조작에 기여한다. 다른 경우에는 증가가 억제된다. 이데올로기는 식별하기 더 어렵고, 해석에 더 많은 작업이 소요된다. <테트리

스>는 이 범주에 속하며, <스타워즈 갤럭시즈>를 비롯한 여러 상업 비디오게임도 마찬가지다.

둘째, 시뮬레이션 열병을 구성하는 단위조작들과 주관성 사이 변증법은 게임에 내적인 것이 아니라 외적인 것이다. 즉 모든 게임에는 게임 자체를 파계하는(transgress) 일종의 주관적 체화가 수반된다. 몇몇 게임에서는 이 파계를 매우 쉽게 추적할 수 있다. <테트리스> 같은 게임에서는 그것 역시 추적하기 쉽지 않으며, 따라서 재닛 머리의 <테트리스> 해석은 <9월 12일>에 대한 어떤 반응보다도 즉각적으로 신빙성을 얻지는 않는다.

마술적 원 속 간극

놀이 이론가 요한 하위징아는 그가 '마술적 원'이라고 부르는 구조, 즉 안전한 놀이 공간에 관해 기술했다. "경기장, 카드 테이블, 마술적 원 … 모두 형식과 기능 면에서 놀이터 즉 금지된 장소, 고립되고 둥글게 울타리가 쳐진 신성한 곳이며, 그 안에서는 특별한 규칙들이 적용된다. 모두 일상세계 안에 있는 일시적인 세계들로, 각기 떨어진 행위(act apart)를 수행하는 데 전념한다."[16] 이 "각기 떨어진 행위"가 벌어지

16) Huizinga, *Homo ludens*, 10.[이종인 옮김(2018). ≪호모 루덴스≫.

는 동안 마술적 원은 혼란스러운 세계 속에 예측 가능성과 질서가 있는 장소를 묘사한다. 마술적 원이라는 상은 게임에 관한 현대적 논의에서 널리 사용되어 왔으며, 종종 게임의 안전성에 관한 주장의 전조가 된다. 게임 설계자 크리스 크로퍼드는 컴퓨터게임의 네 가지 특징으로 '표상', '상호작용', '갈등', '안전성'을 꼽으며 마술적 원의 형태를 언급한다.[17] 크로퍼드는 이 중 마지막 특징을 신중하게 설명한다. "게임은 갈등과 위험에 관한 심리적 경험을 제공하는 동시에 그 물리적 실현을 배제하는 술책이다. 요컨대 게임은 현실을 안전하게 경험하는 방법이다."[18]

그러나 모든 게임이 이데올로기적이고 외적으로 주관적이라면, 마술적 원은 적어도 완전히 신성하고 고립된 안전한 장소로서의 지위를 유지할 수 없다. 나는 하위징아와 크로퍼드 모두 게임이 작동하는 방식을 설득력 있게 그려 낸다고 생각한다. 그러나 마술적 원에 관한 우리의 이해를 조정할 필요가 있다.

하위징아는 놀이의 주제를 다소 광범위하게 다룬다. 하위징아에게 놀이란 공동의 비밀이 현재 상황에 균열을 일으키는 문화적 생산과 변형의 행위다. 사실 하위징아는

연암서가.]

17) Crawford, *The Art of Computer Game Design*, chapter 1.

18) 같은 곳.

주로 게임이 중단된 후에도 그러한 놀이 활동이 존속하는 방식에 관심을 둔다. “예외적 상황 속에서 ‘함께 떨어져(apart together)’ 있다는 느낌, 중요한 무언가를 공유한다는 느낌, 세계의 나머지로부터 서로 물러나 통상적 규범을 거부한다는 느낌은 개별 게임의 지속을 넘어서 그 마술을 유지한다.”[19] 이는 게임 세계의 마술적 원이 물질세계로 파열되지만 완전히 사라지지는 않음을 시사한다. 마술적 원에 관한 그러한 이해는 놀이 공간이 안정된 내부와 외부를 가지고 있다는 개념을 깨뜨린다. “게임을 하고 있거나 그렇지 않거나” 라는 생각이나 게임이 물질세계와 극명하게 대조되는 “인공적 공간”을 제공한다는 생각은 마술적 원에 관한 새로운 이해에 비추어 수정될 필요가 있다.[20]

하위징아는 놀이를 “시간과 장소의 일정한 고정된 제한성 내에서, 자유롭게 수용되지만 절대적 구속력이 있는 규칙들에 따라 실행되는 자발적인 활동 또는 점유로, 그 자체로 지향성이 있고 긴장, 즐거움의 느낌 그리고 ‘일상생활’과 ‘다르다’는 의식을 동반하는 것”으로 정의한다.[21] 다른 곳에

---

19) Huizinga, *Homo ludens*, 10.[이종인 옮김(2018). ≪호모 루덴스≫. 연암서가.]

20) 게임 설계자이자 연구자인 에릭 지머먼은 1999년 제넬 포터와의 인터뷰에서 이 두 가지 특징을 모두 설명했다. http://www.artistsspace.org/exhibitions/1999/searchers99/sept99.html/에서 이용 가능.

서 하위징아는 놀이가 "'현실' 생활에서 '벗어나' 그 자체의 성향을 지닌 일시적 활동 영역으로 나아가는 것"이라고 말한다.[22] 그러므로 시공간적으로 유한한 객체로서 놀이의 마술적 원은 입구와 출구, 게임의 플레이어가 게임 세계와 현실 세계 사이를 오갈 수 있게 하는 경계 속 교란, 실제 문화 생산이 이루어지는 다리를 함의한다. 그렇다면 게임은 편향되지 않은 활동이라기보다는 일상적 삶의 실천에 대한 미셸 드 세르토의 착상과 훨씬 더 유사한 입장을 점한다. 이 착상에서 개인과 집단의 행위는 국가주의자와 상업 구조에 의해 상실된 자율성을 되찾을 수 있다.[23]

앞서 나는 게임과 시뮬레이션의 차이를 특징짓는 크리스 크로퍼드와는 대조적으로 주관적 표상과 객관적 표상 사이에는 구별이 없다고 주장했다. 객관적 시뮬레이션은 신화인데, 게임은 이데올로기라는 짐을 실어 나를 수밖에 없기 때문이다. 마술적 원도 마찬가지다. 게임은 완전히 고립된 채로 세계 밖에 서 있는 것이 아니다. 게임은 플레이어와 플레이어의 관념들이 양방향으로 게임에 들어오고 나갈 수 있는

---

21) Huizinga, *Homo ludens*, 28.[이종인 옮김(2018). ≪호모 루덴스≫. 연암서가.]

22) 같은 책, 8. 강조는 저자.

23) Michel de Certeau, *The Practice of Everyday Life*, trans. Steven Rendall(Berkeley: University of California Press, 2002) 참조.

양방향 통로를 제공해 양방향으로 게임의 잔여물을 가져가거나 남기고 갈 수 있게 한다. 마술적 원에는 플레이어가 게임 공간 안팎으로 주관성을 실어 나르는 간극이 있다. 만약 마술적 원이 정말로 세계와 대척점에 있는 고립된 무언가라면, 접근이 전혀 불가능할 것이다.

크리스 크로퍼드가 '안전성'이 게임의 핵심 특징이라고 주장할 때, 그는 하위징아의 마술적 원이 말하는 안전성과는 다른 종류의 안전성을 가리킨다. 크로퍼드는 게임 내 행위의 귀결이 현실 세계로 '유사하게' 파급되지 않는다고 시사한다. 크로퍼드에 따르면,

> 플레이어는 종일 몬스터를 날려 버릴 수 있지만, 자신의 시간만 위험에 빠뜨릴 따름이다. 플레이어는 자신의 통장을 위험에 빠뜨리지 않으면서 막대한 재산을 모았다가 한 시간 만에 잃을 수 있다. 플레이어는 피 한 방울 흘리지 않고도 대군을 이끌고 국가의 운명이 걸린 절박한 전투에 참여할 수 있다. 끊임없는 원인과 결과, 비극적 연결고리와 불가피한 귀결의 세계에서 행위와 그 귀결을 분리하는 것은 게임의 매력적인 기능이다.[24]

크로퍼드는 플레이어가 게임 내에서 생산된 행위의 귀결

---

24) Crawford, *The Art of Computer Game Design*.

로부터 안전하다고 주장하는데, 이는 그것이 현실 세계에 반영되지 않기 때문이다. 크로퍼드는 플레이어가 패배했을 때 자존감이나 보상을 잃는 것처럼 게임이 가져오는 현실 세계의 다른 귀결을 인정하기는 한다. 그러나 내가 보기에 크로퍼드의 정의에 따를 때 플레이 도중 또는 플레이한 지 한참 지난 뒤 변화된 플레이어의 정신 상태가 안전하지 않을 수 있는 특징으로 간주될지는 명확하지 않다. 예를 들어 크로퍼드가 특별히 언급한 자존감 상실은 플레이어를 분노에 빠뜨릴 수 있다. 이 결과는 게임의 안전한 기능인가?

모든 게임은 관념을 전달하며, 그러한 관념은 주관적 조사 과정과 변화된 정신 상태를 주입할 수 있다. 소크라테스에서 마오쩌둥에 이르기까지 문화 작품이 가져오는 진지한 귀결의 역사는 세계 문명에서 알아차려지지 않은 채로 넘어간 적이 없다. 비디오게임은 매체 효과 논쟁의 정당성과는 별개로 표상적 폭력·혐오의 효과와 관련해 상당한 논란을 불러일으켰다. 최근 플로리다에서는 베스트셀러 게임 <그랜드 테프트 오토: 바이스 시티(Grand Theft Auto: Vice City)>에 아이티인에 대한 명예훼손성 발언이 있다는 혐의가 시위[25]와 혐오 범죄 수사로 번지기도 했다. 그러한 역사적 궤적의 참가자들에게 게임이 안전한 표상의 안식처라고 생각하는 것

---

25) "Haitians Protest Game at WalMart," *Miami Herald*, December 15, 2003, http://www.miami.com/mld/miamiherald/7492312.htm/.

은 소박한 발상이며, 그렇게 되기를 바라는 것도 마찬가지다. 하위징아 자신은 나치 포로 생활 중 마술적 원에 관해 글을 썼고, 결국 나치의 손에 의해 생을 마감했다.

크로퍼드의 정의는 좀 더 오묘하게 읽힐 수도 있다. 게임은 현실을 안전하게 경험하는 방법을 제공한다. 하지만 게임이 끝난 이후 플레이어가 마술적 원 속 간극을 지나 자기 정신의 진실성(sincerity)으로 들어갈 때 그 안전성이 반드시 유지되는 것은 아니다. 게임은 실제로 플레이어가 자신의 행위로 인한 모든 물리적 귀결을 피할 수 있는 보호된 공간을 제공한다. 그러나 마술적 원이 세계와 연결되려면 마술적 원은 밀폐된 것이어서는 안 되며, 게임 세계와 현실 세계가 서로 넘나들 수 있는 돌파구를 가지고 있어야 한다. 이러한 상호작용의 잔여물은 두 영역을 모두 감염시켜 앞서 내가 시뮬레이션 열병이라고 부른 것, 현실 세계의 한 부분에 대한 게임의 단위조작적 표상과 그 표상에 대한 플레이어의 주관적 이해 사이 상호작용으로 인한 신경질적인 불편함을 유발한다. 하위징아는 현대 사회에서 놀이가 거의 전적으로 스포츠, 단순한 오락의 영역으로 전락했다는 사실을 개탄했다. 시뮬레이션 열병이라는 관념은 진지함을 다시 놀이로 끌어들이고, 게임이 단순한 휴식과 기분 전환을 제공하기보다는 복잡한 인간 조건을 드러내고 탐구하는 데 도움이 된다는 점을 암시한다.

4부

설계에서 짜임으로

10
복잡한 네트워크

복잡 적응계 이론은 수학자 레온하르트 오일러[1]와 폴 에르되시[2]의 그래프 이론 연구, 사회학자 스탠리 밀그램[3]과 마크 그래노베터의 사회적 네트워크 연구 등 자연과학과 사회과학이 혼합된 이론이다.[4] 복잡성은 카오스 이론, 인공 생명, 계산, 유전학, 인간 체계 그리고 기타 여러 분야에 영향을 미치며, 창발의 패턴에 초점을 맞춘다는 특징이 있다. 스티븐 울프럼의 세포 자동자와 마찬가지로 복잡한 체계는 적응과 창발을 통해 자기 조직하며, 분리된 단위조작들은 구조화된

---

1) Leonhard Euler, *Introduction to Analysis of the Infinite*, books I and II, trans. John D. Blanton(New York: Springer, 1988) 참조.

2) Paul Erdős, Ronald L. Graham, and Jaroslav Nesetril, eds., *The Mathematics of Paul Erdős*(New York: Springer, 1996) 참조.

3) Stanley Milgram, "The Small World Problem," *Physiology Today* 2(1967): 60-67.

4) Mark Granovetter, "The Strength of Weak Ties," *American Journal of Sociology* 78(1973): 1360-1380.

체계를 만들기 위해 합쳐진다.

복잡성 이론은 질 들뢰즈와 펠릭스 가타리의 저작, 특히 자본주의와 정신분열증이라는 한 쌍에 관한 두 번째 저서 ≪천 개의 고원(A Thousand Plateaus)≫, 좀 더 구체적으로는 '리좀(rhizome)' 개념과 '노마디즘(nomadism)'의 실천에 접근하기 위한 틀을 제공한다.[5] 리좀은 1990년대의 새로운 전자 하이퍼텍스트를 이해하는 데 잠재적으로 유용한 장치로서, 이후에는 인터넷에 대한 설득력 있는 이론적 모델로서 급격한 인기를 얻었다.[6] 그 이후로 이론가·비평가·예술가는 ≪천 개의 고원≫을 디지털과 가상현실/설치 등 다양한 전자 예술을 창작하거나 분석하기 위한 이론적 틀로 활용했다.[7] 들뢰즈와 가타리의 접근법은 디지털 매체 비평·실천과 역사적으로 밀접한 관계를 맺어 왔지만, 그들의 접근법과 단위조작의 접근법 사이에는 중요한 차이들이 놓여 있다.

들뢰즈와 가타리는 자신들의 저작을 통틀어 함께 그리고

---

5) Gilles Deleuze and Félix Guattari, *A Thousand Plateaus*, trans. Brian Massumi(Minneapolis: University of Minnesota Press, 1987), 3-10, 351-400.[김재인 옮김(2003). ≪천 개의 고원≫. 새물결.]

6) 예를 들어 Stuart Moulthrop, "Rhizomes and Resistance: Hypertext and the Dreams of a New Culture," in *Hyper/Text/Theory*, ed. George Landow(Baltimore: Johns Hopkins University Press, 1994) 참조.

7) 이와 관련해 흥미로운 것은 자기 참조형 리조맷(Rhizomat)이다. http://www.bleb.net/rhizomat/ 참조.

개별적으로 광인, 방랑자, 기계적 연결에 지속적으로 흥미를 보였다. 들뢰즈와 가타리는 스티븐 울프럼과 마찬가지로 인간 사유의 주요 영역을 질서 짓는 원리들을 비판한다. 그러나 울프럼이 과학 일반을 수정하고자 할 때, 들뢰즈와 가타리는 특정적으로 인문과학을 수정하고자 한다. ≪천 개의 고원≫에서 두 사람은 의미의 기본 개념들, 특히 주체·신체·언어를 둘러싼 개념들을 뒤흔들려 한다. 이를 위해 그들은 정신분석학, 생리학, 기호학이라는 세 가지 의미 형성의 골리앗을 무너뜨리고자 한다. ≪천 개의 고원≫은 개인이 그러한 체제들에 반대할 수 있게 하는 "해방 전략"을 제안한다. 이를 위해 들뢰즈와 가타리는 의미의 통합성들을 교란하고 그것들을 특이한 의미 상태들의 회집체로 대체하는 데 집중한다.

≪천 개의 고원≫의 두 가지 개념, 즉 '리좀'과 '노마디즘'은 해석과 응용에서 특히 핵심적이라는 점이 증명되었다. 리좀은 식물 성장 모델로, 위계적 뿌리 대신 위계적이지 않은 덩이줄기에 의해 성장이 확산한다. 들뢰즈와 가타리는 리좀을 교훈적 대상으로 사용하는 동시에 이후의 분석을 위한 이론적 모델로 사용한다. 들뢰즈와 가타리는 방대하면서 다소 바로크적인 체계를 구축해 수많은 격앙된 용어들을 둘러싸고 그들의 분석 기계장치를 구동한다. 전반적으로 들뢰즈와 가타리는 리좀적 구조 내 존재자의 자유 형식 운동을 기술하는 전문 용어를 추가하며 리좀을 확장한다. 그들이 이 논리

에 붙이는 이름 중 하나는 '노마디즘'이다.[8)]

소수의 국지적 지역에 정착해 확장하지 않고 여러 지역을 이동하는 아시아 대초원 부족의 유목 생활 방식에서 유래한 들뢰즈와 가타리의 노마디즘 개념은 신체와 신체 사이의 자유 형식 끌림의 논리인 리좀의 조작을 캡슐화한다. 들뢰즈와 가타리는 노마드 공간과 상태 공간(state space)을 대립시키는데, 전자는 "매끈하거나" 개방적인 반면 후자는 "홈이 파여 있거나" 그리드에 고정되어 있다. 상태 공간은 문화적이든, 종교적이든, 성적이든, 심리학적이든, 정신분석학적이든, 친숙하든 혹은 상업적이든 조직화에 초점을 맞춘다. 노마드 공간을 점유하는 것은 국가주의 기계를 회피하거나 그에 항의하는 방식이다.

들뢰즈와 가타리는 그들의 이론이 일종의 실천, 짐작건대 혁명적 실천이 될 수 있다고 주장한다. 이것은 설득력을 얻기 어려운 주장인데, 그들의 이론 자체가 즉시 이해할 수 있는 인간 경험에 거의 근거하지 않기 때문이다. 그럼에도 노마디즘을 위한 실행 전략을 드러내는 것은 가능하다. 들뢰즈와 가타리는 외부의 개입이나 내부의 절정을 통해 자신의

---

8) 들뢰즈와 가타리는 노마디즘, 분열분석, 기관 없는 신체, 욕망하는 기계, 전쟁 기계 등 그들의 이론적 실천에 관해 준(準)상호교환 가능한 별칭을 다수 제시한다. 간단하게 설명하기 위해, 그리고 모든 용어 중에서 가장 간결하다고 생각하기 때문에, 이어지는 논의에서는 노마디즘에 초점을 맞추겠다.

강도를 중단하거나 종료하지 않으려는 체계와 관련해 '고원(plateau)'이라는 용어를 사용하는 그레고리 베이트슨에게서 용어를 빌렸다. 들뢰즈와 가타리는 이러한 고원들을 "이행의 요소들(components of passage)"이라고 부르는데, 각 고원은 서로 연속되거나 분기되며 자유로운 이동을 가능하게 한다.[9] 리좀은 활동성이 고원들 사이를 이동하는 구조다. 이러한 고조된 에너지들은 들뢰즈와 가타리가 '탈주선(lines of flight)'이라고 부르는 것을 따라 '탈영토화(deterritorialization)'의 순간을 통해 다른 행위에 자신들을 주입한다. 탈영토화는 리좀의 벡터를 따라 어떤 것을 뿌리 뽑아내는 과정으로, 그것을 해독하거나 그것에 영향을 미치는 상황과 행위를 변화시키는 것이다. 탈영토화는 재영토화로 이어지며, 이는 사물이 새로운 환경으로 재이식되고 재코딩되는 것이다. 이러한 재코딩은 "과잉코딩(overcoding)"이라고 불린다. 그것은 객체를 다른 수준이나 회집체에 새롭게 삽입하며, 객체는 그 중앙의 파열을 통해 다시 뿌리 뽑히고 재구성될 수 있다.

유목민들의 이동과 마찬가지로 노마디즘 자체도 운동과 정지의 유동을 거친다. 들뢰즈와 가타리의 말을 빌리자면 이러한 "파동"은 "중심층에서 주변으로, 새로운 중심에서 새로운 주변으로, 다시 옛 중심으로 돌아가 새로운 중심으로

---

9) Deleuze and Guattari, *A Thousand Plateaus*, 158.[김재인 옮김(2003). ≪천 개의 고원≫. 새물결.]

나아간다".[10] 데리다에게 그러하듯 구조와 행위는 그것들의 본성이 아니라 그것들이 지닌 제한과 그것들을 벗어나는 것에 기반해 의미를 얻는다.[11] 그러나 데리다와 대조적으로 들뢰즈와 가타리는 이러한 차이의 관계가 지닌 본성과 그에 대한 반응을 지시하는, 신체들에 교차하는 힘과 신체들 간 교차하는 힘에 초점을 맞춘다. 들뢰즈와 가타리는 외적으로 구성하는 대처할 수 없는 힘으로 차이를 생각하기보다는, 주체가 공허한 범주이며 이 범주를 통해 힘들이 하나의 현존의 평면, 하나의 고원에서 다른 고원으로 이동하며 상호작용한다고 주장한다. 노마디즘은 한 상태에서 다른 상태로 성급하게 질주하는 것을 뜻하지 않는데, 노마드가 정지 상태에 머물기도 하기 때문이다. 노마드 사유는 존재 상태들 간 자유로운 이동을 허용하며, 이는 수많은 임의적 축을 따라 이루어질 수 있다. 그러나 노마드 사유는 그러한 이동이 신체와 그 외적 조건의 관계와 논리적으로 일관적일 때만 이를 인정한다.

따라서 노마디즘의 실천은 한 상태에서 다른 상태로 탈출할 수 있는 경로를 수용하는 방식 중 하나다. 들뢰즈와

---

10) 같은 책, 54.

11) Brian Massumi, *A User's Guide to Capitalism and Schizophrenia: Deviations from Deleuze and Guattari*(Cambridge, Mass.: MIT Press, 1992), 57.

가타리는 이러한 실천으로 주체, 신체, 언어라는 그들의 세 가지 표적을 불안정하게 하는 것이 가능하다고 주장한다. 언어는 사회적·문화적 맥락에 따라 다양하게 변화하는 유연한 구조가 된다. 신체는 전적으로 욕망의 흐름에 의해 조직된 임의적 구조가 된다. 이러한 "욕망하는 기계"는 사회적·정치적 연합의 신념과 관계없이 다른 신체와 연결되거나 단절된다. 주체는 다른 주체, 객체, 구조와 상호작용하고 그것들을 감싸면서 자신의 일부를 수정·정정·삭제하는 매끈한 구조가 된다. 비평가이자 ≪천 개의 고원≫의 번역자인 브라이언 마수미는 이를 다음과 같이 요약한다.

> 노마드 사유는 닫힌 표상 방정식 x = x = not y(나 = 나 = 당신 아님)를 열린 방정식으로 대체한다. … + y + z + a + …. 세계를 이산적 구성요소들로 분석하고 그것들의 많음을 자기반성의 하나(=둘)로 환원하며 등급에 따라 정렬하는 대신, 노마드 사유는 이질적인 상황 집합을 한 번에 휘몰아쳐 요약해 낸다. 노마드 사유는 요소들의 다양성을 그것들이 지닌 이질성을 없애거나 그것들이 미래에 재배열되기 위한 잠재성을 저해하지 않으면서 종합한다.12)

12) 같은 책, 6.

마수미의 분석에서 노마디즘과 단위분석의 근본적 차이가 드러난다. 노마드 사유는 세계를 이산적 구성요소들로 생각하는 데 저항하고, 개별적인 결단을 무정형 전체로 삼켜버린다. 의미의 통합성을 교란하려는 시도라는 점에서 노마디즘과 단위조작이 명백하게 유사함에도 불구하고, 이 점은 노마디즘이 단위조작을 포용하는 데 걸림돌이 되고 있다. 들뢰즈와 가타리는 항상적 진행(progression) 속에서 개체화된 변화를 만들어 내는 회집체를 지지한다. 이러한 회집체는 더 넓은 맥락과 구조를 만들기도 하고 파괴하기도 하지만, 항상 흐름에 대한 충성으로 회귀한다.

알랭 바디우는 연속성에 대한 들뢰즈의 주장이 동일자로의 영원회귀를 함의한다고 주장했다.[13] 바디우의 독해에 따르면 들뢰즈는 흐름의 특이한 단위체들 사이 연결을 유지하면서 모든 탈영토화와 재영토화를 하나의 총체적 전체로 되돌려 놓는다. "일반적으로 받아들여지는 이미지(욕망의 아나키한 다수와 길을 벗어난 표류들을 해방하는 이로서 들뢰즈)와는 달리, 심지어 그의 작업이 다양(multiple)/다중체들(multiplicities)의 상충을 이용하는 듯한 조짐들과도 달리 … 사유의 최고 목적지를 형성하고 그에 따라 사유가 축성되는

---

13) Alain Badiou, *Gilles Deleuze: The Clamor of Being*, trans. Louise Burchill(Minneapolis: University of Minnesota Press, 2000), 79, 122. [박정태 옮김(2001). ≪질 들뢰즈: 존재의 함성≫. 이학사.]

것은 … 일자의 발생이다."[14] 바디우의 비판에 따르면 노마디즘을 특징짓는 것처럼 보이는 주체성의 회집체들은 언제나 전체적 과정, 체계조작에 묶인 채로 남아 있다. 마수미의 수학소 "… + y + z + a + …"는 동일성에 관한 들뢰즈와 가타리의 주장을 설명한다. 여기서 존재를 가장 잘 특징짓는 것은 이접적인 수학적 집합이 아니라 연속적인 수학적 급수다. 노마디즘은 운동만큼 정태를 함의한다. 노마디즘 속의 일방성은 y에서 z로, z에서 a로 이동하는 실제 운동에서 드러난다고 볼 수 있다. 그러나 들뢰즈와 가타리는 바디우가 사건의 재구조화에서 주체성의 중요성을 찾듯 노마디즘적 운동의 중요성을 상태들 간 간극에서 찾지 않는다. 따라서 노마디즘은 체계조작이 될 위험이 있다.

이 전체론을 향한 경향은 노마드와 리좀의 상에서 작용하고 있으며, 들뢰즈와 가타리는 덩이줄기의 싹틈과 같은 유형의 운동이나 유목 부족의 경로조차 이 상들에 귀속하지 않는다. 노마드와 리좀은 들뢰즈와 가타리에게 은유적 상일 따름인 듯하다. 노마드는 주체성에 대한 평상적 개념화에 따라 행위하는 것처럼 보이는 실존 인물 또는 적어도 역사적 인물이다. 그러나 들뢰즈와 가타리가 노마드에 관해 말할 때, 그것은 실제 개인이 아니라 다른 어떤 것, 일종의 노마드적 영(spirit)을 의미하는 것처럼 보인다. 주체성은 '회집체'와

14) 같은 책, 11.

'기계'로 대체된다. 들뢰즈는 회집체를 다음과 같은 방식으로 특징짓는다.

> 회집체란 무엇인가? 회집체는 여러 이질적 항으로 구성되며 연령, 성, 체제 등 다양한 본성을 가로질러 그것들 사이의 관계와 연결을 확립하는 다양체다. 따라서 회집체의 유일한 통합성은 공-기능(co-functioning)의 통합성이다. 즉 그것은 공생, "동조(sympathy)"다. 중요한 것은 계통이 아니라 동맹과 합금이다. 그것들은 혈통의 연쇄, 선이 아니라 전염, 유행병, 바람이다.[15]

주체의 대체는 욕망하는 힘들을 그 객체들과 결속한다. 들뢰즈와 가타리에 따르면 무거운 쟁기는 밭, 소, 흙, 입 사이의 "성좌(constellation)" 속에서만 현존한다.[16] 회집체는 욕망과 뒤섞여 있으며, 그로 인해 결단과 결정성은 신체들과 다른 신체들의 회집체에 흡수되어 사라진다. 들뢰즈와 가타리에 따르면 "욕망은 자연적이거나 자발적인 결정과는 아무런 관련이 없다. 욕망이 아닌 회집, 회집된 욕망이 있을 따름이다".[17] 기계는 흐름이 구조에 들어오고 나가는 장소다.

---

15) Gilles Deleuze and Claire Parnet, *Dialogues*(New York: Columbia University Press, 1977), 69.

16) Deleuze and Guattari, *A Thousand Plateaus*, 399.

들뢰즈와 가타리는 ≪안티 오이디푸스(Anti-Oedipus)≫에서 기계의 첫 번째 예시로 아기의 입을 제시하면서 이를 유방 기계와 만나는 입 기계로 특징짓는다. 욕망하는 기계는 기관 없는 신체, 흐름을 제어하는 조직된 체계에 연결된다. 그러나 들뢰즈와 가타리에게 쟁기질하거나 풀을 뜯거나 모유 수유를 하는 행위는 그 자체로는 현존하지 않는다.

그렇다면 노마드적 주체는 욕망하는 기계들이 그 흐름을 분산시키는 특이성이다. 들뢰즈와 가타리는 이 상태들 사이의 이동 지점을 '국지(local)'라고 부른다. 한 지점에서 다른 지점으로의 이동은 흐름으로, 노마드 구성의 핵심 부분이다. 주체성은 "국지적 조작(local operation)의 무한한 연쇄"로 대체된다.[18]

들뢰즈와 가타리의 국지적 조작은 점점 더 단위조작과 유사하지 않은 것처럼 보이게 된다. 노마드 주체에 대한 들뢰즈와 가타리의 이해에서 개체성의 의도성은 배제되었지만, 흐름 사이의 이러한 지점들에서 회집체 내부의 파열은 여전히 개체화된 자율적 형태를 취한다. 결단과 달리 국지적 조작은 예정이나 의도의 과정이 아니다. 오히려 들뢰즈는 이러한 종류의 표현을 벡터와 관련지으며, 회집체는 그에 따라 "언표행위(enunciate)"를 하게 된다.[19]

---

17) 같은 책, 399.

18) 같은 책, 383.

노마디즘이 단위조작에 더 가까워지려면 노마드 주체를 구성하는 회집체의 벡터를 따르는 지점들에 일종의 비준(ratification)이 있어야 한다. 이 구조는 바디우의 사건과 유사성이 있지만 그보다는 덜 중대한 규모에서 이루어진다. 이 비준 지점에서 단위조작은 방금 일어난 제스처에 대한 승인(acknowledgment)을 경험하고 그 단위조작의 근본적 구조는 이 승인에 의존한다. 바디우의 철학에서는 이러한 승인을 충실성이라고 하며, 지속적인 충실성은 진리를 수반한다. 들뢰즈와 마찬가지로 바디우 또한 연속적 과정을 말하지만, 들뢰즈와 달리 그 과정이 이산적 순간들(그 종합적 효과가 초기 사건에 대한 충실성을 만들어 내는 단위조작들)로 구성된다고 여긴다. 들뢰즈와 가타리가 종합적 흐름을 이산적 단위조작보다 우선시한다면, 바디우는 전자보다 후자를 우선시한다. 바디우의 철학에서는 단위체가 우선순위를 갖는다. 바디우의 진리는 사건에 대한 연속적 충실성을 통해 발전하지만, 그 연속성은 들뢰즈와 가타리의 노마디즘보다 훨씬 덜 발달된 것이다. 교환성 있는 단위조작 이론은 이산적 단위체의 개체성과 그러한 단위체들 사이의 의미 있고 내구성 있는 연결에 대한 전념을 필요로 한다.

들뢰즈와 가타리는 흐름과 흐름이 구성하는 단위조작 간 관계에 대해 양가적 태도를 유지한다. 바디우의 반론은

---

19) Deleuze and Parnet, *Dialogues*, 145.

상당히 타당해 보이지만, 들뢰즈와 가타리는 노마드의 전진에 간혹 간극이나 중지가 있을 수 있다고 말한다. 이들에 따르면 노마드는 "영토를 가지고 있고, 관습적인 길을 따르며, 한 점에서 다른 점으로 이동하고, 점들에 관해 무지하지 않다".[20] 들뢰즈와 가타리는 운동과 정지 사이의 진동을 노마드 공간 대 상태 공간, 매끈한 공간 대 홈이 파인 공간, 탈영토화 대 재영토화 등 여러 명칭으로 부른다. 그러나 결국 이러한 사상가들을 매료하는 것은 한쪽에서 다른 쪽을 향하는 움직임 또는 다른 쪽에 대항하는 움직임이 아니다. 들뢰즈와 가타리는 ≪천 개의 고원≫의 마지막 부분에서 내가 그 저서의 가장 교환성 있는 실천적 지침으로 제시할 만한 다음과 같은 진술을 한다. "홈을 파는 조작과 매끈하게 하는 조작에서 우리가 관심을 두는 것은 정확히 이행 또는 조합이다. 즉 공간 내에서 작용하는 힘이 어떻게 계속 공간에 홈을 파고, 홈을 파는 과정에서 다른 힘을 발전시키며 새로운 매끈한 공간을 방출하는지다."[21] 탈영토화와 재영토화 사이의 단속성(punctuation)은 흐름의 개별 "단위체"를 식별하는 것에 가장 근접해 보인다.

---

20) 같은 곳.

21) 같은 책, 500.

복잡한 네트워크

단위조작과 단위조작들이 형성하는 전체가 맺는 구조화된 관계는 단순하고 이산적인 개별 규칙들을 실행해 더 크고 전체론적인 체계를 구성하는 울프럼의 세포 자동자와 비교할 수 있다. 컴퓨터과학과 디지털 회로에서 자동자가 적용된 사례 중 하나는 한 상태에서 다른 상태로 이산적 단계를 밟아 나가는 행동 모델, 유한 상태 기계(finite state machine, FSM)다. 유한 상태 기계의 상태는 현재 입력에 의존하는 만큼 과거 입력 이력에 의존한다. 예를 들어 게임 속 등장인물의 인공지능 사양에는 방황, 공격, 후퇴라는 세 가지 상태가 있을 수 있다. 방황 상태에서는 주변을 돌아다니며 적을 확인할 수 있다. 적을 발견하면 유한 상태 기계는 등장인물의 상태를 공격으로 변경한다. 이 상태에서는 등장인물이 공격하고 자신과 상대의 체력 상태를 확인할 수 있다. 상대가 제거됐다면, 등장인물은 방황 상태로 돌아간다. 만약 등장인물의 체력이 0에 가까워지면 후퇴 상태로 전환될 수 있다. 유한 상태 기계는 이산적 단위조작들을 통해 작동하며, 그 종합적 효과는 정합적 행동을 나타낸다.

복잡한 체계 내에서의 개체화된 움직임의 진행은 복잡 적응계 혹은 복잡한 네트워크 이론의 주제와 유사하다. 복잡한 네트워크는 7장에서 논한 세포 자동자와 유사한 원리로 작동한다. 복잡성 이론은 4세기 전부터 있던 수학 분야인 그래프 이론을 활용해, 여러 단순한 부분의 복잡하고 개체화된 상호 관계를 통해 혼돈으로부터 나오는 패턴을 모델링하려고 시도한다. 복잡한 체계는 가령 3만 5000개의 유전자가 인간을, 100명의 도시 청년이 전국적인 최신 유행을 만들어 내는 것처럼 상대적으로 적은 수의 구성요소가 어떻게 엄청나게 복잡한 효과를 만들어 낼 수 있는지 설명한다. 각 세포[또는 그래프 이론 전문 용어로 "마디(node)"]는 자율적이고 개별적인 제스처를 취하며 자신의 경계를 넘어 영향력을 확장한다. 복잡성은 이러한 마디가 생성하는 연결 또는 "링크(link)"의 수가 아니라 상호 연결된 여러 마디가 형성하는 짜임에서 발생한다. 인간 게놈의 경우 인간을 (인간과 상대적으로 상응하는 2만 개의 유전자를 포함하는) 밀보다 더 복잡하게 만드는 것은 3만 5000개의 유전자가 아니라 3만 5000개의 단위체가 만들어 내는 복잡한 결함 내성 체계다. 앞서 살펴봤듯 인간 게놈 프로젝트는 모든 유전자가 (무엇을 하고 그것들이 어떻게 상호작용하는지가 아니라) 어떻게 생겼는지 아는 것이 유전자의 생물학적 기능을 이해할 열쇠라고 성급하게 가정한다.

20세기 중반, 폴 에르되시와 알프레드 레니라는 두 헝가리 수학자가 사회적 문제에 관해 수학적 관점을 취했다. 당신이 100명의 다른 참석자와 함께 파티에 참석하고 있다고 가정해 보자. 처음에는 서로 모르는 사이지만, 파티 참석자 중 한 명이 주최자가 특별히 비싼 와인 한 병을 가지고 있고 그 와인을 싸구려 음식들 사이에 몰래 숨겨 놓았다는 것을 알게 된다. 저녁 동안 모두가 짝을 지어 대화를 나누다가 이후 작은 무리를 지어 대화를 나눈다. 모두가 파티에서 서로 어울리기를 좋아하며, 손님들은 인사하고 돌아다니면서 점차 무리 사이를 이동하고 새로운 사람들을 만나게 된다. 와인에 관한 소문은 분명 퍼지겠지만, 병을 바닥까지 비울 만큼 퍼질 수 있을까? 상식은 설령 5분에 한 명씩 만날 수 있다고 해도 파티 참석자 99명을 모두 만나는 것은 일반적인 파티의 제한 시간 내에서는 거의 불가능하다고 말할 것이다. 따라서 와인은 모든 손으로부터 안전하게 지켜질 것이다. 에르되시와 레니는 이에 동의하지 않는다. 이들의 주장에 따르면 실제로 파티 참석자들은 저녁이 끝날 무렵까지 다른 모든 사람을 개별적으로 만나지는 않을 것이다. 그러나 그들이 만든 링크를 통해 서로의 연결을 추적하는 것은 가능하다. 이러한 파티 참석자들의 네트워크 또는 그물망은 개인들 간 가벼운 관계보다 훨씬 더 복잡하고 강력한 구조를 구성한다.

오늘날 복잡한 네트워크 이론에 입문하는 가장 일반적인 출발점은 '6단계 분리 법칙(six degrees of separation)' 개념이다. 연극, 영화[22], 소프트웨어 애플리케이션[23], 케빈 베이컨

---

22) <5번가의 폴 포이티어(Six Degrees of Separation)>의 극본과 각본은 모두 존 구아르가 썼다.

23) 사업자가 개인용 컴퓨터에서 연락처, 이메일, 파일 간의 복잡한 관계를 관리할 수 있도록 도와주는 식스 디그리(Six Degrees)라는 소프

패러디(Kevin Bacon Parody)[24] 이전에 미국 내 사람들 간 거리에 대한 스탠리 밀그램의 1967년 연구가 있었다.[25] 연구 참가자들에게는 일련의 엽서와 미국 어딘가에 있는 대상자의 이름이 주어졌다. 만약 사람들이 대상자를 알고 있다면 소포 전체를 대상자에게 직접 보내야 했다. 그렇지 않다면 대상자와 직접적 관계를 맺고 있을 가능성이 큰 개인적 지인에게 소포를 보내야 했다. 밀그램은 소포가 [대상자에게] 도달하기까지 평균 5.5번의 단계 혹은 대략 "6단계 분리"를 거친다는 점을 발견했다.[26] 이 사례에서 무한히 복잡해 보이는 사회 네트워크를 기술하는 구조는 매우 단순하고 압축되었음이 밝혀졌다.

밀그램이 이 유명한 실험을 진행하던 무렵, 하버드대학교 사회학자 마크 그래노베터는 사회적 관계에서 "약한 유대(weak ties)"가 지니는 중요성이라는 관련 연구를 진행하고 있었다. 그래노베터는 중요한 논문 "약한 유대의 힘(The Strength of Weak Ties)"에서 사람들이 일자리나 제품 출시

트웨어 프로그램이 있었다. 이후 이 제품은 매각되었고 이름이 클래리티(Clarity)로 바뀌었다. http://www.ralstontech.com/ 참조.

24) http://en.wikipedia.org/wiki/Six_Degrees_of_Kevin_Bacon/ 참조.

25) Milgram, "The Small World Problem," 61-63.

26) 밀그램의 실험에 관한 좀 더 자세한 설명은 Barabási, *Linked*, 27-39 참조.

를 목적으로 사회 네트워크를 활용할 때, 지인이 강한 우정보다 훨씬 큰 가치가 있다고 주장했다.[27] 그래노베터는 친한 친구와 같은 강한 관계가 종종 더 작은 폐쇄된 체계를 나타낸다는 것을 보여 주었다. 우리의 친구들은 그들끼리 친구인 경우가 많으며, 일자리를 구하거나 새로운 식당에 대한 소문을 퍼뜨릴 때 친구들은 혼자 홍보할 때보다 훨씬 큰 영향력을 제공하지 않을 수 있다. 약한 유대 관계는 우리의 손이 닿지 않는 곳에 있는 다른 밀집된 관계에 즉시 접근할 수 있게 해 준다. 약한 유대의 힘은 사람들 대다수가 친한 친구가 아니라 지인을 통해 일자리를 찾는 이유를 설명할 뿐 아니라 6단계 분리 법칙 문제를 조명한다. 약한 유대는 우리를 세계의 수많은 사람과 연결해 6단계 또는 "작은 세계(small world)" 현상을 초래한다. 강한 유대는 통상적으로 소수의 사람과 연결해 줄 뿐이며, 아마도 이들 대부분은 이미 서로를 알고 있을 것이다.

약한 유대의 생태계에서 여러 네트워크는 네트워크 속의 다른 마디보다 훨씬 많은 개인을 연결하는 강한 마디 혹은 중추(hub)를 예시한다. 일자리를 구할 때 가장 많은 사람에게 일자리를 가장 많이 소개해 주는 사람은 특정한 힘 있는 "네트워커(networker)"인 경우가 많다. (더 많은 마디가 추가되는) 성장하는 네트워크에서 새 마디는 다른 종류의 마디보

27) Granovetter, "The Strength of Weak Ties," 1360, 1365.

다 더 자주 중추에 연결된다. 복잡성 이론가들은 이를 선호적 연결(preferential attachment)이라고 부른다.[28] 일상적 어법에서 우리는 이를 종종 "파레토 원칙(80/20 rule)" 또는 "부익부(rich get richer)" 현상이라고 부른다. 이러한 방식으로 구조화된 네트워크는 한 마디에서 다른 마디까지 동일한 연결성이나 '규모'를 예시하지 않는다(즉 각 마디는 다른 마디들과 비례적이거나 균등한 수의 연결을 갖지 않는다). 따라서 복잡성 이론가들은 그러한 네트워크를 '규모 자유 네트워크(scale-free network)'라고 부른다. 규모 자유 네트워크는 종형 곡선이 아니라 멱법칙 곡선(power-law curve)을 따라 그것의 연결을 분산한다. 항공사 잡지의 노선도는 규모 자유 네트워크의 좋은 예다. 댈러스, 시카고, 애틀랜타, 샌프란시스코, 휴스턴, 뉴욕 등 일부 도시가 항공 노선에서 큰 비중을 차지하는 반면, 시애틀, 오마하, 인디애나폴리스, 앨버커키 등 대다수의 도시가 작은 비중을 차지한다. 교통량이 많은 공항은 강력한 사회 네트워커와 마찬가지로 중추라고 불린다.

이후 물리학에서 사회학에 이르는 다양한 분야의 연구자들이 상호 연결된 복잡한 네트워크, 특히 규모 자유 네트워크가 1980년대 에이즈의 전 세계적 확산부터 최근 10대 유행의 확산에 이르기까지 다양한 현상의 근간이 된다는 사실을 밝혀냈다. 규모 자유 네트워크는 종종 매우 강력하고 회복력

---

28) Barabási, *Linked*, 86-88 참조.

있는 구조이기도 한데, 개별 유대가 끊어져도 체계 전체를 파괴하는 계단식 오류와 같은 연쇄 반응으로 이어지지 않기 때문이다. 이것이 바로 인터넷이 전력 그리드보다 훨씬 강력한 체계인 이유며, 테러리스트 네트워크가 국가주의나 게릴라 정권보다 훨씬 강력한 이유다. 여러 과학자가 생명의 본성이 개별 유전자들의 구조에 놓여 있다고 확신하지만, 다른 과학자들은 진정한 열쇠를 상호 관계된 유전자들의 기능에서 찾을 수 있다고 생각한다.[29] 예측할 수 없는 네트워크 관계들은 창발을 통해 우아하거나 안정적인 패턴을 만들어 낸다. 복잡한 네트워크는 창발을 거쳐, 상호작용하는 개별 부분들 사이의 상관된 (그러나 제어되지는 않은) 단위조작을 통해 의미 있는 질서를 달성한다.

최근 수많은 사회 네트워크 서비스(social network service, SNS) 웹사이트가 출시됐다. 이 웹사이트는 소프트웨어 애플리케이션으로, 사람들로 하여금 그들의 상호작용을 지배하는 복잡한 규모 자유 네트워크를 표현함으로써 상호작용을 더 잘 활용하게 한다. 가장 인기 있는 서비스들 중 하나는 친구의 친구들 가운데서 새로운 친구를 찾을 수 있는 서비스 '프렌드스터(Friendster)'다.[30] '프렌드스터'는 데이트와 친목에

---

29) 예를 들어 Stefan Wuchty, "Scale-Free Behavior in Protein Domain Networks," *Molecular Biology and Evolution* 18(2001): 1694-1702 참조.

30) Http://www.friendster.com/.

가장 적합한 사회 서비스로 홍보된다. 사용자는 서비스에 가입할 때 자신의 관심사와 위치, 기타 기본 정보를 기입해 프로필을 만든다. 그런 다음 이 서비스는 구독자에게 친구를 초대하도록 권유한다. 각 회원은 친구나 친구의 친구 네트워크를 검색하거나 찾아볼 수 있다. 만약 만나고 싶은 상대를 찾았다면, 서비스는 두 사람을 연결하는 링크를 통해 허가에 기반한 소개를 성사시킨다. '라이즈(Ryze)'와 같은 다른 서비스에서는 사람들이 허가 없이 다른 모든 회원과 연결할 수 있다.[31] 마크 그래노베터의 원래 모델에 따른 '링크드인(LinkedIn)'[32]과 '이카데미(Ecademy)'[33]는 거래 성사, 구직, 채용에 중점을 두고 자의적인 개인적 관계 대신 사업 관계를 촉진한다.

이러한 각 서비스의 최종 결과(사회적 복잡한 네트워크의 현현)는 동일하지만, 각 서비스의 중요성과 오묘함은 사용자가 네트워크의 개별 링크를 따라가는 방식에 따라 달라진다. 복잡한 네트워크 이론은 결과를 집단적으로 구성하는 개별 단위조작들 대신 최종 결과나 창발적 결과에 초점을 맞추는 경우가 많다. 사회 소프트웨어 개발자 로스 메이필드는 이러한 서비스들을 평가해 사회 네트워크 조작을 위한 네 가

---

31) Http://www.ryze.com/.

32) Http://www.linkedin.com/.

33) Http://www.ecademy.com/.

지 모델, 즉 공표('라이즈'), 대면['밋업(Meetup)'], 대화['웹로그(weblog)'], 소개('프렌드스터', '링크드인')로 분류했다.[34] 메이필드는 이러한 도구의 중요한 특징은 그 기저에 있는 구조뿐 아니라 사람들이 그 구조를 횡단하는 개별적 제스처의 본성도 포함한다는 점을 인식한다.

> 사회 소프트웨어 설계는 가능한 행동을 조절함으로써 특정한 사회적 규범을 조성한다. 조절은 좋은 것이다. 줄기세포는 무엇이 되어야 한다는 하드코딩된 명령이 아니라 무엇이 되지 말라는 조절기에 의해 인체의 모든 세포로 성장할 수 있다. 사회 네트워크와 같은 복잡 적응계의 단순한 규칙들은 복잡한 결과를 낳는다. 사회 소프트웨어는 자연적인 사회적 긴장으로 인해 요구된 정치적 타협을 암호화한다.[35]

---

34) Ross Mayfield, "Social Network Models," March 30, 2003, http://radio.weblogs.com/0114726/2003/03/30.html/. 메이필드는 위에서 내가 논하지 않은 두 가지 유형의 사회 네트워크 체계를 언급한다. '밋업'은 서로 다른 사람들 사이의 대면 회의를 촉진하는 서비스(2003년 하워드 딘 대선 캠프에서 사용한 것으로 유명함)이며, 무버블타입(Moveable Type)이나 라이브저널(LiveJournal)과 같은 웹로그는 웹 기반 일기장 같은 도구로, 비슷한 주제에 관심 있는 독자들끼리 긴밀한 커뮤니티를 형성하는 경우가 많다.

35) 같은 곳.

복잡한 네트워크에서 이산적 단위조작들은 창발적 구조의 토대를 형성한다. 사회 소프트웨어에서 친구들이나 동료들 간 개별적 관계가 사회 네트워크의 토대가 되는 것이지 그 반대가 아니다. 체계의 관찰 가능한 본성이나 최종 산물은 실제로 체계의 생성적 본성에 의존할 수 있지만, 모든 실제 작업은 개별 행위가 수행한다.

복잡한 네트워크 이론과 노마디즘은 그 핵심에 공통된 근본적 원리를 공유한다. 들뢰즈와 가타리는 의미의 일차적 창조자로서의 경계 관념을 제거하고자 한다. 들뢰즈와 가타리에게 해방은 총체적 혼돈이 아니라 한 지층에서 다른 지층으로의 자유로운 개체화된 이동이다. 비록 이들의 "국지적 조작"은 내가 단위조작에 요구하는 이산성과 반향을 설명하지 못하지만, 이 두 조작 사이에는 유사점이 있다. 복잡한 네트워크는 실제로 얼마나 많은 안정적 구조가 마디들 간 무수히 많은 개별적 자유 형식 연결, 단위조작으로 만들어지는지 보여 준다.

그러나 들뢰즈와 가타리는 네트워크 이론의 지지자들과 달리 새로운 종류의 일상적 실천을 위해 분투한다. 노마디즘은 자신의 변덕을 자의적으로 따르는 것이 아니다. 노마디즘은 주체성이 고립을 극복해야 하고, 수학자와 정보 이론가가 네트워크라고 부르는 것과 같은 노선을 따라 관계들의 회집체를 통해 자신을 구성해야 한다는 진술이다. 그러한 가능한 결단들의 네트워크 내에서 단위조작은 마디들 간 이동, 혹은 강도들 간 충동을 조절한다. 이것이 바로 슈레버 판사나 앙토냉 아르토 같은 광인[36]이 들뢰즈와 가타리의 분석에서 효과적으로 작동하는 모델인 이유다. 그들은 제도화된 온전한 정신이라는 것의 체계적이고 지배적인 부담에 영향을 받지 않았다.

그러나 들뢰즈와 가타리의 폭넓은 독자층에도 불구하고 노마디즘이나 분열분석을 실행 가능한 실천으로 적용하는 일은 제한적이었다.[37] 노마디즘을 일종의 복잡한 네트워크

---

36) [옮긴이] 독일의 다니엘 파울 슈레버 판사(1842~1911)는 성공한 법학자였으나 정신병 발작으로 병원을 드나든 인물로, 프로이트뿐 아니라 자크 라캉, 슬라보예 지젝 등 수많은 정신분석학자들의 연구 대상이 되었다. 18세부터 각종 신경성 질환을 앓은 프랑스의 예술가 앙토냉 아르토(1896~1948)는 다양한 예술 활동을 했으며 20세기 가장 영향력 있는 극작가이자 연출가 중 한 명으로 여겨진다.

37) 정신분석학의 성공적인 적용 사례는 무수히 많지만, 문헌을 주의 깊게 검색해 보면 실제로 분열분석을 기법으로 사용한 사례는 거의 찾아볼 수 없다. 이는 부분적으로는 대부분의 정신분석 종사자들과 달리 들뢰즈와 가타리가 문화 활동의 특정 영역을 위한 되풀이될 수 있는 분열분석적 실천을 명시하지 않았기 때문이다. 이 문제에 도전한 저서로는 유진 홀랜드의 ≪보들레르와 분열분석(Baudelaire and Schizoanalysis)≫(Cambridge: Cambridge University Press, 1993)과 롤란도 페레즈의 ≪아나키 상태와 분열분석(On Anarchy and Schizoanalysis)≫(Brooklyn, N.Y.: Autonomedia, 1990)이 있다. 홀랜드의 책은 신중하고 전통적이며, 어려운 작업을 훌륭하게 시도한 책이다. 페

이론으로 이해하는 것은 ≪자본주의와 정신분열증≫을 사용하기 위한 실행 가능한 토대를 마련하는 데 도움이 된다. 복잡성과 노마디즘은 창의적인 짜임을 통해 더 큰 체계를 구성하는 자유 형식의 국소화된 동작들이 지닌 중요성을 드러낸다. 복잡한 네트워크에서 창발은 조정하는 체계조작이 아니라 개별 제스처에 의존한다.

바둑은 목판 위에서 검은 돌과 흰 돌로 플레이하는 3000년 된 중국 게임으로, 규칙은 두 가지뿐이다. 플레이어들이 차례대로 돌을 하나씩 놓아 한 플레이어의 돌들이 상대방의 돌들을 완전히 둘러싸면 둘러싸인 돌들을 점령한다. 플레이어는 자신의 돌을 희생하는 수를 둘 수 없다. 이 단순한 규칙들로부터 수십만 가지의 가능한 바둑 게임이 창발하며, 각각은 서로 다르다. 비디오게임 또한 컴퓨터의 계산력에 힘입어 창발을 예시하는 경우가 많다. 앞서 설명한 <심즈>나 <심시티> 같은 게임은 일련의 고정된 규칙을 사용해 광범위한 게임 선택지와 결과를 생성한다. 바둑이나 <심시티> 게임에서 합리적 플레이어는 전체로서의 게임을 결코 놓치지 않을 것인데, 언제나 판의 현재 짜임을 가능한 미래 상태들과 함께 개념화함으로써 맥락을 파악할 것이기 때문이다. 바둑에서 이러한 맥락은 게임의 최종 승자를 가리킨다. <심시티>에

레즈는 들뢰즈와 가타리의 기괴하고 도발적인 언어에서 수많은 구절을 인용하며 짧은 생산적 분석과 해설을 제공한다.

서 이러한 맥락은 특수한 플레이어 목표에 점근적으로 수렴하며, 그 목표는 시간이 흐르면서 변화할 수 있다. 그러나 이러한 게임에서 플레이어가 실제로 제어할 수 있는 것은 돌을 놓거나, 건물을 철거하거나, 세금을 낮추거나, 사유지를 지정하는 등 개별 단위조작 즉 이동 및 행위와 관련된 것뿐이다.

앞 장에서 나는 예스페르 율이 창발적 게임과 진행형 게임 사이에 세운 구별을 논했다. 율은 플레이어가 "게임을 완료하기 위해 사전 결정된 일련의 행위를 수행해야 하는" 진행형 게임과 대조해서 창발을 "원초적 게임 구조"라고 부른다.[38] 율은 가상 난순한 규칙 상호삭용부터 바눅에서 일어나는 가장 복잡한 "참된" 창발에 이르기까지 창발의 여러 "수준"을 특징짓는다. 율은 창발의 수준이 높을수록 더 많은 변형을 초래하고 따라서 더 보편적인 가치를 지닌다는 암묵적인 가치 판단을 내린다("창발은 더 흥미로운 구조다").[39] 바둑, 체스, 만칼라(Mancala)는 "참된" 창발적 게임의 좋은 예시다.

율은 창발을 구성하는 플레이어와 게임 사이 개별적 상호작용보다는 창발의 생성 효과에 더 큰 비중을 둔다. 창발적 구조는 우아하고 미학적으로 매력적이며, 심지어 유혹적이거나 숭고할 수도 있다. 따라서 바둑의 단순한 우아함에 감

---

38) Jesper Juul, "The Open and the Closed."

39) 같은 곳.

탄하는 것은 이해할 만하다. 창발적 자동자에 관한 스티븐 울프럼의 작품에는 그의 세포 자동자가 <매스매티카> 내부에 생성하는 우아한 구조를 담은 풀 컬러 도판이 포함되어 있다. 미적 구조로서 창발적 체계는 부정할 수 없이 매력적이지만, 아마도 표현적인 것이 아니라 숭고한 것의 사례로서만 그러할 것이다.

따라서 그러한 체계에 가치를 부여할 때는 세심한 주의를 기울여야 한다. 창발에 대한 율의 형식주의적 전념은 다른 미학화되고 물신화된(fetishized) 계산적 표상 체계에 대한 비전을 불러일으킨다. 사이버네틱스와 가상현실은 해방적 기술의 매력적인 예시인데, 그것들이 삶의 결단들로 질서 지어진 체계를 재배열할 수 있는 어떤 미래 능력을 약속하기 때문이다. 이로써 그것들은 그러한 체계를 제어할 수 있기를 희망한다. 이러한 제어에 대한 꿈은 모던 과학소설이 지닌 비극적 결함이며, ≪갈라테아 2.2(Galatea 2.2)≫의 리처드나 ≪뉴로맨서≫의 케이스처럼 체계의 조작자[운영자]가 결국 통제권을 잃고 자기 창조물에 의해 전복되는 일을 초래하는 교만이다. '가상현실'은 우리가 선택한 단위체-체계 관계에 따라 작동하도록 우리 자신을 (문자 그대로든, 비유적으로든) 연결하는 꿈을 가리킨다.

사이버펑크, 가상현실, 창발은 인류가 자신의 정신적 단위조작과 벌이는 전투를 더 퇴폐적으로 묘사할 수 있지만, 나는 더 일상적 형태의 관계가 좀 더 교환성 있는 것이라고 주장하겠다. 어떤 사람들은 비디오게임이란 우리 정신의 단위조작을 온전히 조절할 수 있게 해 주는 가상현실이나 인공지능 체계를 빠짐없이 "완전하게" 제어하기 위한 디딤돌에 불과하며, 핍진성에 대한 비디오게임 업계의 지속적 집착이 그러한 주장을 뒷받침할지도 모른다고 주장할 것이다. 그러나 비디오게임은 들뢰즈와 가타리의 거부처럼 "자연스러운" 질서에 대한 거부에서 중요한 단절을 드러내기도 한다. 게임의 오묘함과 귀결은 우리가 어떻게 게임의 형식적 구조에서 충만성(repleteness)을 찾으려 하는지보다는 어떻게 체계의 제약 내에서 게임 기능을 실행하기로 선택하는지에 더 많이 기인할 수 있다. 달리 말하자면, 창발의 정도가 아니라 유형이 복잡한 체계의 표현 잠재력을 결정하는 요인이다.

11
복잡한 세계

1999년에 락스타게임스는 인기 콘솔 게임기인 플레이스테이션 2용 <그랜드 테프트 오토 III(Grand Theft Auto III)>(이후 <GTA 3>로 표기)를 출시했다. <GTA 3>는 플레이어가 은행 강도 행각에 실패한 후 동료와 함께 탈옥하는 범죄자의 입장이 되어 게임을 플레이한다.[1] 게임에서 플레이어는 리버티 시티(Liberty City)라는 방대한 허구적 세계를 탐험하며 합법적이든 불법적이든 다양한 형태의 행동에 참여하게 된다. <GTA 3>의 주요 혁신은 광활한 가상 도시 공간과 그 환경에서 누릴 수 있는 행위의 자유다. <GTA 3>는 플레이어에게 도시의 범죄 지하세계를 위해 구조화된 임무를 수행할지 아니면 직접 범죄를 저지를지 선택권을 제공한다. 임무에서 플레이어는 포주와 깡패에게 범죄 임무를 받아 그들의 더러운 일을 대신 해 주며 돈을 번다. 이 구조는 플레

---

1) 락스타는 2002년 11월과 2004년에 각각 속편 <그랜드 테프트 오토: 바이스 시티>와 <그랜드 테프트 오토: 산 안드레아스>를 출시했다.

이어가 선형적인 전통적 줄거리를 따라 일련의 작은 일을 수행하는 전통적인 임무 기반 게임과 가장 유사하다. 그러나 플레이어는 도시를 거닐며 다양한 즉석 행위를 수행하기로 선택할 수도 있다. 플레이어는 길거리의 모든 차량을 탈취할 수 있다. 플레이어는 선택한 행인을 때리거나 강도질할 수 있다. 플레이어는 환자나 부상자를 병원으로 이송하거나 자경단원으로 활동할 수도 있다. 또한 플레이어는 기분에 따라 행동 양태를 변경할 수도 있다.

<GTA 3>는 다양한 플레이 양태나 양식(style)을 제공한다. 한 가지 선택지는 일련의 조직된 범죄 일로 구성된 게임의 임무를 수행하는 것이다. 게임의 표제에서 알 수 있듯 다른 여러 범죄를 가능하게 하는 주요 범죄는 자동차를 훔치는 것이며, 플레이어는 게임에 등장하는 모든 차량을 훔칠 수 있다. 조직된 범죄 일은 고용주의 여자친구를 데리러 가는 일부터 고용주를 화나게 한 깡패를 때려잡는 일, 다양한 포주·깡패·골칫거리들을 처단하는 일에 이르기까지 다양하다. 플레이어는 한 명 또는 여러 명의 조직 보스에 대한 충성도를 놓고 실험해 볼 수 있으며, 게임은 플레이어의 이전 행위와 충성도에 따라 플레이어에 대한 갱 단원의 반응을 조정한다.

또 다른 선택지는 [게임에] 내장된 부차적 임무 중 하나를 플레이하는 것으로, 이 부차적 임무는 다른 플레이 양태로 수렴하고 그와 소통하는 구조화된 일이다. 여기에는 택시,

구급차, 소방관 임무가 포함되며, 모두 <크레이지 택시(Crazy Taxi)>의 게임 플레이 메커니즘을 적용한 것이다. 택시 운전은 승객을 태우고 내려 주는 일을 수반하며, 플레이어는 승객을 [목적지에] 성공적으로 데려다줌으로써 돈을 벌 수도 있다. 물론 플레이어는 돈을 벌기 전에 택시를 훔쳐야 한다. 플레이어는 구급차 임무에서는 상처 입은 시민을 병원으로 이송해야 하고, 소방관 임무에서는 차량 화재를 진압해야 한다. 이 임무들은 기본적으로 폭력적이지는 않지만, 플레이어는 택시 및 구급차, 소방차를 훔치거나 다른 방법으로 획득해야 그 임무들에 참여할 수 있다.

또 다른 선택지는 자동차나 도보로 리버티 시티의 거리를 그저 돌아다니는 것이다. 플레이어에게 게임의 임무 기반 줄거리를 따르거나 부차적 임무를 수행하도록 강요하는 것은 없다. 여러 플레이어가 행인에게 무작위 폭력을 행사하기로 선택하고, 게임의 제어는 버튼 하나를 누르는 것만으로도 다양한 전투 동작을 제공해 폭력을 조장한다. 플레이어는 심지어 매춘부도 태울 수 있다고 알려져 있다.[2]

게임의 폭력성에 관한 많은 글이 대중매체에 투고되었다. 대부분의 비평은 (좋든 나쁘든) 이 게임이 아동용 게임이 아니며, 미성년자의 손이 닿지 않도록 ESRB "M" 등급을 받았다는 점을 신중하게 지적한다.[3] 그럼에도 이 게임은 앞서

---

2) Http://www.freerepublic.com/focus/f-news/1373357/posts/.

언급한 혐오 범죄 혐의[4]뿐 아니라 여러 모방 범죄를 촉발했다.[5] <GTA 3>는 놀이터나 지하 놀이방에서 할 수 있는 활동이 아니다.

<GTA 3>는 단위조작들의 구조로서 다양한 양식의 게임 플레이를 제공할 뿐 아니라 이러한 플레이 양식들 간 자유 형식 전환을 가능케 한다. 플레이어는 한순간에 깡패 무리를 향해 소총을 난사하거나 방망이로 부랑자를 무자비하게 때리는 악랄한 범죄자가 되고, 다음 순간에는 무고한 부상자를 병원으로 이송하거나 바다 위의 고요한 석양을 즐기고 있는 사람이 된다. 플레이어의 결단이 게임 내에서 여러 귀결을 가져오기는 하지만, <GTA 3>의 핵심 특징은 플레이어가 수행할 수 있는 다양한 행위 유형이 아니라 이러한 행위들 사이의 전환이 지닌 원리다. 이러한 전환은 갱단의 새로운 범죄 임무 소개, 주차된 구급차와의 조우, 새로운 지역으로의 산보 등 다양한 형태로 이루어진다. 각각의 경우에 플레이어는 다른 방향 대신 어떤 한 가지 방향을 따르는 의식적이고 합리적인 결단을 내린다. 범죄의 삶을 선택하면

---

3) ESRB(Entertainment Sofware Rating Board, 오락소프트웨어등급위원회)는 게임 업계에서 MPAA(Motion Picture Association of America, 미국영화협회)에 해당하는 기관이다.

4) Http://www.nbc6.net/entertainment/2706043/detail.html/.

5) Http://www.theregister.co.uk/content/54/32765.html/.

그에 맞는 귀결이 따른다. 플레이어의 등장인물은 항상 경찰의 레이더망에 포착되며, 경찰의 눈에 띄는 범죄를 저지르면 플레이어의 "수배(wanted)" 상태가 높아진다. 경찰은 플레이어를 포착하고 체포할 수 있다. 상황이 정말 나빠지면 FBI와 군대가 개입한다.

복잡한 네트워크 이론의 관점에서 보면, <GTA 3>는 플레이어의 가능한 단위조작들을 서로 연결하는 링크 또는 가장자리에서 그 표상력을 끌어낸다. 총을 쏘고, 트럭을 훔치고, 숨겨진 건물을 탐험하고, 경찰을 때리고, 자동차를 폭파하는 등의 행위는 물론 게임의 화제성에 중요하다. 그러나 이러한 행위들의 특정성은 행위들 간 전환이 지닌 용이성 그리고 그 간극과 관련해 플레이어가 내리는 의식적 결단에 종속된다. 곤살로 프라스카는 <GTA 3>에 관한 짧은 리뷰에서 플레이어 대부분이 이 능력을 자유(freedom)라고 부르며 이 게임의 가장 중요하고 매력적인 기능으로 꼽는다고 주장한다.[6]

자유의 역사는 길고 복잡하다. 노마디즘적 사유는 때때로 "원하는 대로 살라"는 그리스 시대의 미숙한 자유 개념으로 회귀하라고 제안하는 것처럼 보인다. 들뢰즈와 가타리는

---

6) Gonzalo Frasca, "Sim Sin City: Some Thoughts about Grand Theft Auto 3," *Game Studies* 3, no. 2(2003). http://www.gamestudies.org/0302/frasca/에서 이용 가능.

신체가 다른 신체와 연결되고, 신체가 기계와 연결되며, 한 상태가 갑작스럽고 교란적으로 그리고 종종 폭력적이고 광적으로 다른 상태로 와해하는 끔찍한 그림을 그린다. ≪천 개의 고원≫에서는 노마디즘 실천의 패러다임으로 아기, 광인, 전사를 언급한다. 그리고 후기 계몽주의의 이성에 대한 분명한 거부는 들뢰즈 저작의 다른 곳에서 지지받는다.[7] 그와 동시에 들뢰즈와 가타리는 "과용은 위험하므로 주의가 필요"[8]하고, "너무 갑작스러운 탈지층화는 자살이나 암으로 발전할 수 있다"[9]는 점을 상기시키며 자신의 흐름을 관리하는 것에 대한 지나친 열의를 경계한다. 이곳은 의지가 군림하는 지형(terrain)이지만, 그 의지는 목표를 가지고 있다.

들뢰즈와 가타리가 제시하는 욕망의 대안적 구조 중 하나는 기관 없는 신체(Body without Organs, BwO)다.[10] 기관

---

7) Gilles Deleuze, *Kant's Critical Philosophy*, trans. High Tomlinson and Barbara Habberjam(Minneapolis: University of Minnesota Press, 1984).[서동욱 옮김(2006). ≪칸트의 비판철학≫. 민음사.]

8) Deleuze and Guattari, *A Thousand Plateaus*, 160.[김재인 옮김(2003). ≪천 개의 고원≫. 새물결.]

9) 같은 책, 503.

10) Deleuze and Guattari, *A Thousand Plateaus*, 149-166[김재인 옮김(2003). ≪천 개의 고원≫. 새물결.]; Gilles Deleuze and Félix Guattari, *Anti-Oedipus: Capitalism and Schizophrenia*, trans. Robert Hurley, Mark Seem, and Helen R. Lane(Minneapolis: University of Minnesota Press,

없는 신체는 살로 이루어진 그 경계를 거부하는 물리적 신체의 재편성(reformation)이다. 그것은 잠재적인 "강도 구역들"의 덩어리지만, 상태 변형을 거치기를 기다리며 비결정적 상태로 유보되어 있는 상태다. 들뢰즈와 가타리는 탈영토화와 재영토화 과정에 상응하는 이러한 상태 변형들에 이름을 붙였다. 그들은 이를 강도의 정도(degrees of intensity) 또는 자유도(degrees of freedom)라고 부른다. 기관 없는 신체는 더 많은 충동을 따르려 할수록 더 높은 자유도를 유지한다. 칸트는 존재자가 자신이 해야 할 일에 따라 행위할 때 자유롭고, 자신이 해야 할 일은 정언명령을 경유해서 이성을 통해 보편적으로 도달할 수 있다고 생각했다. 들뢰즈와 가타리는 칸트를 거부하고 그 대신 윤리를 더 큰 힘을 향해 기존의 잠재력을 증강하는 과정('코나투스')으로 생각하는 스피노자를 따른다.[11] 기관 없는 신체는 그 잠재력을 제한하는 경계를 부여하기보다는 그것을 가로지르는 욕망하는 기계를 통해 그 잠재력을 지속적으로 확장하려는 경향을 보인다. 브라이언 마수미의 말을 빌리자면 기관 없는 신체는 "어떤 결정적 상태 밖에 있는 신체로, 레퍼토리에 있는 어떤 행위라도 할 준비가 되어 있다".[12] 들뢰즈와 가타리의 프로젝트는

1983), 325-329.[김재인 옮김(2014). ≪안티 오이디푸스: 자본주의와 분열증≫. 민음사.]

11) Spinoza, *Ethics*, part III.[조현진 옮김(2019). ≪에티카≫. 책세상.]

경계가 의미를 만든다는 생각을 거부하면서 경계를 제거하는 데 초점을 맞춘다. 그 대신 의미를 언제나 열린 상태에 있는 잠정적인 것으로 본다.

따라서 <GTA 3>에서 자유는 칸트주의적 이성의 자유라기보다는 욕망하는 기계의 자유와 훨씬 더 비슷하다. <GTA 3> 플레이어가 행사하는 자유는 중범죄에 따른 실제 귀결로부터의 자유만이 아니다. 조잡한 금기 조항에 덧붙여, 혹은 금기의 자리를 대신해 다양한 활동 전체와 관련해 옳고 그름에 대한 자신의 개념화를 지향할 자유이기도 하다. 한 <GTA 3> 리뷰어는 이러한 "도덕성 왜곡"의 예상치 못한 결과에 관해 언급한다.

> 변형을 시작하기로 마음먹기 전에 다음 사항을 고려해 보라. 즉 한번 시작하면 다시는 되돌아갈 수 없다. 당신은 자신이 결코 알길 바라지 않았을 자기 자신을 발견하게 될 것이다. 어쩌면 당신은 무고한 행인을 부끄러운 줄 모르고 때리는 깡패가 될지도 모른다. 혹은 인간 잔디 깎기 기계가 되어 인도를 돌아다니며 보행자들을 무자비하게 갈아 버릴 수도 있다. <GTA 3>는 당신의 무도덕성(amorality)을 위한 잔치, 당신의 어두운 면을 위한 축제다. 어서, 내면의 악마에게 빠져 보라. 당신도 스스로

---

12) Massumi, *A User's Guide to Capitalism and Schizophrenia*, 70.

> 원한다는 것을 알 것이다. 그리고 사이렌 소리가 들리면, 당신은 죄를 지은 것처럼 뛰게 될 것이다. 왜냐하면 마음속 깊은 곳에서는 왜인지 자신이 유죄임을 알기 때문이다.[13]

이는 게임이 허용하는 자유에 대한 한 가지 가능한 반응으로, 우리의 이성만큼이나 우리의 행동을 조절하는 내면의 악마에 대한 인식이다. 이 플레이어에게 <GTA 3>는 게임이 묘사하는 천박함을 거부하기 위해서가 아니라 그 천박함이 천박함에 대한 거부와 뒤섞이도록 하기 위해 그러한 힘들을 불안정한 조화로 이끈다.

머시니마(machinima) 예술가 짐 먼로는 게임이 어떻게 미덕과 비도덕성 사이를 오갈 수 있게 해 주는지 더 명확하게 보여 준다.[14] 먼로는 단편 머시니마 영화 <리버티 시티로의 여행(My Trip to Liberty City)>에서 여행기 형식으로 자신의 대안적인 <GTA 3> 플레이 양식을 기록했다. 게임 내에서 첫 번째 범죄조직 일자리를 제안하는 조직의 간부 루이지와 만난 먼로는 제안을 받아들이지 않기로 결심한다.

---

13) Http://www.gamegirladvance.com/archives/2002/09/26/playlife_in_<GTA>3.html.

14) 머시니마는 녹화된 게임 플레이 수행으로 제작된 다양한 비디오 예술이다.

그 대신 먼로는 걸어서 도시를 탐험하며, 건물 꼭대기로 올라가는 숨겨진 계단을 찾아 리버티 시티 항구 너머로 지는 석양을 감상한다. 먼로는 게임에 내장된 등장인물 스킨 편집기를 활용해 게임 내 등장인물에 캐나다인 관광객과 사제라는 두 가지 외형을 추가했다. 캐나다인 관광객 복장을 한 먼로는 도시의 다양한 명소를 방문하며 게임에 내장된 화면 캡처 유틸리티로 사진을 찍는다. 그런 다음 그는 사제복을 입고 마을의 더 위험한 지역으로 들어가, 그곳에서 종종 벌어지는 길거리 싸움의 희생자와 부상자를 위해 기도한다.

<리버티 시티로의 여행>을 플레이어가 게임의 폭력적 주제를 거부할 수 있는 방식의 예시로 들 수도 있겠지만, 이는 잘못된 특징 묘사다. 먼로는 자기 손으로 폭력을 행사하지 않기로 선택하지만, 그의 모든 경험은 평화와 폭력 양쪽과 관련해 그가 내리는 선택으로부터 흘러나온다. "리버티 시티"에서 "무엇이든 할 수 있다"고 주장하는 사람들은 오해하고 있다. 이 게임은 범죄와 연관 지어 자유 형식 경험을 끊임없이 구조 짓는다. <GTA 3>는 가능한 행위와 그 귀결 사이의 일련의 관계에 따라 게임 경험을 구성하며, 이러한 결단들 사이의 간극에서 시뮬레이션 열병이 도진다. 그 간극은 플레이어가 게임 안팎 양쪽의 동기, 두려움, 사전 개념화의 그물망과 관련해 자신의 다음 행위를 구성해야 하는 곳이다.

이로써 <GTA 3>는 들뢰즈에 대한 바디우의 비판을 떠올리게 하는 관계의 오묘함을 시사한다. 노마디즘과 복잡성

모두 복잡한 구조를 자의적이지만 의도적인 방식으로 가로지르는 단위조작에 의존한다. 인간 유전 같은 복잡한 체계의 우아함은 개별 유전자들의 상호 관계된 기능으로부터 창발한다. 노마드의 자유는 고려 가능한 기회의 다양성으로부터 물질화된다. 이는 생성성에 초점을 맞춘 긍정적인 특징 묘사다. 그러나 설령 네트워크가 가능한 경로의 다양성을 제공해 매우 큰 수의 잠재적 배열을 초래하더라도, 모든 단일한 배열은 다른 선택지의 다양성을 포함하고 배제하는 일련의 한정적 결단을 함의한다. 복잡한 체계와 노마드는 설령 자신을 끊임없이 재배열하더라도 '어떤' 형태로 존속해야 하는 상태기계다. 복잡한 네트워크 이론과 노마디즘 모두 서서히 각각의 구조를 형식화한다. 기관 없는 신체는 아마도 둘 중에서 더 노골적으로 형식적인 것으로, 절대적 잠재성과 절대적인 충만함의 구조며 규모에 대한 모든 의미를 잃을 정도로 경계 없는 개념적 공간이다.

복잡성 이론은 네트워크를 절대적 구조보다는 속기 구조(shorthand structure)로 더 많이 사용하며, 이런 측면에서 복잡성 이론가들은 자신들의 주제가 지닌 내재적 비결정성을 노마디스트보다 더 잘 알아차리고 있다. 그러나 복잡성의 거시적 비전은 네트워크 내 개별 단위조작들의 중요성을 간과하고 개별 단위조작들에 의해 초래되는 생성 구조를 높이 평가하는 근시안적 시각이 될 위험이 있다.

사회 네트워크 서비스 '프렌드스터'와 '링크드인'은 사용자가 만들 수 있는 창발적 체계, 즉 대규모로 실현된 사회 구조에 초점을 맞춘다. 그러나 이러한 서비스는 사용자에게 네트워크의 마디들을 명시적으로 횡단하는 것, 즉 가벼운 "통상적" 사회 네트워크에서보다 더 신중하게 링크하려 노력하는 과정을 요구한다. '링크드인'에서는 한 사업 동료를 다른 사업 동료에게 소개하는 일이 갑자기 형식적인 단위조작이 된다. 이는 사용자의 개별 경험을 조정하는 동시에 더 큰 전문 네트워크를 가능하게 하는 일련의 소프트웨어 상호작용이다. 갑자기 가벼운 소개가 웹 형식, 이메일, 스팸 필터가 뒤섞인 소프트웨어 매개 사태가 된다. 최근 사회 네트워크 서비스의 인기가 급증하면서 개별 링크의 실체와 방법에 관한 매체의 양가성을 직접적으로 지적하는 수많은 비판이 제기되고 있다. 모바일 기술 사회 네트워크에 관한 책 ≪스마트 몹(Smart Mobs)≫의 저자 하워드 라인골드는 유동성이 바로 사회적 링크에서 생략된 연결고리라고 주장한다.[15] 라인골드가 적절하게 명명한 "사회 네트워크 문해력(social network literacy)"은 "얼마나 넓은 인맥을 가지고 있느냐가 아니라 삶을 인도하는 데 인맥을 얼마나 잘 활용하느냐에 달려 있다".[16] 유동성은 들뢰즈와 가타리가 ≪천 개의 고원≫

---

15) Howard Rheingold, *Smart Mobs: The Next Social Revolution*(New York: Perseus, 2002).

16) Howard Rheingold, "View: Is Friendster Changing Our Friend-

에서 집중한 주제이기도 하다. 노마드 공간은 "매끈한 공간"이며, 마찰이 줄어든 것이 아니라 경계가 낮아진 것이 회집체의 벡터를 촉진한다. 사회학자 배리 웰먼은 이에 동의하며, 일반적으로 네트워크는 우리에게 더 많은 유대가 아니라 더 큰 연결성을 가져다준다고 덧붙인다.[17]

네트워크 도구의 지지자들은 종종 네트워크 도구가 촉진하는 자유로운 제스처들보다 네트워크의 구조를 우선시한다. 조잡하게 표현하자면 복잡성의 문제는 숲을 보고 나무를 놓친다는 것이다. 그리고 이는 흔치 않지만 점점 더 흔해지고 있는 문화적 전도 현상이다. 노마디즘은 몇 가지 동일한 문제를 예시한다. 들뢰즈와 가타리는 리좀형 의사 결정의 힘을 치켜세우지만, 개별적 동작을 재편성할 실천적 토대는 거의 제공하지 않는다. <그랜드 테프트 오토> 시리즈는 플레이어가 자신이 취하는 개별적 행위 각각에 관해 성찰하도록 촉진하고 요구하기 때문에 '프렌드스터'보다 복잡한 관계를 더 많이 연습하게 해 주는 게임이다.

다른 현대 게임들도 방대한 세계관과 뛰어난 이동의 자유를 자랑한다. 그러한 예시 중 하나는 <젤다의 전설(Legend of Zelda)>이라는 성공적인 프랜차이즈에 최근 추가된 게임

---

ships?," *Wired* 12, no. 1(January 2004): 64.

17) Barry Wellman, ed., *Networks in the Global Village: Life in Contemporary Communities*(New York: Westview Press, 1999).

이다. 젤다 프랜차이즈는 어린 소년 링크(플레이어)가 힘, 지혜, 용기라는 세 조각으로 이루어진 신화적 트라이포스를 장악하려는 악의 세력 가논을 물리치기 위해 모험을 떠나는 판타지 세계에 관한 검과 방패의 서사시에 기반한다. 가논은 트라이포스를 장악한 후 그 힘으로 세계를 파괴하려 한다. 원래 <젤다의 전설>은 <마리오 브라더스(Mario Brothers)>와 <동키콩(Donkey Kong)>의 제작자 미야모토 시게루가 설계했으며 일본에서는 1986년, 미국에서는 1987년에 출시되었다. 이 게임은 플레이어가 카트에 게임을 저장할 수 있는 최초의 카트리지 내 읽기/쓰기 가능 메모리를 비롯한 수많은 기술 혁신을 자랑했다(이전까지의 게임에서는 플레이어가 이전 게임 상태를 불러오려면 긴 알파벳-숫자 시퀀스를 입력해야 했다).

<젤다의 전설>은 비지시적(nondirective) 설계로 존경받는 게임이다. 비록 이 게임은 강력한 줄거리와 플레이어가 완료해야 하는 일련의 명확한 일·퀘스트를 자랑하지만, 게임 플레이 자체는 <GTA 3>와 거의 동일한 방식으로 자유롭다. 플레이어는 매우 넓은 맵을 돌아다니며 어떤 퀘스트와 도전을 수행할지 선택할 수 있다. <슈퍼 마리오 브라더스(Super Mario Brothers)>와 같은 미야모토의 이전 게임과 달리, <젤다의 전설>에서 플레이어는 어떤 특수한 시퀀스대로 게임을 완료할 필요가 없다. 이 게임에는 플레이어가 완료해야 하는 아홉 개의 던전이 있지만, 이 던전에서 성공할

확률은 플레이어가 쌓은 스킬과 아이템에 따라 달라지기 때문에 훨씬 유동적이고 반(半)자의적인 게임 경험을 가능케 한다. <젤다의 전설>은 최초로 100만 장 판매를 달성한 게임이 되었다.[18]

2003년 닌텐도는 <그랜드 테프트 오토>를 실행할 수 있는 소니·마이크로소프트 콘솔과 동시대에 속한 4세대 게임큐브 콘솔용 <젤다의 전설: 바람의 지휘봉(The Legend of Zelda: The Wind Waker)>을 출시했다. 전작과 마찬가지로 <바람의 지휘봉>은 새로운 셀 셰이디드 렌더링(cel-shaded rendering) 양식을 비롯한 수많은 혁신을 자랑했다. 그중 가장 눈에 띄는 추가 사항은 게임의 방대한 물리적 설정이다. <바람의 지휘봉>은 광활한 대양에서 진행되며, 플레이어는 섬과 섬 사이를 이동하기 위해 작은 돛단배를 이용해야 한다. 이 게임은 원작과 동일한 기본 이야기에 의존하며, 전설의 다른 시대를 배경으로 한다.

<GTA 3>와 마찬가지로 <바람의 지휘봉>은 방대한 세계관을 구성했으며, 세계를 횡단하는 데 상당한 현실-세계 시간이 요구된다. 마찬가지로 두 게임 모두 상당한 이동의 자유를 자랑한다. <GTA 3>는 도시 환경에서 진행되며, 플레이어는 도시를 걷거나 달리거나 운전할 수 있다. <바람의 지

---

18) Http://www.dojomediaserver.com/specials/Famicom/timeline.html/.

휘봉> 속 이동의 가능한 짜임은 틀림없이 <GTA 3>보다 훨씬 더 넓다. <바람의 지휘봉>은 대양이 배경이기에 플레이어가 언제든, 어느 방향으로든 항해할 수 있기 때문이다. 그러나 이러한 가능한 짜임이 지니는 의의는 <바람의 지휘봉>이 <GTA 3>보다 빈약하다. <GTA 3>에서 플레이어는 언제든지 환경이 제공하는 특정 전환 신호를 참조해 다수의 기능 중 하나를 선택할 수 있다. <바람의 지휘봉>의 광활한 대양을 항해할 때 플레이어에게는 어느 방향으로 항해할지, 바다 괴물이 나타났을 때 싸울지 피할지를 제외하고는 선택의 여지가 거의 주어지지 않는다. <바람의 지휘봉>의 대양은 광활하며 갈고리, 사진기 등 <GTA 3>보다 더 다양한 객체와 도구가 제공된다. 그러나 게임은 플레이어가 현재 활동의 방향성을 바꾸고 이러한 도구를 의미 있게 활용할 수 있게 하는 영감을 거의 제공하지 않는다. 세계의 크기와 가능한 행위의 양은 그 행위의 의미작용보다 덜 중요하다. <바람의 지휘봉>은 여전히 훌륭한 어드벤처 게임이지만, 기술적 성과를 전혀 보여 주지 않음에도 <GTA 3>에서 발견할 수 있는 경험의 복잡한 관계들을 만들어 내는 데는 실패한다.[19]

19) <GTA 3>는 유명한 렌더웨어 엔진을 기반으로 제작되었지만, <바람의 지휘봉>은 대체로 처음부터 새로 제작되었다.

짜임적 문학 공간

<GTA 3>가 제공하는 더 넓은 공간 내 가능한 행위들의 구조화된 짜임은 더 넓은 표현 전략을 제시한다. 즉 공간은 탐험의 충만성을 위해 사용되는 것이 아니라 더 작고 특이한 의미가 있는 경험을 구조 짓기 위해 사용된다. 현대의 두드러진 특성 중 하나는 시공간과 맺는 방향성 없거나 혼란스러운 관계다. 우리는 이미 현대 도시의 짜임적 특성에 대한 보들레르의 반응을 목격했다. 보들레르의 시는 이 새로운 공간적 현실에서 의미를 찾기 어렵다는 점을 표현하는 역할을 한다. 이 분리와 재결합 과정이 가장 극단적인 형태에 이르면 입체파 회화에서 그런 것처럼 추상의 수준에 도달한다. 시 역시 내재적으로 파편적이다. 그런데 소설은 전통적으로 완전한 서사 시퀀스에 대한 정합적 묘사를 제공해 왔다. 모던 소설에서는 사건들의 정합적 시퀀스와 시공간적 혼란의 충돌이 종종 소설 자체의 형식적 변화를 통해 이루어진다. 그러한 작품에서 공간과 시간은 대개 구성적 요소들로 분해되며, 소설가는 이를 새로운 전체로 재조합한다.

농산물 품평회 장면으로 알려진 플로베르의 소설 ≪마담 보바리(Madame Bovary)≫의 특히 중요한 장면에서, 에마와 간통하는 연인 로돌프는 지방의 시골 품평회가 열리는 동안 그녀에게 사랑을 고백한다. 이 장면에서 플로베르는 품평회의 단상에서 진행되는 연설과 시상식 그리고 점점 더 격렬해

지는 로돌프와 에마 사이의 밀담이라는 두 가지 구별되는 사건을 하나로 엮어 낸다. 이 장면에서 플로베르는 어려운 작업에 착수하는데, 서로 중첩되고 서로를 향해 이동하는 두 개의 동시적 공간을 산문으로 번역하는 일이 그것이다. 플로베르가 고안한 전략은 다음과 같다. 두 공간을 가장 효과적으로 조명할 수 있는 파열의 핵심적 순간에 한 공간의 흐름을 다른 공간으로 방해한다. 두 공간 사이의 이 이행은 지방 생활의 투박한 현실과 관련해 에마의 낭만적인 공상을 짠다.

이 장면은 과하게 자만한 관료 리외뱅의 긴 연설로 시작한다. 로돌프는 에마에게 리외뱅의 주장에 대한 논평을 들려주면서 은은하게 유혹한다. 연설이 끝나고 회장은 품평회 수상자를 발표하기 시작하는데, 짧은 감탄사들이 고조되는 로돌프의 유혹 그리고 불안에 찬 에마의 대답과 합쳐진다. 마침내 에마가 백기를 들기 시작하면서 (그리고 로돌프가 에마를 유혹하는 데 성공했음을 확신하면서) 두 개의 대화는 구분할 수 없는 한 개의 연설로 합쳐지고, 두 개의 구분되는 사건을 동시에 대리하게 된다. 이야기 전체에 플로베르의 낯익은 신랄함이 스며들어 있어 두 연인의 부조리한 낭만적 농담이 무미건조한 지방 품평회의 일을 감염시키고, 그 반대의 경우도 성립한다.

독자의 주의는 단상에 있는 연설자와 로돌프 또는 에마의 현재 표현 사이에서 분열된다. 장면이 시작되자 리외뱅은 현재 정치의 미덕과 그것이 농촌 주민들에게 미치는 영향에 찬사를 보낸다. 그 사이사이 에마와 함께 있는 모습이 발각될까 봐 걱정하는 로돌프의 모습이 유혹의 시작이 된다.

> "우선, 말씀드릴 수 있도록 허락해 주시기를 바랍니다.…
> 아울러 전쟁만큼이나 평화도 존중받도록 할 줄 알며, 산업과 상업, 농업, 예술을 진흥할 줄 아는 것입니다."
> —저는, 로돌프가 말했다. 조금 물러나야겠습니다.
> —왜요? 에마가 물었다.[20]

플로베르는 담화의 두 가지 실타래 사이에 표현적 분리와 물질적 분리를 모두 세운다. 앞뒤에 공백을 배치해 두 목소리 집합을 공간적으로 분리한다. 인쇄상의 추가적 단서로 단상에서 진행되는 연설과 시상식은 큰따옴표 사이에 배치하고, 로돌프와 에마의 대화는 앞에 긴줄표를 붙인다. 서술자는 방금 인용한 대사 직후를 포함해 때때로 후자의 대화를 방해하기도 한다("Mais, à ce moment, la voix du Conseiller d'éleva

---

20) Gustave Flaubert, *Madame Bovary*(Paris: Flammarion, 1986), 208; *Madame Bovary*, trans. and ed. Paul de Man(New York: W. W. Norton, 1965), 102.[김화영 옮김(2000). ≪마담 보바리≫. 민음사.] 이후 모든 참조에서 첫 번째 페이지 번호는 프랑스어판을, 두 번째 페이지 번호는 영어판을 나타낸다. 이 인용문에서 번역을 변경하지는 않았지만, 영어판[한국어 번역문]의 타이포그래피를 프랑스어판의 타이포그래피와 일치하도록 수정했다.

d'un ton extraordinaire" / "그러나 그 순간 의원의 목소리가 이상한 어조로 높아졌다").[21] 다른 경우에는 로돌프나 에마가 단순히 말을 멈추고 연설이 다시 전경에 나오도록 허용하기도 한다. 예를 들어,

> 그[로돌프]는 현기증을 일으킨 사람처럼 얼굴에 손을 갖다 댔다. 그러고는 에마의 손 위에 내려놓았다. 그녀는 자신의 손을 거둬들였다. 하지만 의원은 계속 읽어 내려갔다.[22]

두 사건은 연설이 중단된 지점이 아니라 로돌프와 에마가 연설을 다시 듣기 시작하는 지점에서 재개된다. 연설의 누락된 부분이 부재하는 것은 일거에 관찰될 수 없는 두 사건의 동시성을 지시한다.

> —어머! 그런 말씀을 다 하시고. 에마가 말했다.
> —아니! 장담컨대 끔찍해요.
> "하지만 여러분." 의원이 계속했다.…[23]

---

21) 같은 곳.

22) 같은 책, 210; 103.

23) 같은 책, 209; 102.

이 공간적 틀은 리외뱅의 공적 연설과 로돌프의 사적 연설 사이에 결정적 움직임을 만들어 낸다. 이 틀은 리버티 시티가 반사회적 행동에 대한 플레이어의 민감성을 부추기는 것처럼 유혹에 대한 에마의 민감성을 부추기도록 평범한 환경에 배치되어 로돌프의 의도를 실현한다.

장면의 틀과 더불어 연설의 주제 그리고 로돌프와 에마의 대화가 서로에 스며들면서 로돌프는 연설이 내세우는 요점을 에마에게 다가가기 위한 것으로 전환한다. 인상적일 만큼 장황한 연설의 특히 건조한 지점에서, 리외뱅은 공공복지에 대한 의무의 필요성을 역설한다. 로돌프는 에마를 충실한 아내로서의 의무에서 떨어뜨리기 위해 이에 대한 비방을 역이용한다.

> "… 준법정신과 의무 이행에서 비롯되는, 공동의 개선과 애국심을 향한 …"
>
> —아! 또 저 소리! 로돌프가 말했다. 맨날 "의무, 의무"라니. 나는 그 말에 진절머리가 나요. 플란넬 조끼를 입은 늙은 영감탱이들과 화로와 염주를 끼고 사는 소견 좁은 할망구들이 우리의 귀에 대고 "의무! 의무!" 하며 떠들거든요.[24]

---

24) 같은 책, 210-211; 103-104.

이후 시상식이 진행되면서 로돌프와 에마 사이의 잠재된 열정이 절정에 가까워진다. 플로베르는 품평회의 단상이 에마와 로돌프를 둘러싼 사적 공간과 직접적으로 교차하도록 텍스트를 구조 짓는다. 에마와 로돌프 중 한 명의 말이나 행위는 단상에서 발화된 다른 모든 구절을 방해한다.

> 그리고 그는 그녀의 손을 잡았다. 그녀는 손을 빼지 않았다.
> "전체 경작 우수상!" 회장이 외쳤다.
> —가령, 아까 댁에 갔을 때…
> "수상자, 캥캉푸아의 비제 씨."
> —이렇게 같이 있게 될 줄 알았겠습니까?
> "상금 칠십 프랑!"[25)]

비료와 가축에 대한 시상과 그 못지않게 패러디적인 로돌프와 에마의 열정에 찬 제스처를 뒤얽는 이 장면에서 플로베르의 기법은 특히 효과적이다. 플로베르의 특징적인 "세찬 바람(coup de vent)"이 에마 주변을 휘감으며 그녀의 성적 활기를 드러내고, 그 속도가 너무 빨라 단상 위에서 일어나는 말과 행위 그리고 로돌프와 에마 사이에 일어나는 말과 행위가 구분되지 않는다. 회장이 카트린 르루가 54년 근속에 대한 상을

---

25) 같은 책, 215; 107.

받기를 기다리며 단상에서 지루한 휴식을 취하는 동안 로돌프와 에마의 불장난이 절정에 이른다는 점은 부조리하고 인상적이다. 플로베르는 회장 및 다른 사람들의 연설과 로돌프의 최종 환희를 중첩시켜 순수한 동시성을 만들어 낸다.

—자, 나가!

—싫어요.

—왼쪽이야!

—겁낼 것 없어!

—아이고, 바보 같은 여자야!

—도대체 있는 거야 없는 거야? 튀바슈가 외쳤다.

—있어요! 자, 여기.

—그러면 이리로 나와요.[26)]

플로베르의 텍스트는 특징적 양식에 따라 카트린 르루에 대한 기술로 이어지며, 독자는 로돌프와 에마 사이의 야릇한 막간을 상상하게 된다.

농업 품평회 장면은 동시성을 지시하기 위해 두 가지 주요 기법을 사용했다. 즉 한 대사가 다른 대화에 방해받은 후 중간 요소가 제거된 채로 복원되고, 배경 요소들이 동시적으로 진행되는 전경 행위에 통합된다(예를 들어 로돌프가 의무에 관

26) 같은 책, 216; 108.

한 담론을 전용하는 장면). ≪율리시스(Ulysses)≫의 "떠도는 바위들(Wandering Rocks)" 장에서 제임스 조이스는 이 기법을 확장하고 복잡하게 만들어 두 개의 고정된 사건이 아니라 수십 개의 동시적이고 변화하는 행위를 추적한다.

이 장은 19개의 절로 나뉘며, 각 절은 한 사람 또는 여러 사람 그리고 오후 3시와 4시 사이 그들의 현재 궤적을 다룬다. 첫 번째 절과 마지막 절은 중간 절들을 구성하는 역할을 한다. 첫 번째 절은 콘미 신부가 걸어가는 거리를 자세히 묘사하며, 그동안 그는 소설 속 대다수의 등장인물과 어떤 식으로든 마주치게 된다. 마지막 절은 더블린 백작의 마차 행렬이 총독 관저에서 미루스 바자회 개회식장으로 향하는 모습을 기술하며, 이 역시 소설 속 대다수의 등장인물을 지나쳐 간다. 전반적으로 조이스는 (때로는 동시적으로, 때로는 회상이나 예견을 통해) 사건을 방해하고 사건의 보이지 않는 부분을 생략하는 플로베르주의적 기법을 차용한다.

장의 구조와 장 내 모든 공명은 복잡하다. 콘미 신부와 백작의 마차 행렬이라는 두 가지 주요 링크 외에도 더블린을 거치며 장면들을 더욱 단단히 묶어 주는 여러 작은 링크가 있다. 이러한 작은 링크로는 외다리 수병, 블룸이 일전에 버린 일라이자 스로어웨이(throwaway), 헬리의 광고판 남자들(sandwich board men), 마리 켄들의 포스터 등이 있다. 이 중 둘, 일라이자 스로어웨이와 마리 켄들 포스터는 심지어 쉽게 참조할 수 있도록 각각 "조각배, 구겨진 스로어웨이", "매력적인 수브레트(soubrette)"라는 호메로스적 별칭도 함께 제공된다. 이 장에서는 많은 사건과 사건들 간 많은 연결이 작용하므로, 나는 여러 공간이 서로 다른 공간에 영향을 미치고 행위를 촉진하는 방식만 살펴볼 것이다.

플로베르가 단 하나의 동시적 순간을 엮어 내는 반면, 조이스는 한 시간 동안의 공간에서 어떤 사건이 다른 사건에 선행하고 어떤 사건은 다른 사건과 중첩되는 동시적 사건들의 진행을 만들어 낸다. "떠도는 바위들" 장은 패디 디그넘과 그의 아들을 생각하며 걷는 콘미 신부의 산책으로 시작된다. 콘미 신부는 케이티와 부디 데덜러스가 스티븐의 책 몇 권을 팔기 위해 방금 만난 전당포 주인 맥기니스 부인을 지나친다. 그는 H. J. 오닐 장의사를 지나가다가 (2절의 주인공으로 등장하는) 코니 켈러허가 일하는 모습을 보게 된다. 그는 또한 돼지고기 정육점을 지나치는데, 나중에 청년 디그넘은 마차 행렬이 지나가기 전에 여기서 돼지고기 스테이크를 구매한다. 2절의 시점은 콘미 신부가 오닐 장의사에서 코니 켈러허를 본 직후다. 콘미 신부가 본, 장부를 관리하던 코니는 장부를 덮고 영안실에 있는 관으로 시선을 돌려 콘미 신부가 코니 켈러허를 본 직후 지나친 순경에게 말을 건넨다.

1절에서 콘미 신부가 "H. J. 오닐의 장의사를 지나치자 코니 켈러허가 마른 풀잎 줄기를 씹으며 장부에 숫자를 기입했다. 순찰 중인 한 순경이 콘미 신부에게 인사를 하자 콘미 신부는 순경에게 답례를 했다".[27] 2절에서 코니 켈러허는 관을 향해 고개를 돌린 후 같은 순경을 보게 된다. “순찰 중인 57C호 순경이 인사를 하려고 발걸음을 멈추었다.”[28] 콘미 신부와 반대 방향으로 가던 순경은 콘미를 지나친 직후 오닐의 장의사에 도착하고, 그 시점은 반대 방향으로 가던 콘미가 오닐을 지나친 직후다. 이와 동시에 코니 켈러허는 콘미 신부가 뉴커먼교(橋)에서 돌리마운트행 전차를 타는 모습을 목격하며, 이는 1절에서 콘미 신부가 돼지고기 정육점을 지나고 나서 했다고 언급한 행동이다. 그러므로 시간이 얼마 지나지 않았고, 여러 개의 동시적 사건이 단일 행위들의 연쇄적 계열로 병합되었으며, 각 시점(視點)은 그것이 마주치지 않는 것을 짠다.

3절에서 (1절 초반에 콘미가 마주쳤던) 노래하는 외다리 선원은 모퉁이를 돌아, 전당포 주인 맥기니스 부인을 만난 후 집으로 돌아가는 길이던 케이티와 부디 데덜러스를 지나쳐(4절) 아직 이름 없는 거리로 나온다. 도중에 그들은 다음과 같은 것을 본다.

> 창문의 덧문이 옆으로 젖혀졌다. “가구 없는 아파트”라는 카드 한 장이 창틀로부터 미끄러져 떨어졌다. 통통하

---

27) James Joyce, *Ulysses*(New York: Vintage, 1990), 221.[이종일 옮김(2023). ≪율리시스 1, 2≫. 문학동네.]

28) 같은 책, 225.

고 맨살의 관대한 팔 하나가 반짝이며, 드러나, 하얀 페티코트 조끼와 팽팽한 슈미즈로부터 앞으로 내밀었다. 한 여인의 손이 난간 너머로 동전 한 닢을 앞으로 내던졌다. 그것은 길 위에 떨어졌다.

장난꾸러기 꼬마들 중 하나가 그에로 달려가, 그걸 주워 올려, 그 음유시인의 모자 속으로 떨어뜨리며, 말했다.

— 거기요, 아저씨.[29)]

이 사건이 장 속 다른 사건들의 시간·장소와 관련해 언제 어디에 해당하는지는 즉시 명확하게 드러나지 않으며, 따라서 어떤 다른 행위들이 해당 사건을 짜고 활성화하는지도 즉시 명확하게 드러나지는 않는다. 조이스는 플로베르의 농업품평회 장면에서 단순하게 왔다 갔다 하는 것보다 추적하기는 다소 어렵지만 훨씬 더 보람 있는 흔적을 남긴다.

9절에는 "'가구 없는 아파트'라는 카드 한 장이 에클스가 7번지의 창문틀 위에 다시 나타났다"라는 구절이 나온다.[30)] 이제 우리는 케이티와 부디, 수병이 블룸의 집을 지나갔고 몰리 블룸이 수병에게 동전을 줬다는 점을 알게 되며 이로써 그 위치가 확립된다. 시간적 관계는 조금 더 어렵다. 3절에서 수병이 케이티와 부디를 지나칠 때, "램버트 씨가 방문객과

---

29) 같은 책, 225-226.

30) 같은 책, 234.

함께 창고에 있다는 소식을 들은 J. J. 오몰로이의 고생에 찌든 하얀 얼굴"이라는 방해 구절이 나온다.[31] 8절에서 오몰로이는 사제와 함께 성 마리아 사원의 아주 오래된 회의실에 있는 램버트를 발견한다. ("여보세요, 잭, 당신이오? 네드 램버트가 말했다.")[32] 짧은 대화를 나눈 후 두 사람은 자리를 떴고, "젊은 여인이 그녀의 라이트 스커트에 달라붙은 나뭇가지를 천천히 조심스럽게 떼어 내는" 모습을 본다.[33]

한편 4절에서 케이티와 부디는 집으로 돌아와 자매인 매기가 얼룩진 셔츠를 세탁하는 모습을 발견한다. 그들이 도착하자마자 또 다른 단편이 사건을 방해한다. "콘미 신부는 얇은 양말을 신은 그의 발목을 계속 그루터기에 스쳐 간질이며, 클롱고스 들판을 통과해 걸어갔다."[34] 이는 1절의 마지막에서 신부가 전차에서 내려 걷기 시작한 후에 대한 회상이다. 그는 클롱고스 들판을 지나자마자 다음과 같이 전한다.

> 한 얼굴 붉힌 젊은 사내가 울타리 틈에서 튀어나오자 그 이 뒤를 젊은 여인이 간들거리는 들국화를 손에 들고 따라 나왔다. 젊은 사내는 급작스레 모자를 쳐들었다. 젊은

31) 같은 책, 225.

32) 같은 책, 230.

33) 같은 책, 231.

34) 같은 책, 226.

> 여인이 급작스레 몸을 굽히며, 라이트 스커트에 달라붙은 나뭇가지를 천천히 조심스럽게 떼었다.[35)]

우리는 케이티와 부디가 에클스가 7번지를 지나갈 때 J. J. 오몰로이가 네드 램버트를 찾고 있었다는 것을 알고 있다. 또한 우리는 그 후 얼마 지나지 않아 케이티와 부디가 집에 도착하고 오몰로이가 사제와 함께 램버트를 발견한다는 점도 알고 있다. 케이티와 부디가 집에 도착할 때 콘미 신부는 클롱고스 들판을 걷고, 그 후 여인이 스커트에서 나뭇가지를 떼어 내는 것을 본다. 따라서 우리는 에클스가 7번지 밖의 사건은 오닐 장의사의 사건(이 장이 시작된 직후인 3시경에 일어났다)으로부터 얼마 지나지 않아 일어났으며, 이는 콘미가 전차와 도보를 통해 클롱고스 학교로 이동하고, 케이티와 부디가 에클스가에서 집으로 돌아오고, J. J. 오몰로이가 의회 회의실에서 네드 램버트를 발견하기에 충분한 시간이었다는 결론을 내릴 수 있다.

물론 이 순간은 정확하지 않다. 그러나 이는 사건이 언제 일어났는지 식별하는 한 가지 방법일 따름이다. 이 장에는 참조 지점으로 사용할 만한 더 많은 사건이 있으며, 각 사건은 로돌프가 품평회에서 의무를 논할 때 플로베르가 사용한 일종의 전염을 통해, 또는 현재 절 전후에 공간적으로 배열

35) 같은 책, 224.

된 텍스트의 부분에 대한 명시적인 선취적(proleptic)·회상적(analeptic) 서술을 통해 다른 사건을 방해한다. 가장 긴 길, 장의 두 주요 링크인 콘미 신부와 백작의 마차 행렬의 길은 장의 나머지 사건에 대한 참조 지도 역할을 하는데, 그중 하나 또는 양쪽 모두가 장에 기술된 모든 사건과 만나기 때문이다. 우리가 9절에서 몰리가 떨어뜨린 "가구 없는 아파트" 카드가 다시 나타나는 장면을 보기 직전에 "마차 길의 문이 총독의 마차 행렬이 지나갈 수 있도록 활짝 열렸다".[36)]

"떠도는 바위들"은 ≪율리시스≫의 핵심 장으로, 그 자체로 책 전체를 작은 규모로 표현한 것이다. 이를 염두에 두면 우리는 중간이 누락된 사건의 방해와 그 복원, 중첩을 통한 사건의 전염이라는 개념을 복잡하게 적용하는 조이스에게서 ≪율리시스≫ 자체에 대한 낯설고도 적절한 플로베르주의적 풍자를 접하게 된다. ≪오디세이≫에서 키르케는 율리시스에게 떠도는 바위들은 항로를 벗어나게 할 수 있으니 피하라고 말한다(율리시스는 키르케의 경고에 주의를 기울인다). "떠도는 바위들"은 소설의 주인공인 블룸과 스티븐에 초점을 맞추지 않고, 그들의 설정의 기반이 되는 도시 시나리오를 그려 낸다. 이들 성직자, 관음증 환자, 술주정뱅이는 더블린을 구조 지으며, 블룸과 스티븐은 이 더블린을 거닐며 길을 헤쳐 나가야 한다. 그들은 두 주인공의 관계가 하

36) 같은 책, 233.

나로 수렴해 가는 과정을 짜는 구조들이다. "떠도는 바위들"의 각 개별 행위는 줄거리 전개에 대한 반응(스티븐에 관한 멀리건과 헤인스의 대화) 또는 등장인물의 내적 동기(딜리의 가정 상황에 관한 스티븐의 성찰)를 구조 짓는다. 개별적 관계들의 공간적 짜임은 우연적이지만, 이러한 연결은 사소하지 않다. 그것은 등장인물의 정신 상태에 영향을 미친다.

"떠도는 바위들"은 대인 관계에 관한 복잡한 세부사항을 제공하는 반면, <GTA 3>는 플레이어의 행위 변화에 대한 그럴듯한 인간 반응을 유지하지 못한다. 게임 내 NPC[비플레이어 등장인물(nonplayer character)]는 비현실적인 모습을 보이며, 등장인물 유형은 상대적으로 적고 각 유형은 플레이어와 마주쳤을 때 모두 거의 동일한 방식으로 반응한다. 가령 NPC와의 조우는 두 가지 가능한 행위 중 하나로 귀결될 따름이다. NPC를 두들겨 패거나, 거리를 달리다가 부딪힌다. 물론 이 게임은 전자를 지원하고, 후자는 몇 가지 진부한 대사를 불러일으킬 뿐이다. 따라서 <GTA 3>의 등장인물은 충만한 도시 풍경에서 가장 눈에 띄는 빈 공간이다. 프라스카는 경험의 몰입감을 깨지 않기 위한 설계적 성취로 말하는 NPC가 없다는 점을 꼽는다. 실제로 이 게임에 의미 있는 대인 상호작용이 부족하다는 점을 고려할 때, 그것이 그럴듯한 언어 행위에 의존하지 않는 것은 현명한 선택이라고 할 수 있다. 아마도 더 중요한 점은, 프라스카가 지적하듯 이 게임이 인간 등장인물을 의미 있게 세부적으로 렌더링하지 않은 것이 "NPC 등장인물의 인간성을 없애고 대상화"한다는 점이다.[37] NPC가 보여 주는 인간성의 결여는 (5장에서 논한 것처럼) 그럴듯한 등장인물의 압도적인 기술적 복잡성에 대한 증언으로 볼 수 있고, 게임이 반사회적 행동을 지지한다는 암묵적인 선언으로 볼 수도 있다. 혹은 대안적으로, 얄팍한 NPC를 생산적인 사회적 상호작용으로부터 플레이어를 소외시키기 위한 게임의 주요 전략, 즉 반사회성(sociopathy)을 위한 단위조작으로 이해할 수도 있다.

<GTA 3>와 <바람의 지휘봉>은 모두 탐험을 위해 설계된 허구 세계를 제공한다. 그런데 <GTA 3>는 어떤 임의의 순간에도 다수의 관련 플레이어 기능을 드러낸다. <바람의 지휘봉>과 달리 <GTA 3>의 게임 플레이 경험은 임무들의 시퀀스(설령 그러한 임무들의 시퀀스가 재배열될 수 있더라도)가 아니라 개별 결단들의 관계에서 비롯한다. <GTA 3>에서 모든 결단은 또 다른 가능성을 포함하는 동시에 배제하므로, 새 권총을 사기 위해 행인을 두들겨 패는 대신 구급차를 운전하기로 선택하는 것은 다른 가능한 단위조작들과 관련해 의미작용하는 유동적 의미를 지니게 된다. <GTA 3>가 유발하는 시뮬레이션 열병은 게임 자체의 내부에서 일어나는 이런 활동들 간 불협화음뿐 아니라 게임 세계와 현실 세계 사이에서 이런 활동들이 일으키는 불협화음

37) Frasca, "Sim Sin City."

에서 비롯한다. <GTA 3>는 우리가 범죄·처벌과 맺는 미약한 관계에 주목한다. 칸트는 인간의 충동이 강력하며, 공공생활의 문제와 관련해 이성의 사용을 권장하는 데 법이 필요하다고 인식했다.[38] 우리가 일상적으로 마주치는, 사회성과 반사회성 사이의 끊임없는 흔들림은 폭력적 분노를 향한 우리 자신의 충동과 그에 대한 억제만큼이나 형벌과 감금의 구조에 의해 매개된다. <GTA 3>는 권력과 규율(discipline)의 관계에 대한 적극적 실천, 즉 푸코주의적 권력 계보학의 궁극적 부호(punctuation)로 간주될 수 있다.[39] 일단 <GTA 3>를 플레이하면 "되돌아갈 수 없다"고 주장하는 리뷰어는 이 게임이 플레이어와 잠재적 일탈 행위의 관계에 대한 주의를 성공적으로 환기하고 있음을 시사한다.

아울러 단위조작적 의미들의 관계적 네트워크는 우리로 하여금 풍부한 상호작용적 경험을 위한 기술적 목표를 재고하게 할 수도 있다. 수년 동안 과학자들과 예술가들은 시각과 청각 이외의 물리적 유대를 통해 사용자와 작품을 연결해 더욱 풍부하고 몰입감 있는 경험을 제공하기 위해 정교한 가

---

38) Immanuel Kant, "Perpetual Peace: A Philosophical Sketch," in *Perpetual Peace and Other Essays*, 110.[이한구 옮김(2008). ≪영구 평화론≫. 서광사.]

39) Michel Foucault, *Discipline and Punish*(New York: Vintage, 1995). [오생근 옮김(2020). ≪감시와 처벌≫. 나남.]

상현실 장비와 공간을 설계해 왔다. 인간 주체를 컴퓨터 체계 안에 물리적으로 감싸 자유로운 몰입감을 산출하도록 의도된 가상현실 설치물과 달리, <GTA 3>는 기술적으로 열악한 환경에서도 설득력 있고 의미 있는 세계를 제공한다. <GTA 3>는 문자 그대로의 신체를 비물질화하는 것이 더 큰 상호작용에 필요한 단계라는 일반적 의견(≪천 개의 고원≫의 또 다른 주제)에 비디오게임이 어떻게 저항할 수 있을지 시사한다. 우리는 <GTA 3>와 같은 작품의 잔인함을 비난하기보다는 그 작품이 제시하는 핵심 문제를 진화시키려 노력해야 한다. 그 핵심 문제란 우리가 할 수 있는 행위들 각각의 단위조작을 이해하고 다듬어 인간 경험의 체계를 조사하고 개선할 방법을 발전시키는 것이다.

12
비판적 네트워크

문학, 예술과 나란히 기술 연구를 지원하는 것은 엄청난 정치적 논지를 수반한다. 인문학 분야에서 기술을 최초로 후원한 일부 영어영문학과는 자신들이 이 분야의 소유권을 계속 가져야 한다고 여긴다. 이미 예술 이론과 실천의 접점에 대해 협의한 설계학과 및 예술학과는 전자 텍스트와 비디오게임을 떠맡을 특별한 특권을 주장할 수도 있다. 영화학과는 산업 예술에 대한 역사적 경험을 근거로 비디오게임에 특별한 권리가 있다고 여길 수 있다. 게다가 모든 종류의 인문학 프로그램이 예산 삭감으로 어려움을 겪고 있는 가운데, 학제적 프로그램은 노화한 학문 분야에 활기를 불어넣는 도구로서 특별한 매력을 지니고 있다.

때때로 그러한 갈등은 당황한 학장들이 자금 지원을 거부하거나 다른 곳으로 돌리게 하는 등 빠르게 교착 상태로 이어지기도 한다. 이런 종류의 저항에 대한 가장 유명한 예시는 컴퓨터게임 부전공을 만들려 한 캘리포니아대학교 어바인캠퍼스의 첫 번째 시도에서 비롯한다. ≪와이어드 뉴스(Wired News)≫는 교수진의 제안에 대한 캘리포니아대학교

어바인캠퍼스 사회과학대학 학장 윌리엄 숀펠드의 응답 중 일부를 게재했다.

> 게임 연구에 초점을 맞추는 것이 취지임을 공식적으로 명시한 학술 프로그램은 외설스러운 흥미에 기반해 사람들을 끌어모을 위험이 크다고 생각한다. 우리가 최고 수준의 차별성을 갖춘 연구 대학이 되려 한다면 이런 유형의 메시지를 보내서는 안 된다고 생각한다.[1)]

숀펠드가 게임과 음란성을 동일시한 것은 합리적인 논증이라기보다는 도발에 가깝다고 추정할 수 있지만, 그가 함축하는 바는 분명하다. 설령 비디오게임이 연구가 가능한 대상이라 하더라도 공적으로 그러한 연구를 인정하는 것은 이 기관의 전통주의적 믿음에 손상을 입힐 수 있다는 것이다.

다른 기관에서는 다른 학문 분야와 분리된, 게임 연구에 특별히 초점을 맞춘 프로그램을 마련했다. 숀펠드의 응답에서 두드러지는 미국의 학문적 청교도주의(puritanism)와 관련이 있든 없든, 그러한 프로그램은 북유럽에서 많이 볼 수 있다. 그중에서 덴마크의 코펜하겐IT대학교와 핀란드의 탐페레대학교는 디지털게임 전공으로 학사, 석사, 박사 학위

---

1) Katie Dean, "Gaming: Too Cool for School?" *Wired News*, January 15, 2001, http://www.wired.com/news/culture/0,1284,40967,00.html/.

를 수여한다. 이 지역의 여러 이론가가 게임 연구는 반드시 다른 분야와 완전히 분리된 자율적 영토를 가져야 한다는 강한 입장을 견지해 왔는데, 그중에서도 4장에서 논한 에스펜 올세트와 프란스 메이레가 이 문제에 그러한 입장을 취한다.

나를 포함해서 인문학자들과 사회과학자들이 그러한 분리주의에 어떤 이의를 제기하든, 자율성이 생산적이었다는 몇몇 증거가 있다. 에스펜 올세트는 더 큰 제도적 자유와 더 빠른 교수 직급 승진을 지원하는 구조를 지닌 노르웨이 대학 체계에 부분적으로 힘입어 이 매체[게임 분야] 최초의 동료 검토 저널 ≪게임 연구(Game Studies)≫를 창간했다.[2] 올세트는 자신이나 자신의 연구를 기술할 때 "루돌로지"라는 용어를 사용한 적이 없지만, 그와 다른 연구자들은 ≪게임 연구≫ 초창기에 게임 연구의 첫 번째 원리로 분파(schism)를 제시했다. 저널의 창간호에서 올세트는 다음과 같이 말한다. "게임은 영화나 문학의 일종이 아니지만, 이 두 분야가 게임을 식민지로 만들려는 시도는 이미 일어났고 의심의 여지 없이 앞으로도 일어날 것이다. 컴퓨터게임 연구가 분명한 자생력을 갖춘 학문 분야로 부상할 때까지는 말이다."[3]

---

2) Http://www.gamestudies.org/.

3) Espen Aarseth, "Computer Game Studies, Year One," *Game Studies* 1, no. 1(2001). http://www.gamestudies.org/0101/editorial.html/에서 이용 가능.

분리된 전문 연구 분야를 확립하려는 올세트와 다른 사람들의 열망은 드문 일이 아니다. 인간의 복잡한 체계 이론가 수잔 로먼은 대학의 주된 목적이 "심층적 전문화(deep specialization)"를 가능하게 하는 것이며, 전문화는 종종 파편화를 통해 이루어졌다고 주장한다.[4] 로먼은 이 과정을 금속이나 유리를 더 또는 덜 단단하게 하는 가열과 냉각의 느린 과정인 어닐링(annealing)에 비유한다. 대학 구조의 단편들은 각각의 개별적 갈등을 통해 느리게 만들어졌다. 비록 스티븐 울프럼이 말하는 과학의 기본 단위체들과 같은 방식으로 창발적이지는 않지만, 이러한 계획은 중앙에서 제어된 것이 아니라 개별적 갈등들의 조합에서 느리게 창발했다.

비록 나는 비디오게임이 기술과 문학의 미래에 중요한 위치를 차지할 것이라는 데 동의하지만, 1980년대와 1990년대에 흔히 볼 수 있었던 학문성에 대한 불안으로 회귀하는 것은 실행 가능한 해결책으로 보기 어렵다. 그 대신 나는 단위분석의 미래가 단위조작의 논리 자체를 구현하는 비판 전략에 달려 있다고 주장하겠다. 대학은 대개 체계조작의 증거다. 학문 분야는 지식의 특정화된 구조만을 다루며, 고도로 분리되어 변화에 저항하고 혁신을 위한 예외를 거의 허용하

---

4) Susanne Lohmann, "Darwinian Medicine for the University," in *Governing Academia*, ed. Ronald G. Ehrenberg(Ithaca: Cornell University Press, 2003), 77.

지 않는다. 비디오게임, 소프트웨어 기술, 정보 체계 같은 분야들에 대한 의미 있는 지적 조사는 새로운 학문 분야나 비판적 규율을 특징짓는 독립적이고 정적인 부문들로의 영역 분리 대신, 고루한 기업이 아니라 적응형 네트워크처럼 작용하는 유연한 조직적 단위체들을 요한다.

특히 지난 20년 동안 대학은 다수의 학과가 서로의 전문성과 인적·물적 자원을 활용해 같은 관심사들 간 수렴을 촉진할 방법으로 학제성(interdisciplinarity)이라는 관념을 포용했다. 내가 4장에서 논한 비교문학은 거의 언제나 다른 학과(국어, 영화 등) 교수의 시간 일부 또는 전부를 빌려 강의된다. 생명공학과 인간의 복잡한 체계 같이 떠오르는 분야는 새롭게 발전하면서 다양한 기존 분야의 지원을 동원하는 경우가 많다. 학제성은 여러 가지 난제로 가득하며, 그중 가장 기본적인 난제는 빈번하게 대립하는 지도력과 목표 사이에서 분열된 집단들의 자금 조달과 관리의 복잡성이다. 그럼에도 학제성이라는 관념은 단위조작적 학계를 향한 긍정적 발걸음이다.

유감스럽게도 학제적 관계는 여기까지만 나아간다. 학제성은 정의상 예외다. 그것은 작동하는 관계를 구성하는 데 안정적이고 형식적인 학과들을 요구한다. 학계에서 개별 학문이 유지된다는 것은 여전히 분야들 간 새로운 연결을 만들려고 시도한 용감한 사람들이 아랫돌 빼서 윗돌 괴기를 하고 있음을 의미한다. 두세 개의 분야에서 다루어야 할 것들에 충분한 시간을 할애하지 못하는 종사자는 학제적 연구를 시도하다가 공용 자원의 교착 상태에 빠지는 경우가 많다. 설상가상으로 최고의 연구를 수행하는 지식인들은 분야들 간 정치, 캠퍼스를 가로지르는 긴 걸음, 분열된 사회적 의무, 상충하는 교육과정, 복잡한 승진 및 재임 심사 정치의 소용돌이에 휘말리는 경우가 많다. 유감스럽게도 이러한 문제들은 교육학에서 더 중요한 문제들보다 우선시된다.

나는 이러한 수수께끼와 다른 수수께끼에 대한 해결책의 씨앗으로 단위조작적 학문 실천이라는 관념을 제시한다. 인문학에서 학제성은 기꺼운 지식인들을 같은 이웃 공동체로 끌어들이는 쉬운 방법이었다. 예를 들어 "프랑스와 아시아 연구", "영어와 미술사"처럼 말이다. 컴퓨터과학, 심리학, 사업, 음악 등 광범위하게 이질적인 분야들로 관심의 범위를 넓히려면 훨씬 더 급진적인 전환이 필요하다. 단위조작적 대학은 끊임없이 변화하는 매우 이질적인 집단, 관념, 자원 사이 관계들의 집합, 즉 복잡한 네트워크처럼 보일 것이다. 교수진과 학생들은 정적이고 고립된 분야에 속하지 않고 끊임없이 서로 유대를 만들고 끊으며, 어떤 유대는 무한정으로, 어떤 유대는 회의 동안만 지속된다. 지적 프로젝트는 소프트웨어에 더 가까워진다. 그것은 여러 잠재적 애플리케이션과 구조적으로 묶여 있는 캡슐화된 생산의 단위체들이 된다.

소프트웨어 기술에서 전통적인 객체지향 체계는 언제나 기술 플랫폼의 제약을 받아 왔다. 시장 역학과 반독점 소송은 차치하더라도 마이크로소프트의 지배적 힘과 새롭게 떠오르는 리눅스의 인기 사이에서 벌어지는 투쟁은 호환성(compatibility)이라는 단순한 문제로 인해 약화하고 있다. 윈도우 프로그램은 다른 체계에서 실행되지 않을 따름이며, 물리적으로 서로 다른 기계들 사이 네트워크가 아무리 얽혀 있고 복잡해도 그러하다. 이러한 제한들은 인터넷이라는 복잡한 네트워크를 개별 결단과 우연에 의해 좌우되는 훨씬 더 국지적인 네트워크로 축소한다. 예를 들어 IT 지원, 구매력, 사용자 선호도 등과 같은 요소들이 이에 해당한다. 이는 정보 기술에서 낯익은 문제다. 컴퓨터들이 "서로 대화하도록" 만드는 것은 종종 체계 구조의 다른 어떤 양상보다도 인간공학을 더 많이 포함한다.

최근 상호운용성(interoperability) 문제에 대한 해결책을 제공한다고 주장하는 웹 서비스(Web service)라는 기술 표준이 등장했다. 이에 담긴 생각은 간단하다. 모든 체계가 이미 준수하고 있는 하나의 표준은 컴퓨터에서 월드와이드웹의 독자에게 내용을 전달하는 데 사용되는 인터넷 프로토콜(Internet protocol)이다[하이퍼텍스트 전송 프로토콜(hypertext transfer protocol) 또는 HTTP]. 실제로 웹 서비스는 HTTP를 통해 컴퓨터들 간 전문화된 메시지를 전송하기 위한 표준 데이터 형식일 뿐이다. 데이터 형식과 전송 프로토콜의 표준화는 앞서 논한 전문 용어 및 지적 재산에 대한 전통적인 토대적 개념과의 급진적 단절을 나타낸다. 표준은 오랫동안 정보 기술의 아킬레스건이었으며, 제삼자 조절 기관이 표준을 성공적으로 만들더라도 개별 조직의 특정 문제를 해결하지 못하는 경우가 빈번하다. 좀 더 일반적으로, 소프트웨어 설계자는 표준을 수정하거나 표준에서 벗어나 자체 버전의 표준(용어에 대한 흥미로운 모순)을 경쟁사와 차별화하기 위한 부가가치 서비스로 제공한다. 상업적 이점은 실제로 표준 기반 공학의 복잡한 관계를 대신해 특정 지적 재산의 단위체를 집행하는 또 다른 방식일 따름이다. 웹 서비스도 이러한 종류의 수정에서 벗어나지는 못했다. 그러나 표준의 기본 전제는, 복잡한 네트워크가 국지적 체계의 오류에 아랑곳하지 않고 인터넷을 계속 작동시키는 것과 같은 방식으로 전문 용어와 지적 재산의 손상에 저항할 수 있게 해 준다.

웹 서비스는 XML과 SOAP라는 두 가지 일반적 형식으로 데이터를 전송한다. XML, 즉 확장 가능한 마크업 언어(extensible markup language)는 계층적이고 구조화된 데이터를 렌더링하는 데 사용되는 간단한 태그 기반 텍스트 형식이다. HTML은 구조적으로 XML과 유사하지만, 형식 요구사항이 훨씬 느슨하다. SOAP, 즉 단순 객체 접근 프로토콜(simple object access protocol)은 원격 컴퓨터 체계의 애플리케이션에서 온 객체 기술 양식 요청을 실행하기 위해 특정적으로 구조화된 특수한 종류의 XML 형식 메시지다.[5] 웹 서비

5) 흥미롭게도, 마이크로소프트는 비독점 표준 SOAP의 주요 전도사

스의 주요 이점은 구조적으로 아무런 공통점이 없는 두 컴퓨터가 서로의 소프트웨어 루틴을 호출하고 그 결과를 공유할 수 있다는 점이다. 예를 들어 오늘날 리눅스와 같은 오픈 소스 체계를 선택한 독립 소프트웨어 공학자는 구글(Google.com)의 검색 결과[6]나 아마존(Amazon.com)의 베스트셀러 보고서를 웹 서비스로 요청하는 애플리케이션을 개발할 수 있다.[7] 현재로서는 이러한 애플리케이션 중 상당수가 단순히 신기하게만 보이지만, 산업 분석가들은 웹 서비스 시장이 2007년까지 연간 210억 달러 규모로 성장할 것이라고 예측한다.[8] 가까운 미래에는 기업들이 기본적인 사업 조작의 단위체를 공유하거나 판매해 세계 시장을 단순한 자본 교환뿐 아니라 지식 창출이 이뤄지는 장으로 만들 수도 있다.

내가 앞서 논한 소프트웨어 객체의 단위조작적 특성은 변하지 않지만, 네트워크화된 데이터 통신의 단위조작은 이러한 단위체들의 영향력을 확장해 네트워크들의 네트워크를 생성한다. 인터넷이 공유 뷰어(shared viewer)를 통해 복잡한

이자 구축자였다.

6) Http://www.google.com/apis/index.html/.

7) Http://www.amazon.com/gp/browse.html/ref=sd_allcat_ws/103-7007929-2315857?node=3435361/.

8) Anthony C. Picardi and Laurie A. Seymore, "U.S. Web Services Market Anaysis, 2002," *IDC Research*(December 2002).

정보 네트워크를 만들었다면, 웹 서비스는 공유 애플리케이션을 통해 복잡한 절차적 체계 네트워크를 만들려 한다.

웹 서비스는 제도화된 교육의 문제에 대한 흥미로운 실례를 제공한다. [때때로 유비쿼터스 컴퓨팅(ubiquitous computing)이라고도 불리는] 언제-어디서나의 계산이 지닌 시장의 힘은 웹 서비스의 성장을 주도했다. 웹 서비스 도입 배후의 중대한 힘은 이질적인 체계들 간 통합 비용의 절감이다. 그러나 훨씬 더 큰 힘은 (그리고 틀림없이 체계들의 통합에 대한 필요를 주도하는 힘은) 애초에 애플리케이션 서비스에 대한 대중 시장의 끈질긴 요구다. 그리고 이러한 맥락에서 "서비스"는 어떤 특수한 서비스보다도 우선한다. 개별 소프트웨어 개발자는 다른 개인과 기업이 이미 만들어 놓은 기존 체계를 활용해 이점을 얻고 싶어 한다. 고립된 객체 기술에서 웹 서비스로의 전환은 준정적(semi-static) 고립 상태의 단위조작에서 복잡한 네트워크 전반에 걸친 단위조작으로의 전환이다.

미셸 세르는 "무질서를 생산하고 다른 질서를 만들어 내는" "궁극의 기생충(ultimate parasite)"을 구상한다.[9] 사이버네틱스 학자 클로드 섀넌의 정보 개념을 조직과 무조직(신호/소음)의 관계로 다시 짠 세르는 무질서 속에 근본적으로

9) Michel Serres, *The Parasite*, trans. Lawrence R. Schehr(Baltimore: Johns Hopkins University Press, 1982), 3.

창조적인 힘이 작용한다고 시사한다. 마크 C. 테일러는 세르를 읽고 지식은 선별된 정보가 파괴되는 심사의 과정을 통해 출현한다고 주장한다.[10] 이러한 관행은 사이버네틱스 변증법에 대한 헤일스의 개념과 유사하며, 포함과 배제의 과정을 통한 의미 생산의 또 다른 예시다.

유비쿼터스 컴퓨팅의 가치와 그것이 현대 사회 관행에 미치는 영향에 관해 어떤 도덕적 의견이 제기되든, 절차적 단위조작의 교환을 위한 과정과 하부구조는 이제 생산을 위한 대안적 모델을 가능케 한다. 개념상 이 논리를 연구 관행으로 확장하면 비평 단위체들의 네트워크, 즉 일종의 포스트학문적인 비판적 네트워크가 탄생할 수 있다. 이 네트워크는 단어의 모든 변곡점에서 비판적이다. 한편으로 그것은 다양한 형태의 문학적·철학적 탐구와 같은 비평을 포용한다. 다른 한편으로 그것은 다른 분야들과 관계된 일종의 일반적 분석을 강조한다. 또 한편으로 그것은 일정한 붕괴의 위험과 그 가능성을 염두에 두어야 할 필요성을 인정한다. 그리고 또 다른 한편으로 그것은 긴급한 조치를 취해야 한다는 신호를 보낸다.

테일러는 이러한 균형을 실천한 경험이 있다. 그는 1990년대 초 자신의 매사추세츠주 윌리엄스칼리지 학생들, 그리고 헬싱키대학교의 핀란드 철학자 이사 사리넨의 학생들과 함께

---

10) Taylor, *The Moment of Complexity*, 204.

매체와 철학에 관한 공동 세미나를 주최했다. 그 수업들은 화상 회의를 통해 함께 진행되었다. 이 과정의 준비와 주제에 관한 빈틈없이 설계된 책 ≪이마골로기(Imagologies)≫에는 저자들이 1992년 세미나를 준비하면서 주고받은 이메일과 전화로 주고받은 내용이 포함되어 있다.[11] 당시에는 차례차례 화상 회의를 설정하는 것만으로도 상당한 작업과 투자가 필요했으며, 이 과정의 기록은 후원자를 찾고, 자금을 모으며, 대서양을 사이에 둔 두 집단을 연결하는 기술적 성취를 달성하면서 겪은 어려움을 잘 보여 준다. ≪이마골로기≫는 문화적 또는 학문적 문제보다는 하부구조에 관한 문제를 다룬다. 이 책은 여러 가지 주장을 제기하지만, 그 테제는 본질적으로 정보 기술과 인문학적 지성의 수렴이 '생각 가능한 것'일 따름이라는 데 있다.

1998년 테일러와 증권 인수업자 허버트 A. 앨런은 교육과 기술의 교차에 기반한 새로운 종류의 대학을 설립했다. 두 사람은 1999년에 일류 대학의 온라인 강의를 제공하는 전자-교육 기관인 전 지구 교육 네트워크(Global Education Network, GEN)를 설립했다. 전 지구 교육 네트워크 설립 원리의 근간에는 계몽주의로부터 직접적으로 계승한 현대 대학의 가치가 시대에 뒤떨어지고 쓸모없다는 테일러의 주장이

---

11) Mark C. Taylor and Esa Saarinen, *Imagologies: Media Philosophy*(New York: Routledge, 1994).

깔려 있다. 테일러와 기업 세계의 협업은 매우 중요하며, 잠시 후에 다시 다룰 것이다.

테일러는 베를린대학교의 청사진이 된 칸트의 1798년 저서 ≪학부들의 다툼(Conflict of the Faculties)≫에서 현대 대학의 기원을 추적한다. 칸트의 모델은 각기 다른 책임을 지는 분리된 분야를 설명하고, 안정적인 프로그램이나 교육과정을 마련하며, "상위" 학부와 "하위" 학부를 구분한다. 의학, 법학, 신학과 같은 상위 학부는 외적 목적을 섬긴다. 철학과 문학 같은 하위 학부는 "역사적" 지식과 "순수 이성적 지식"을 포함한다. 테일러는 이 구별이 제도적 지식에 관한 칸트의 설명이 지닌 토대적 원리이자 오늘날 전문 학교(professional school)와 인문 학교(liberal arts school)를 구별하는 기반이라고 주장한다.[12)]

현대 대학의 하위 학부에 대한 두 가지 토대적 가정은 훔볼트의 학문(Wissenschaft) 개념과 교양(Bildung) 개념에서 채택되었다. 이들 개념은 지식에 대한 사심 없고(disinterested) 내적인 추구, 즉 "지식 그 자체를 위한 지식"을 가리킨다. 테일러는 이러한 가정이 2세기가 넘은 대학 개념에 대한 현대인의 만족을 끌어낸다고 주장한다. 지식의 추구는 종종 바타유, 데리다, 레비나스에 의해 유명해진 수익 없는 지출의 경제에 비유되기도 한다. 빌 레딩스는 시장 대학(market university)의

12) Taylor, *The Moment of Complexity*, 241.

출현에 관한 영향력 있는 저서에서 이 이데올로기를 다음과 같이 요약한다. "생각은 비생산적인 노동이며, 따라서 낭비일 때를 제외하고는 대차대조표에 나타나지 않는다."[13)]

그러한 배치의 표면적 목표는 소위 하위 학부를 식민지로 만들고 책임을 떠넘기거나 다른 방식으로 이용하려는 상위 학부의 시도로부터 하위 학부를 보호하는 것이다. 유사시에 인문학이 예산의 압박 아래서 더 많은 어려움을 겪는 것은 대개 참이지만, 어떤 대가를 치러서라도 인문학을 좀 더 전문적인 프로그램과 산업으로부터 고립시키려 한 것도 인문학이 비현실적이라는 인식에 기여했다. 그럼에도 상위 학부가 하위 학부를 더럽히거나 파괴할 것을 두려워해 하위 학부를 고립시키는 것은 하위 학부의 계속된 쇠퇴를 촉진할 뿐이다. 테일러가 지적하듯 그러한 입장은 위험과 기회, 독과 약 사이의 결정할 수 없는 애매함에 대한 데리다의 수많은 분석을 포함해 비판 이론의 여러 기본 신조와 근본적으로 비일관적이다. 개념 재정리가 필요한 시점이다.

비판적 네트워크는 체화된 연구, 이론과 실천의 융합을 요구한다. 바디우는 이를 '사유(thinking)'라고 부른다.

나는 이론과 실천의 비변증법적 또는 분리할 수 없는

---

13) Bill Readings, *The University in Ruins*(Cambridge, Mass.: Harvard University Press, 1996), 175.

통합성을 사유라고 부른다. 그러한 통합성을 이해하기 위한 가장 간단한 사례는 과학에서 찾을 수 있다. 물리학에는 이론, 개념, 수학 공식이 있으며 기술적 기구와 실험도 있다. 그러나 사유로서 물리학은 이 둘을 분리하지 않는다. 갈릴레오나 아인슈타인의 텍스트는 개념, 수학, 실험 사이를 순환하며, 이 순환은 고유한 사유의 움직임이다.[14)]

바디우가 사유를 나타내는 영역으로 든 다른 예시로는 정치학과 정신분석학이 있는데, 과학과 달리 이들 영역은 수학적 증명과 실험실 실험의 반복에 의존할 수 없다. 이들 영역은 반복이 아니라 특이성(singularity)을 다루며, 바디우의 말을 빌리자면 "사물들의 상태와 동질적이지 '않은' 가능성을 찾으려 한다".[15)] 사유는 바디우가 '사건'이라고 부르는 것, 즉 상황의 교란적 재구조화를 산출해 낸다. 그런데 바디우는 사유가 요구하는 특별한 종류의 충실성을 제공하며 사유를 사건 너머로 가져간다. 바디우는 사건에 충실한 개인에게 "다른 사람들에게 진술 및 글쓰기와 특이한 과정 사이의 관계를 '보여 줄 것'"을 장려한다. "반복되지 않는 것을 참조해 사유를 둘러싸고 다른 이들을 '결집'해야 한다."[16)] 내게 성공

14) Badiou, *Infinite Thought*, 79.

15) 같은 책, 82.

16) 같은 곳.

적인 비교 비디오게임 비평은 프로그래머만큼이나 문화 비평가를, 마케터만큼이나 예술가를 불러 모으는 또 다른 종류의 사유로 다가온다.

이러한 접근법은 학과들 사이의 균열을 메우기 위한 시멘트로서 이론을 만들어 내려는 다른 포스트학과적 제스처와 근본적으로 다르다. 테일러는 해체주의가 칸트의 하위 학부를 대체하고 수렴하는 동시에, 특유의 해체주의적 유보를 통해 그 유착을 유지하려는 변덕스러운 접착제로서 현대 제도에서 그러한 역할을 수행하고자 했다고 주장한다.[17] 이러한 변형은 실질적인 제도적 변화를 일으키려 하지만, 테일러가 지적한 것처럼 이러한 변화는 항상 "대학의 관할 '내로'" 제한되어 있다. "… 다른 말로 하자면, 정치는 언제나 '학문' 정치(academic politics)다."[18]

비디오게임을 문학적 또는 예술적 제작의 수평적 영역으로 끌어들이려면 인문학이 공학, 건축, 컴퓨터과학, 생물학·생명공학, 설계, 민간 부문을 포함한 다양한 지적이고 전문적인 활동과 상호작용을 시작해야 한다. 영화, 건축, 회화와 같은 산업·순수 예술 분야는 수년 동안 이 작업을 수행해 왔으며, 공학이나 컴퓨터과학과 같이 상위권과 하위권 사이에서 흔들린다고 할 만한 학부도 마찬가지다. 문화적 의미의

---

17) Taylor, *The Moment of Complexity*, 254.

18) 같은 곳.

생산이 수많은 산업에서 수많은 형태로 이루어지고 있으므로, 연구 관행과 시장 관행 사이의 피드백 고리는 서로를 이해하고 서로를 매개하는 속도를 올릴 따름이다. 인문학의 산업화에 반대하는 사람들 중 몇몇은 지적 자본의 추구가 물질적 자본의 지배로부터 자유로워야 한다고 주장한다. 테일러는 "영리 조직과 비영리 조직을 분리하는 벽과 서로 다른 교육 기관을 분리하는 벽"이 무너뜨려야 할 가장 중요한 장벽이라고 주장한다.[19] 학계가 물질적 생산에 대한 비판적 조사와 산업의 물질적 생산 그 자체 사이를 이해하고 매개하는 책임을 지는 것에는 실제로 유용한 면이 있다. 이로써 우리는 명확한 사고를 지닌 개인을 다시 시장으로 돌려보낼 수 있도록 노력해야 한다. 이 목표는 계속해서 스스로를 재창안하는 것을 유일한 임무로 삼는 비판적 네트워크를 통해 부분적으로 달성될 수 있다.

이미 미시적 수준에서 어느 정도 변화가 일어나고 있다. 체계 대학 자체의 문제점을 식별하려는 시도 중에는 8장에서 언급한 "세계 최초의 고등 교육 시뮬레이션 및 학습 도구"[20] <버추얼 유>가 있다. 앨프리드 P. 슬론 재단의 지원을 받은

---

19) 같은 책, 260.

20) 아래에서 내가 제기하는 이의에도 불구하고, <버추얼 유>는 엔진의 소스 코드를 무료로 공개해 실험, 개선 또는 변경을 장려하는 비영리적 시도다.

<버추얼 유>는 사용자에게 미국 대학을 관리하는 방식을 알려 주는 비디오게임이다. 플레이어는 대학 총장 역할을 맡아 <심시티>의 시장과 거의 동일한 방식으로 자원을 관리한다. <버추얼 유>에서는 소프트웨어 기술이 플레이어의 경험을 구조 지어 대학 경영의 여러 양상을 교육하는 동시에 그러한 구조의 근간이 되는 가정을 강화한다. 이 게임은 소프트웨어 공학, 게임 설계, 경영, 공공 정책의 고무적인 융합이며, 그런 의미에서 실제 비판적 네트워크에 대한 유망한 표본이다. 그러나 아이러니하게도 <버추얼 유>는 교육학 박사를 베를린대학교와 그 계통을 영속화하는 실용적 기술로 훈련하려는 시도를 통해, 애초에 비판적 네트워크의 탄생 자체를 가로막는 가정을 영속화할 위험을 지니고 있다. <버추얼 유>를 지배하는 시뮬레이션 열병은 모든 형태와 크기의 학문 기관에서 일어나는 행정적 변화를 표상하고 촉진하는 그 능력에 있다. 비디오게임과 같은 분야를 다루기 위해서는, 기관들이 지적 탐구의 구조가 변화하고 확장될 수 있도록 촉진하는 하부구조를 갖추어야 한다.

비디오게임이 상업적으로나 문화적으로 번창하려면 우리의 사고에 구조적 변화가 일어나야 한다. 상업용 비디오게임 시장은 1995년 이후 매출이 두 배로 증가했다.[21] 자금, 배포, 마케팅을 유통사에 의존하는 개발자에게는 치열한 경쟁

---

21) Http://www.theesa.com/facts/top_10_facts.php/.

환경이 펼쳐지고 있다. 비디오게임 유통 시장은 통합되었고, 여러 유통사가 본성상 위험을 회피하는 상장기업이다. 게임 개발 예산이 수천만 달러에 달하는 상황에서 개발자는 유통사에 의존해 자금을 조달해야 하고, 자금을 조달하려면 유통사가 수익을 창출할 수 있겠다고 생각할 만한 게임을 선보여야 한다. 독립 영화와 유사한 민간 자금 지원 프로젝트도 생각할 수 있지만, 상업화 형태로 지속되는 업계와 대중의 지원은 여전히 그 산업의 원동력이다. 일반적으로 유통사는 성공이 보장되는 게임을 맡는다. 이는 그 게임이 소수에 불과한 유명 설계자의 작품이거나 이전에 성공한 게임과 동일한 모델이나 장르, 전통을 따르고 있음을 의미한다. 이는 새로운 이야기도 아니고 놀라운 일도 아니다.

비디오게임 비평은 이 치열한 기업 생태계에서 맡아야 할 역할이 있다. 시장은 대중의 변화하는 요구를 고려하지만, 성공할 수 있는 문화적 텍스트의 유형을 이해할 수 있는 선지자만이 스스로 성공할 수 있다. 비평과 제작, 마케팅, 기타 분야 간 짜임적 관계를 통해 비디오게임에 대한 산업적·인문학적·예술적 반응을 진화시킬 수 있는 것은 바로 이 지점이다. 학계와 산업 양쪽에서 이러한 관계는 비평과 개발의 경계를 확장할 뿐 아니라 그 경계를 넘는 의미 있는 협업, 즉 문학, 컴퓨터과학, 예술, 마케팅 그리고 기타 영역을 위한 새로운 단위조작을 생성하는 협업을 조성하는 구조적 변화를 요한다. 비디오게임은 비평가에게 절차적 체계의 단위조작에 관해 숙고하도록 요구한다. 우리 또한 그러한 비평을 바디우가 말하는 의미에서의 사유로, 즉 텍스트뿐 아니라 세계 속에서도 볼 수 있는 부분들 간 관계 집합으로 고려하는 편이 바람직하겠다.

감사의 말

이 책은 문학 이론과 철학, 소프트웨어 기술과 비디오게임 설계라는 두 분야를 동등한 관심과 전문성을 바탕으로 오랜 기간에 걸쳐 조율해 온 결과물이다. 분명히 이 분야들은 즉시 눈에 띌 만큼 친밀한 사이는 아니며, 서로에 대한 포용을 즐기지는 않더라도 최소한 감내하도록 강제하는 일은 개인적·전문적 발전 양쪽에서 10년에 걸친 기획이었다. 이 책을 집필하는 과정에서 여러 사람이 지원을 아끼지 않았고 자신들의 전문 지식을 공유했다.

먼저 비교 연구자를 향한 나의 훈련 과정을 인도하고 그에 영향을 미친 비평가들과 사상가들, 피터 스타, 페기 카뮈프, 빈센트 파렝가, 댈러스 윌러드, 제임스 킨케이드, 그레그 탈먼, 조너선 컬러, 새뮤얼 웨버에게 큰 빚을 졌다. 이 기획의 구상 단계에서 도움을 주고, 특히 기획의 실행 가능성과 중요성을 깨닫게 해 준 에밀리 앱터의 지원과 격려에 감사드린다. 그리고 특히 케네스 라인하드, 캐서린 헤일스, 로스 시들러, 캐슬린 코마의 변함없는 지원과 지도에 깊은 감사를 표한다.

그다음으로 나는 긴 밤과 주말을 함께 보내며 소프트웨어를 개발했던 내 전문 멘토와 동료에게도 큰 빚을 졌다. 특히 철학과 사업을 함께 논하는 데 드물고 독특한 능력을 보여 준 이언 매카시와 폴 페어차일드에게 감사를 표한다. 아울러 나는 비디오게임 개발 커뮤니티, 특히 매년 열리는 게임 개발자 콘퍼런스(GDC) 참가자들에게도 감사를 표한다. 그 자리에서 자신의 통찰을 공유한다고 돈이나 명예를 얻는 것은 아니지만, 그들은 아랑곳하지 않고 공유한다.

셋째로 나는 국제 게임 연구 커뮤니티의 동료들에게 감사 인사를 전하고 싶다. 그중에서도 이 기획을 완성하는 동안 지원과 피드백을 아끼지 않은 조지아공과대학교 동료들에게 감사드린다. 특히 지속적·우호적 지원을 아끼지 않은 켄 노스펠, 재닛 머리, 마이클 마테아스, 마이클 니체에게 감사를 표한다. 12장에 제시된 논증 일부는 ≪국제 디지털 미디어 및 예술 협회 저널≫ 2권 1호에 후자 세 사람과 공저로 실은 논문에 나온다. 4장의 다른 버전은 ≪게임 & 문화≫ 1권 1호에 실렸다. 5장 전반부의 초기 버전은 ≪둠: 지오케어 인 프리마 페르소나≫에 실렸으며, 그것과 이 책의 다른 부분에 피드백을 해 준 마테오 비탄티에게 감사드린다. 마찬가지로 계속해서 귀중한 피드백을 제공해 준 내 친구이자 공동 작업자인 곤살로 프라스카에게 감사를 표하며, 매우 유용한 피드백을 제공해 준 노아 워드립프루인에게도 감사드린다.

마지막으로, 그리고 무엇보다도, 이 기획을 지원해 준 내 가족과 이 기획을 진행하게 해 준 다른 모든 분께 감사드린다.

나의 부모님 데이비드와 실라는 정서적·물질적 지원과 함께 끝없는 열정을 보여 주었다. 나의 아들 트리스탄과 나의 딸 플래너리는 영감과 특히 이 기획의 마지막 해에 꼭 필요했던 관점을 제공했다. 무엇보다도 내 아내 애비는 내가 해야 했던 여러 과중한 작업을 참을성 있게 견뎌 주었다. 애비의 지원은 끝을 헤아릴 수 없을 정도로 귀중하고 지금도 변함이 없다. 이 책은 내 아내에게 바친다.

옮긴이 후기

동정은 더는 없으리라
만약 우리가 누군가를 가난하게 만들지 않는다면.
그리고 자비는 존재할 수가 없으리라
만약 모두가 우리만큼만이라도 행복하다면.

상호적인 공포는 평화를 만들어 낸다.
이기적인 사랑이 자라나기까지.
잔인함은 덫을 만들어 내고
미끼를 조심스럽게 펼쳐 놓는다.

그는 성스러운 두려움을 가지고 앉아
땅에 눈물로 물을 준다.
그러면 굴종이 뿌리를 내린다.
그의 발아래.
곧 신비라는 음울한 그늘이 진다.
그의 머리 위에.
그리고 애벌레들과 파리들이
그 신비를 먹고 자란다.

그리고 이것은 기만이라는 빨갛고 달콤한
먹음직스러운 열매를 맺는다.
까마귀는 그의 둥지를 만든다.
가장 두꺼운 그늘에서.

지상과 바다의 신들은
자연에서 이 나무를 찾으려고 노력한다.
하지만 그들의 수고는 헛되다.
그 나무는 인간의 머릿속에서 자라기 때문이다.[1)]

남자가 다른 이들의 눈물로 땅에 물을 주자, 땅에는 굴종의 뿌리가 내린다. 뿌리는 이윽고 나무로 자라나고, 지상과 바다의 신들은 자연에서 이 나무를 찾으려 애쓰나 누구도 그 나무를 자연 속에서는 찾지 못한다. 윌리엄 블레이크가 자신의 시 <인간 추상(Human Abstract)>으로 묘사하는 그물망, 진실의 형식을 빌린 일련의 거짓으로 짜인 이 그물망은 티머시 모턴이 밝힌 것처럼 가면(mask)과 질량(mass)에 어원을 두며 밀도와 기만을 모두 시사한다.[2)]

---

1) William Blake, *The Human Abstract*, in *The Complete Poems*(London: Penguin, 1977), 128-129.

2) Timothy Morton, "Thinking Ecology: The Mesh, the Strange Stranger, and the Beautiful Soul," *Collapse* 6(2010): 265-293.

20세기 독일의 철학자 마르틴 하이데거의 도구-체계는 개별 도구들이 그 자체로 존재하는 것이 아니라 더 큰 맥락 속에서 존재한다는 점을 보여 준다. 즉 하이데거의 도구-체계에서 유용한 것으로 간주되는 도구는 자신의 유용성을 도구-체계라는 더 큰 맥락으로부터 부여받는다. 도구는 더 큰 맥락과의 관계를 통해 자신의 의미를 형성하며, 따라서 하이데거의 "로서-구조(as-structure)"가 뒤따른다. 예를 들어 망치는 쓸 수 있는 도구"로서", 책상은 작업할 수 있는 장소"로서" 자신의 의미를 형성한다. 하이데거의 도구 분석은 사물이 매끄럽게 기능할 때, 그리고 사물이 그냥 일어나는 것일 따름일 때 그 사물은 사라진다는 점, 혹은 도구-체계와 일체화된다는 점을 지적한다. "내가 어떤 작업에 포함될 때, 내가 나와 함께 포함시키는 사물들은 사라진다."[3] 하이데거의 도구-체계는 심지어 개별 도구들을 삼켜 버려 오직 하나일 따름인, 단일한 존재를 형성한다. 따라서 "엄밀히 말하자면, '하나의' 도구로서의 사물 같은 것은 '존재하지' 않는다. 모든 도구의 존재는 언제나 도구의 총체성에 속해 있으며, 그 안에서만 이 도구가 이 도구로서 존재할 수 있다".[4]

---

3) Timothy Morton, *Dark Ecology: For a Logic of Future Coexistence* (Columbia University Press, 2018).[안호성 옮김(2024). ≪어두운 생태학: 미래 공존의 논리를 위하여≫. 갈무리.]

4) Martin Heidegger, *Being and Time*, trans. Richard Polt & Gregory

그런데 하이데거에 따르면 도구는 망가지기도 한다. 객체지향 존재론은 하이데거라는 마술사가, 도구 분석이라는 하이데거 자신이 불러낸 마술에 대해 통제권을 잃는 순간을 포착하는 데서 시작되었다. 도구가 망가질 때, 그것은 의미 있기를 그만둔다. 의미는 무의미에 의존하며, 불안은 사물에 내적이다. "불안은 사물이 자신의 의미를 잃고 자신에게로 되돌아가는 상태다. 마치 자신이 자기 자신에게서 튀어나온 망가진 도구임을 아는 것만 같은 터무니없고 불편한 고리다."[5] 비유적으로 말하자면, 일차적으로 객체지향 존재론은 하이데거풍 도구 네트워크의 무결성을 교란하는 바이러스 코드로서 출현했다. 나는 방금 "로서"라고 했다. 객체지향 존재론은 아버지 상으로서 하이데거에게 영향에 대한 불안을 드러내는가? 객체지향 존재론은 하이데거를 "뛰어넘는데" 집착하지 않는다. 객체지향 존재론은 하이데거의 밑으로, 하이데거 자신보다 하이데거의 밑으로 내려가려고 한다. 문제를 벗어나는 길은 문제 속으로 더 깊이, 문제 아래로 더 깊숙이 내려가는 것이다. 모턴이 말하는 대로, "고리 바깥에

Fried(Albany: State University of New York Press, 1996).[전양범 옮김(2015). ≪존재와 시간≫. 동서문화사.]

5) Timothy Morton, *Dark Ecology: For a Logic of Future Coexistence* (Columbia University Press, 2018).[안호성 옮김(2024). ≪어두운 생태학: 미래 공존의 논리를 위하여≫. 갈무리.]

서 교란은 아무런 의미가 없다. 우주 끝에 있는 엔트로피의 관점에서, 어떤 엔트로피가 인류세에 관해 신경을 쓰겠는가?"[6] 이는 아주 중요한 점을 지적한다. 즉 그물망이 아무리 촘촘해 보이더라도, 모든 것이 다른 모든 것과 연결된 적은 없었다.

"설령 네트워크가 가능한 경로의 다양성을 제공해 매우 큰 수의 잠재적 배열을 초래하더라도, 모든 단일한 배열은 다른 선택지의 다양성을 포함하고 배제하는 일련의 한정적 결단을 함의한다."(본문 333쪽) 즉 "모든(all)" 경험은 "모두-아님(not-all)"으로 환원된다.[7] "모든 것"은 "모든 것-아님"으로 오그라든다. "모든 것을 할 수 있다고 해 보자. 그렇다면 그것은 단지 어떤 것만을 함을 배제하지 않는가? 만약 당신이 모든 것을 할 수 있다면, 당신은 무언가를 하지 않는다는 경험을 결코 하지 못할 것이다." 모든 것을 자랑하는 네트워크는 프랑스의 철학자 질베르 시몽동의 "개체화(individuation)" 과정이 지닌 문제를 연상시키기도 한다. 시몽동은 기술을 그가 개체화 과정이라고 부르는 것의 핵심에 놓인 기능으로 드러낸다.[8] 이탈리아의 철학자 페데리코

---

6) 같은 책.

7) Timothy Morton, *Realist Magic: Objects, Ontology, Causality*(Open Humanities Press, 2013).[안호성 옮김(2024). ≪실재론적 마술: 객체, 존재론, 인과성≫. 갈무리.]

캄파냐에 따르면,

> 시몽동은 (결정체에서 개인, 나아가 거대한 사회 집단에 이르기까지) 어떤 사물이든 결코 '그(that)' 사물로서 정태적으로 개체화되어 있지 않고, 고유의 범람하는 잠재성을 현실화하는 연속적 과정에 있다고 말한다. 개체화 과정이 전개됨에 따라 우리는 '개체들'의 기나긴 계열의 진행(procession)을 목격하게 되며, 각 개체는 그 개별 단계에서 자신의 주변을 구성하는 것들과 가지는 상호작용의 특정한 제한성에 의해 정의된다. 그러나 현실화된 개체들의 계열 너머에는 언제나 실현되지 않은 잠재성의 끝없는 풍부함이 놓여 있다. 이 체계 내에서 기술은 본질적으로 개체와 그 주변 사이의 매개체로 기능한다. 기술은 개체가, 그것을 둘러싼 세계와의 상호 관계라는 맥락 속에서 자신의 제한성, 즉 자신의 형상을 협상하는 바로 그 과정이다. 따라서 기술은 관계들의 네트워크이면서 동시에 개체들을 정의하는 과정 자체다. 이러한 기술과 개체화 개념을 바탕으로, 시몽동은 (예를 들어 하이데거에게서 나타나는) 문화와 기술의 전통적 상충을 극복하

---

8) Gilbert Simondon, *On the Mode of Existence of Technical Objects* (Minneapolis: University of Minnesota Press, 2017).[김재희 옮김(2011). ≪기술적 대상들의 존재 양식에 대하여≫. 그린비.]

고 두 영역을 근본적으로 상호의존적인 것으로 여기는 좀 더 전체론적인 관점을 가져야 한다고 주장한다. 이러한 입장은 현대에 대한 우리의 해석에도 영향을 미친다. 우리는 기술이 소외된 상태에 있다고 보는데, 이는 오직 문화가 기술과 맺는 '참된' 난잡한 관계를 반동적으로 거부한 데서 비롯된 것이다. 시몽동에게 산업 기술이 만들어 내는 참상(예를 들어 인간 착취, 총력전, 환경 파괴)은, 우리가 산업 이전의 논리를 이 새로운 완전한 산업 환경에 고집스럽게 적용한 결과일 따름이다.[9]

시몽동에 따르면 현재라는 상황은 기술에 관한 이해를 발전시킬 수만 있다면 극복될 것이며, 그 극복이란 기술이 문화 속으로, 문화가 기술 속으로 다시 통합되는 것을 의미할 것이다. "결국, 모든 개체가 자기의 기술이자 자기의 산물이라면, 어쩌면 우리의 진짜 오류는 기술을 자율적인 영역으로 보는 개념 자체에 있는지도 모른다."[10] 그러나 이 기술이야말로 파우스트(즉, 무한), 지상과 바다의 신들이 자연에서 찾아 헤매던 나무였다면 어떨까?

---

9) Federico Campagna, *Technic and Magic: The Reconstruction of Reality* (Bloomsbury Academic, 2018).

10) 같은 책.

시몽동의 관점은 모든 형식적 선이 무한정 '생성(becoming)'의 장으로 허물어진다는 것을 시사한다. 이는 형이상학적 수준에서 해방된 진정한 파우스트식 임페투스(impetus)와 유사하다. 모든 것은 무한한 성장을 가장 심오하게 구현하는 방식으로 끝없이 자기 자신의 다른 사례(instance)들이 '되어 간다(become)'.… 기술과 개체성을 병합하려는 시몽동의 프로젝트는, '문법적 위치'의 끝없는 생산에 다름 아닌 현존의 개념을 드러내며, 그 속에서 현존 자체는 궁극적으로 제거된다.[11]

시몽동에 대한 캄파냐의 견해와 들뢰즈에 대한 바디우의 비판에 어떤 유사성이 있다는 점에 주목할 필요가 있다. 정보 기술은 데이터가 아니라 데이터 간 상관관계에서 의미를 뽑아낸다. 그러나 데이터는 단위체가 아니다. 정보를 교환하고 조직하는 과정이 합리적인 네트워크를 이루는 와중에도, 알폰소 링기스가 말할 것처럼, 서로 관계없고 상충하는 소음(noise)들이 존속한다.[12] 거기에는 합리적 공동체와는 다른 공동체, 모턴이라면 집합(collective)이라고 부를 무언가가

---

11) 같은 책.

12) Alphonso Lingis, *The Community of Those Who Have Nothing in Common*(Bloomington: Indiana University Press, 1994).[김성균 옮김(2013). ≪아무것도 공유하지 않은 자들의 공동체≫. 바다출판사.]

있다.

객체지향 존재론은 그레이엄 하먼의 ≪도구-존재(Tool-Being)≫로 시작되었다고 알려져 있다. 하먼의 저서가 출간된 지 몇 년 후에 ≪단위조작≫이 세상에 모습을 드러냈고, 이후 하먼이 보고스트에게 연락을 취했다고 한다. 그런 의미에서 ≪단위조작≫은 비디오게임 비평에 관한 저서라고 볼 수도 있고, 하먼의 ≪도구-존재≫에 해당하는 보고스트의 첫 저작이라고 볼 수도 있다. 그러나 롤랑 바르트의 "저자의 죽음"이 전하는 교훈처럼, 이것이 어떤 책인지는 내게 달린 바가 아니다. 커뮤니케이션북스 편집자들의 배려와 지원이 아니었다면 이 책은 출간되지 못했을 것이다. 번역 과정 전반에 걸쳐 많은 도움을 주신 편집자들께 감사의 마음을 전한다.

참고자료

참고 문헌

Aarseth, Espen. *Cybertext: Perspectives on Ergodic Literature*. Baltimore: Johns Hopkins University Press, 1997.[류현주 옮김(2007). ≪사이버텍스트≫. 글누림.]

———. "Computer Game Studies, Year One." *Game Studies* 1, no. 1(2001). Http://www.gamestudies.org/0101/editorial.html/.

Aarseth, Espen, Staffan Björk, Jan Klabbers, Solveig Marie Smedstad, and Lise Sunnana. "What's in a Game?—Game Taxonomies, Typologies, and Frameworks." In *Proceedings of Level Up, Digital Games Research Conference*, ed. Marinka Copier and Joost Raessens. Utrecht: Universiteit Utrecht, 2003.

Antoniou, Grigoris, and Frank van Harmelen. *A Semantic Web Primer*. Cambridge, Mass.: MIT Press, 2003.

Apollinaire, Guillaume. *Alcools*. Trans. Donald Revell. Hanover: University Press of New England, 1995.

———. *Calligrames*. Paris: Gallimard, 1966.

Aristotle. *Metaphysics*. Trans. Joe Sachs. New York: Green Lion Press, 1999.[이종훈 옮김(2016). ≪형이상학≫. 동서문화사.]

Arnold, Ken, and James Gosling. *The Java Programming Language*. Reading, Mass.: Addison-Wesley, 1998.

Badiou, Alain. *Briefings on Existence: A Transitory Ontology*. Trans. Norman Madarasz. Albany: State University of New York Press, 2003.

———. *Conditions*. Paris: Seuil, 1992.

———. *L'etre et l'événement*. Paris: Seuil, 1988.[조형준 옮김(2013). ≪존재와 사건: 사랑과 예술과 과학과 정치 속에서≫. 새물결.]

———. *Gilles Deleuze: The Clamor of Being*. Trans. Louise Burchill.

Minneapolis: University of Minnesota Press, 2000.[박정태 옮김(2001). ≪질 들뢰즈: 존재의 함성≫. 이학사.]

———. *Infinite Thought*. Trans. and ed. Oliver Feltham and Justin Clemens. New York: Continuum, 2003.

———. "Politics and Philosophy." *Angelaki* 3, no. 3(1998): 113-133.

———. "Que pense le poème?" In *L'art est-il une connaissance?* Ed. Roger Pol Droit. Paris: Le Monde Editions, 1993.

Barabási, Albert-László. *Linked: The New Science of Networks*. Cambridge: Perseus, 2002.

Bardini, Thierry. *Bootstrapping: Douglas Engelbart, Coevolution, and the Origins of Personal Computing*. Palo Alto: Stanford University Press, 2000.

Barthes, Roland. *Image, Music, Text*. Trans. Stephen Heath. New York: Hill and Wang, 1978.

. *Mythologies*. Trans. Annette Lavers. New York: Hill and Wang, 1972.

———. *The Pleasure of the Text*. Trans. Richard Miller. New York: Hill and Wang, 1975.

———. *S/Z*. Trans. Richard Miller. New York: Hill and Wang, 1974.[김웅권 옮김(2015). ≪S/Z: 1970 et 1976≫. 연암서가.]

Bateson, Gregory. *Steps to an Ecology of Mind*. New York: Ballentine, 1972.

Baudelaire, Charles. Œuvres Complètes. Paris: Gallimard, 1968.

Benjamin, Walter. *The Arcades Project*. Trans. Rolf Tiedemann, Howard Eiland, and Kevin McLaughlin. New York: Belknap Press, 1999.[조형준 옮김(2013). ≪아케이드 프로젝트 1, 2≫. 새물결.]

———. *Illuminations*. Trans. Harry Zohn. Ed Hannah Arendt. New York: Shocken, 1969.

Bergson, Henri. *Matter and Memory*. Trans. N. M. Paul. New York: Zone Books, 1990.[박종원 옮김(2005). ≪물질과 기억≫. 아카넷.]

Berners-Lee, Tim. *Weaving the Web: The Original Design and Ultimate Destiny of the World Wide Web*. New York: Harper, 2000.

Bersani, Leo. *Baudelaire and Freud*. Berkeley: University of California Press, 1977.

Bittanti, Matteo, ed. *Doom: Giocare in prima persona*. Milan: Costa and

Nolan, 2005.
Björk, Staffan, and Jussi Holopainen. *Patterns in Game Design*. Hingham, Mass.: Charles River Media, 2004.
Bleeker, Julian. "Urban Crisis: Past, Present, and Virtual." *Socialist Review* 25(1995): 189-221.
Bloom, Harold. *The Anxiety of Influence*. Oxford: Oxford University Press, 1997.[양석원 옮김(2012). ≪영향에 대한 불안≫. 문학과지성사.]
Bogost, Ian. "Estetiche col marchio di fabbrica: alcune implicazioni dl design dei First-Person Shooters." In *Doom: Giocare in prima persona*, ed. Matteo Bittanti. Milan: Costa and Nolan, 2005.
———, Michael Mateas, Janet Murray, and Michael Nitsche. "Asking What Is Possible: The Georgia Tech Approach to Game Research and Education." *International Digital Media and Arts Association Journal* 1, no. 2(spring 2005): 59-68.
Bolter, Jay David. *Writing Space: The Computer, Hypertext, and the History of Writing*. Hillsdale, N.J.: Lawrence Erlbaum, 1991.[김익현 옮김(2010). ≪글쓰기의 공간: 컴퓨터와 하이퍼텍스트 그리고 인쇄의 재매개≫. 커뮤니케이션북스.]
———, and Richard Grusin. *Remediation: Understanding New Media*. Cambridge, Mass.: MIT Press, 1999.[이재현 옮김(2006). ≪재매개: 뉴미디어의 계보학≫. 커뮤니케이션북스.]
Booch, Grady. *Object-Oriented Design with Applications*. Redwood City: Benjamin/Cummings, 1991.
Brown, Stephen. *Postmodern Marketing*. New York: Routledge, 1995.
Buchanan, Mark. *Nexus: Small Worlds and the Groundbreaking Science of Networks*. New York: W. W. Norton, 2002.
Buck-Morss, Susan. *The Dialectics of Seeing: Walter Benjamin and the Arcades Project*. Cambridge, Mass.: MIT Press, 1990.[김정아 옮김(2004). ≪발터 벤야민과 아케이드 프로젝트≫. 문학동네.]
Bukowski, Charles. *Betting on the Muse*. Santa Rosa: Black Sparrow Press, 1996.
Burnham, Van. *Supercade: A Visual History of the Videogame age*, 1571-1584. Cambridge, Mass.: MIT Press, 2001.
Butler, Joseph. *The Analogy of Religion*. New York: Everyman, 1906.
Butters, G. R. "Equilibrium Distributions of Sales and Advertising Prices."

Review of Economic Studies 44, no. 3(October 1977): 465–491.
Callahan, Paul. "What Is the Game of Life?" Math.com: Wonders of Math. Http://www.math.com/students/wonders/life/life.html/.
Callois, Roger. *Les jeux et les hommes. Le masque et le vertige*. Cher: Gallimard, 1967.
———. *Man, Play, and Games*. Trans. Meyer Barash. Chicago: University of Illinois Press, 2001.[이상률 옮김(2018). ≪놀이와 인간≫. 문예출판사.]
Cantor, Georg. *Contributions to the Founding of the Theory of Transfinite Numbers*. New York: Dover, 1955.
Chisholm, Roderick. "The Loose and Popular and the Strict and Philosophical Senses of Identity." In *Perception and Personal Identity: Proceedings of the 1567 Oberlin Colloquium in Philosophy*, ed. Norman Grimm and Robert Care, 82–106. Cleveland: Press of Case Western Reserve University, 1969.
Cialdini, R., and D. Schroeder. "Increasing Compliance by Legitimizing Paltry Contributions: When Even a Penny Helps." *Journal of Personality and Social Psychology* 34(1976): 590–598.
Clayton, Sue. "Cracking the Box Office Genome." *Wired*(August 2003): 52.
Cohen, Abraham. *Everyman's Talmud: The Major Teachings of the Rabbinic Sages*. New York: Schocken, 1995.
Cooper, James Fenimore. *The Deerslayer*. New York: Bantam, 1991.
———. *The Last of the Mohicans*. New York: Penguin, 1986.
———. *The Pathfinder*. New York: Signet, 1993.
———. *The Pioneers*. New York: Signet, 1996.
———. *The Prairie*. New York: Penguin, 1987.
Crawford, Chris. *The Art of Computer Game Design*. New York: Osborne, 1984.
———. *Chris Crawford on Game Design*. New York: New Riders, 2003.
Culin, Stewart. *Games of the North American Indians*. New York: Dover, 1975.
———. *Korean Games, with Notes on the Corresponding Games of China and Japan*. New York: Dover, 1991.[윤광봉 옮김(2003). ≪한국의 놀이: 유사한 중국·일본의 놀이와 비교하여≫. 열화당.]
Culler, Jonathan. Literary Theory: A Very Short Introduction. New York:

Oxford University Press, 1997.[조규형 옮김(2016). ≪문학이론≫. 교유서가.]

Darwin, Charles. *The Origin of Species*. New York: Grammercy, 1995.[장대익 옮김(2019). ≪종의 기원≫. 사이언스북스.]

Davis, Martin. *Engines of Logic: Mathematicians and the Origin of the Computer*. New York:W. W. Norton, 2000.

Dawkins, Richard. *The Selfish Gene*. Oxford: Oxford University Press, 1990.[홍영남·이상임 옮김(1993). ≪이기적 유전자≫. 을유문화사.]

———. *Unweaving the Rainbow: Science, Delusion, and the Appetite for Wonder*. New York: Houghton Mifflin, 1998.[최재천·김산하 옮김(2015). ≪무지개를 풀며≫. 바다출판사.]

Dean, Katie. "Gaming: Too Cool for School?" *Wired News*, January 15, 2001.
Http://www.wired.com/news/culture/0,1284,40967,00.html/.

de Certau, Michel. *The Practice of Everyday Life*. Trans. Steven Rendall. Berkeley: University of California Press, 2002.

Debord, Guy. *Society of the Spectacle*. Detroit: Black and Red, 1983.

Deleuze, Gilles. *Expressionism in Philosophy: Spinoza*. Trans. Martin Joughlin. New York: Zone Books, 1992.

———. *Kant's Critical Philosophy*. Trans. High Tomlinson and Barbara Habberjam. Minneapolis: University of Minnesota Press, 1984.[서동욱 옮김(2006). ≪칸트의 비판철학≫. 민음사.]

———. *The Logic of Sense*. Trans. Mark Lester. Ed. Constantin V. Boundas. New York: Columbia University Press, 1990.[하태환 옮김(2008). ≪감각의 논리≫. 민음사.]

———. *Spinoza: Practical Philosophy*. Trans. Robert Hurley. San Francisco: City Lights Books, 1988.[박기순 옮김(2001). ≪스피노자의 철학≫. 민음사.]

———, and Félix Guattari. *Anti-Oedipus*. Trans. Robert Hurley, Mark Seem, and Helen R. Lane. Minneapolis: University of Minnesota Press, 1983.[김재인 옮김(2014). ≪안티 오이디푸스: 자본주의와 분열증≫. 민음사.]

———. *A Thousand Plateaus*. Trans. Brian Massumi. Minneapolis: University of Minnesota Press, 1987.[김재인 옮김(2003). ≪천 개의 고원≫. 새물결.]

Deleuze, Gilles, and Claire Parnet. *Dialogues*. New York: Columbia University Press, 1977.

DeMaria, Rusel, and Johnny L. Wilson. *High Score! The Illustrated History of Electronic Games*. Berkeley: McGraw Hill, 2002.

Denzin, Norman K., and Yvonna S. Lincoln, eds. *The Handbook of Qualitative Research*. Thousand Oaks, Calif.: Sage, 2005.[최욱 옮김(2014). ≪질적연구 핸드북≫. 아카데미프레스.]

Derrida, Jacques. *Archive Fever: A Freudian Impression*. Trans. Eric Prenowitz. Chicago: University of Chicago Press, 1996.

———. *Limited*, Inc. Trans. Samuel Weber et al. Evanston: Northwestern University Press, 1972.

———. *Margins of Philosophy*. Trans. Alan Bass. Chicago: University of Chicago Press, 1984.

———. *Of Grammatology*. Trans. Gayatri Chakravorty Spivak. Baltimore: Johns Hopkins University Press, 1976.[김성도 옮김(2010). ≪그라마톨로지≫. 민음사.]

———. *Writing and Difference*. Trans. Alan Bass. Chicago: University of Chicago Press, 1980.[남수인 옮김(2001). ≪글쓰기와 차이≫. 동문선.]

Ducheneaut, Nicolas, Robert J. Moore, and Eric Nickell. "Designing for Sociability in Massively Multiplayer Games: An Examination of the 'Third Places' of SWG." In *Other Players*, ed. Jonas Heide Smith and Miguel Sicart. Copenhagen: IT University of Copenhagen, 2004. Available at http://www.itu.dk/op/papers/ducheneaut_moore_nickell.pdf/.

Durkheim, Emile. *Elementary Forms of the Religious Life*. Trans. Karen E. Fields. New York: Free Press, 1995.[민혜숙·노치준 옮김(2020). ≪종교생활의 원초적 형태≫. 한길사.]

"EA Facing Possible Class Action Suit." *Game Daily*, November 12, 2004. Http://biz.gamedaily.com/features.asp?article_id=8323/.

Eco, Umberto. *The Role of the Reader*. Bloomington: Indiana University Press, 1979.

———. *A Theory of Semiotics*. Bloomington: Indiana University Press, 1976.

Ehrenberg, Ronald G., ed. *Governing Academia*. Ithaca: Cornell University Press, 2003.

Eliot, T. S. *The Waste Land and Other Poems.* New York: Harcourt Brace, 1934.

Erdős, Paul, Ronald L. Graham, and Jaroslav Nesetril, eds. *The Mathematics of Paul Erdős.* New York: Springer, 1996.

Eskelinen, Markku. "Cybertext Theory and Literary Studies: A User's Manual." *Electronic Book Review.* Http://www.altx.com/ebr/ebr12/eskel.htm/.

———. "The Gaming Situation." *Game Studies* 1, no. 1(July 2001). Http://www.gamestudies.org/0101eskelinen/.

Euler, Leonhard. *Introduction to the Analysis of the Infinite*, book I. Trans. John D. Blanton. New York: Springer, 1988.

———. *Introduction to the Analysis of the Infinite*, book II. Trans. John D. Blanton. New York: Springer, 1989.

Flaubert, Gustave. *Madame Bovary.* Paris: Flammarion, 1986.[김화영 옮김(2000). ≪마담 보바리≫. 민음사.]

———. *Madame Bovary.* Trans. and ed. Paul de Man. New York: W. W. Norton, 1965. Forrester, Jay W. Urban Dynamics. New York: Wright Allen, 1969.

Foucault, Michel. *Discipline and Punish.* New York: Vintage, 1995.[오생근 옮김(2020). ≪감시와 처벌≫. 나남.]

———. "What Is an Author?" Trans. Josue V. Harari. In *Textual Strategies: Perspectives in Post-Structuralist Criticism*, ed. Josue V. Harari, 141-160. New York: Cornell University Press, 1980.

Frasca, Gonzalo. "Ideological Videogames: Press Left Button to Dissent." *IGDA The Ivory Tower*(November 2003). Http://www.igda.org/columns/ivorytower/ivory_Nov03.php/.

———. "Ludologists Love Stories Too: The Role of Narrative in Videogames." In *Proceedings of Level Up, Digital Games Research Conference*, ed. Marinka Copier and Joost Raessens. Utrecht: Universiteit Utrecht, 2003.

———. "Ludology Meets Narratology: Similitude and Differences between (Video)games and Narrative." *Parnasso* 3(1999): 365-371.

———. "The Sims: Grandmothers Are Cooler than Trolls." *Game Studies* 2, no. 1(July 2002). Http://www.gamestudies.org/0201/frasca/.

———. "Sim Sin City: Some Thoughts about Grand Theft Auto 3." *Game Studies* 3, no. 2(2003).
Http://www.gamestudies.org/0302/frasca/.

———. "Simulation 101: Simulation versus Representation."
Http://www.ludology.org/articles/sim1/simulation101.html/.

———. "Simulation versus Narrative: Introduction to Ludology." In *Game Theory Reader*, ed. Mark Wolf and Bernard Perron. New York: Routledge, 2003.

———. "Videogames of the Oppressed: Videogames as a Means for Critical Thinking and Debate." Master's thesis, The Georgia Institute of Technology, 2001.

Frege, Gottlob. *Philosophical and Mathematical Correspondence*. Chicago: University of Chicago Press, 1980.

Freud, Sigmund. *The Interpretation of Dreams*. Trans. and ed. James Strachey. New York: Avon, 1965.[김인순 옮김(2020). ≪꿈의 해석≫. 열린책들.]

Friedman, Ted. "Semiotics of Sim City." *First Monday* 4(April 1999).
Http://www.firstmonday.dk/issues/issue4_4/friedman/.

Gadamer, Hans Georg. *Truth and Method*. Trans. Joel Weinsheimer and Donald G. Marshall. New York: Continuum, 1989.[이길우 외 옮김(2012). ≪진리와 방법 1, 2≫. 문학동네.]

Gardener, Martin. "Mathematical Games: The Fantastic Combinations of John Conway's New Solitaire Game 'Life.'" *Scientific American* 233(October 1970): 120-123.

Garfinkel, Simson. *Database Nation: The Death of Privacy in the 21st Century*. Cambridge: O'Reilly, 2001.

Gell-Mann, Murray. *The Quark and the Jaguar: Adventures in the Simple and the Complex*. New York: W. H. Friedman, 1994.

Genette, Gerard. "Structuralisme et critique litteraire." *L'arc* 26(1965): 30-44. Gibson, William. Neuromancer. New York: Ace Books, 2003.

Gladwell, Malcolm. *The Tipping Point*. Boston: Little, Brown, 2000.

Gleik, James. *Chaos: Making a New Science*. New York: Viking Penguin, 1987.

———. *What Just Happened: A Chronicle from the Information Frontier*. New York: Knopf, 2002.

Goldstine, H. H. *The Computer from Pascal to von Neumann*. Princeton: Princeton University Press, 1972.

Grannovetter, Mark. "The Strength of Weak Ties." *American Journal of Sociology* 78(1973): 1360-1380.

———. "The Strength of Weak Ties: A Network Theory Revisited." *Sociological Theory* 1(1983): 203-233.

Griffin, Matthew B., and S. M. Herrmann. "An Interview with Friedrich A. Kittler about Cultural Studies in Germany, Literature in the Age of Technology, and the Blind Spot in Media Theory." Auseinander 1, no. 3(1995). Http://www.artematrix.org/kittler/kit1.htm/.

Guardian. "The Man Who Lost His Past." September 6, 2004. Http://film.guardian.co.uk/features/featurepages/0,4120,1298104,00.html/.

Guare, John. *Six Degrees of Separation*. New York: Vintage, 1990.

Guattari, Félix. *Chaosmosis*. Trans. Paul Bains and Julian Pefanis. Indianapolis: Indiana University Press, 1995.[윤수종 옮김(2003). ≪카오스모제≫. 동문선.]

"Haitians Protest Game at Wal-Mart." *Miami Herald*. December 15, 2003. Http://www.miami.com/mld/miamiherald/7492312.htm/.

Halasz, Gabor, ed. *Paul Erdös and His Mathematics*. New York: Springer-Verlag, 2002.

Hallward, Peter. *Badiou: A Subject to Truth*. Minneapolis: University of Minnesota Press, 2003.[박성훈 옮김(2016). ≪알랭 바디우: 진리를 향한 주체≫. 길.]

Harman, Graham. *Tool-Being: Heidegger and the Metaphysics of Objects*. Chicago: Open Court, 2002.

Hayles, N. Katherine. *How We Became Posthuman*. Chicago: University of Chicago Press, 1999.[허진 옮김(2013). ≪우리는 어떻게 포스트휴먼이 되었는가≫. 열린책들.]

———. "What Cybertext Theory Can't Do." *Electronic Book Review*. Http://www.altx.com/ebr/riposte/rip12/rip12hay.htm/.

Heidegger, Martin. *Being and Time*. Trans. Richard Polt and Gregory Fried. Albany: State University of New York Press, 1996.[전양범 옮김(2015). ≪존재와 시간≫. 동서문화사.]

———. *The Question Concerning Technology and Other Essays*. Trans. William Lovitt. New York: Harper, 1977.

Holland, Eugene. *Baudelaire and Schizoanalysis*. Cambridge: Cambridge University Press, 1993.

Huizinga, Johan. *Homo ludens*. New York: Beacon, 1971.[이종인 옮김(2018). ≪호모 루덴스≫. 연암서가.]

Hume, David. *An Enquiry Concerning Human Understanding*. New York: Hackett, 1993.[김혜숙 옮김(2012). ≪인간의 이해력에 관한 탐구≫. 지식을만드는지식.]

Hunt, John. *Smalltalk and Object Orientation: An Introduction*. London: Springer-Verlag, 1997.

Hurford, James. "Language beyond Our Grasp: What Mirror Neurons Can, and Cannot, Do for the Evolution of Language." In *Evolution of Communication Systems: A Comparative Approach*, ed. Kimbrough Oller and Ulrike Griebel, 297-313. Cambridge, Mass.: MIT Press, 2004.

Hutcheon, Linda. *The Politics of Postmodernism*. New York: Routledge, 1989.

Ifrah, Georges. *The Universal History of Computing*. Trans. E. F. Harding. New York: John Wiley, 2001.

"Inside the Engine: Half-Life 2." *Maximum PC*(August 2003): 28-29.

Jakobson, Roman. *On Language*. Ed. Linda R. Waugh. New York: Belknap, 1995.

Jameson, Fredric. *Postmodernism, or the Cultural Logic of Late Capitalism*. Durham: Duke University Press, 1991.

Jenkins, Henry. "Game Design as Narrative Architecture." In *First Person: New Media as Performance, Story, and Game*, ed. Noah Wardrip-Fruin and Pat Harrigan, 118-130. Cambridge, Mass.: MIT Press, 2004.

Johnson, Stephen. *Interface Culture: How New Technology Transforms the Way We Create and Communicate*. San Francisco: HarperEdge, 1997.

Joyce, James. *Ulysses*. New York: Vintage, 1990.(First published 1922.)[이종일 옮김(2023). ≪율리시스 1, 2≫. 문학동네.]

Juul, Jesper. "Games Telling Stories? A Brief Note on Games and

Narratives." *Game Studies* 1(1)(2001).
Http://www.gamestudies.org/0101/juul-gts/.

———. "The Open and the Closed: Games of Emergence and Games of Progression." *Computer Games and Digital Cultures.* Http://www.jesperjuul.dk/text/openandtheclosed.html/.

Kermode, Frank. *The Sense of an Ending.* New York: Oxford University Press, 1967.

Kant, Immanuel. *Critique of Judgment.* Trans. Werner S. Pluhar. Indianapolis: Hackett, 1987.(First published 1790.)[백종현 옮김(2009). ≪판단력 비판≫. 아카넷.]

———. *Perpetual Peace and Other Essays.* Trans. Ted Humphrey. Cambridge: Hackett, 1983.[이한구 옮김(2008). ≪영구 평화론≫. 서광사.]

Kauffman, Stuart. *The Origins of Order: Self-Organization and Selection in Evolution.* Oxford: Oxford University Press, 1993.

Kellner, Douglas. *Media Culture.* New York: Routledge, 1995.

Kittler, Friedrich. *Discourse Networks 1800/1500.* Trans. Michael Metteer. Palo Alto: Stanford University Press, 1990.

———. *Gramophone, Film, Typewriter.* Trans. Geoffrey Winthrop-Young and Michael Wutz. Palo Alto: Stanford University Press, 1986.[유현주·김남시 옮김(2019). ≪축음기, 영화, 타자기≫. 문학과지성사.]

———. *Literature, Media, Information Systems.* Ed. John Johnston. Amsterdam: G+B Arts, 1997.

Kochen, Manfred, and Brenda Dervin, eds. *The Small World: A Volume of Recent Research Advances Commemorating Ithiel de Sola Pool, Stanley Milgram, Theodore Newcomb.* Westport, Conn.: Greenwood Publishing, 1989.

Koster, Raph. *A Theory of Fun for Game Design.* Scottsdale, Ariz.: Paraglyph Press, 2005.[유창석·전유택 옮김(2017). ≪라프 코스터의 재미이론≫. 길벗.]

Kreps, David M. *Game Theory and Economic Modeling.* Oxford: Clarendon, 1990.

Kuhn, Thomas. *The Structure of Scientific Revolutions.* Chicago: University of Chicago Press, 1970.[홍성욱 옮김(2013). ≪과학혁명의 구조≫.

까치.]

Lacan, Jacques. *Ecrits*. Trans. Alan Sheridan. New York: W. W. Norton, 1977.[조형준 옮김(2019). ≪에크리≫. 새물결.]

———. *The Four Fundamental Concepts of Psycho-Analysis*. Trans. Alan Sheridan. New York: W. W. Norton, 1978.

———. *Seminar XI: The Four Fundamental Concepts of Psychoanalysis*. Trans. Alan Sheridan. New York: W. W. Norton, 1981.[맹정현·이수련 옮김(2008). ≪자크 라캉 세미나 11: 정신분석의 네 가지 근본개념≫. 새물결.]

Landow, George. *Hypertext: The Convergence of Contemporary Critical Theory and Technology*. Baltimore: Johns Hopkins University Press, 1992.

———. *Hypertext 2.0*. Baltimore: Johns Hopkins University Press, 1996.[여국현 옮김(2001). ≪하이퍼텍스트 2.0: 현대 비평이론과 테크놀로지의 수렴≫. 문화과학사.]

———, ed. *Hyper/Text/Theory*. Baltimore: Johns Hopkins University Press, 1994.

Leibniz, Gottfried Willhelm Freidrich. *Philosophical Essays*. Ed. D. Garber and R. Areiw. New York: Hackett, 1989.

"Lessons of the California Supermarket Strike." *Proletarian Revolution* 70(spring 2004). Http://www.lrp-cofi.org/PR/strikePR70.html/.

Lettvin, Jonathan, Humberto Maturana, Warren McCulloch, and W. H. Pitts. "What the Frog's Eye Tells the Frog's Brain." *Proceedings of the IRE* 47(1959).

Lévi-Strauss, Claude. *The Raw and the Cooked*. New York: Harper Collins, 1969.

———. *The Savage Mind*. Chicago: University of Chicago Press, 1968.[안정남 옮김(1996). ≪야생의 사고≫. 한길사.]

Lohmann, Susanne. "Darwinian Medicine for the University." In *Governing Academia*, ed. Ronald G. Ehrenberg, 71-90. Ithaca: Cornell University Press, 2003.

Loyall, A. Bryan, and Joseph Bates. "Real-time Control of Animated Broad Agents." In *Proceedings of the 15th Annual Conference of the Cognitive Science Society*. Hillsdale, N.J.: Lawrence Erlbaum, 1993.

Luhmann, Niklas. *Social Systems*. Trans. John Bednarz, Jr., and Dick Baecker. Palo Alto: Stanford University Press, 1995.[이철·박여성 옮김(2020). ≪사회적 체계들: 일반이론의 개요≫. 한길사.]

Lundgren, Sus, and Staffan Björk. "Game Mechanics: Describing Computer-Augmented Games in Terms of Interaction." In *Proceedings of TIDSE 2003 Technologies for Interactive Storytelling and Digital Entertainment*. Darmstadt: Springer-Verlag, 2003.

Lyotard, Jean François. *The Postmodern Condition: A Report on Knowledge*. Trans. Geoff Bennington and Brian Massumi. Minneapolis: University of Minnesota Press, 1984.[이현복 옮김(1992). ≪포스트모던적 조건: 정보 사회에서의 지식의 위상≫. 서광사.]

MacLean-Foreman, John. "An Interview with Will Wright." *Gamasutra*, May 1, 2001. Http://www.gamasutra.com/features/20010501/wright_01.htm/.

Mandelbrot, Benoit. *Fractals: Form, Chance, and Dimension*. San Francisco: Freeman, 1977.

Manovich, Lev. *The Language of New Media*. Cambridge, Mass.: MIT Press, 2002.[서정신 옮김(2014). ≪뉴미디어의 언어≫. 커뮤니케이션북스.]

Markley, Robert, ed. *Virtual Realities and Their Discontents*. Baltimore: Johns Hopkins University Press, 1996.

Massumi, Brian. *A User's Guide to Capitalism and Schizophrenia: Deviations from Deleuze and Guattari*. Cambridge, Mass.: MIT Press, 1992.

Mateas, Michael, and Andrew Stern. "Architecture, Authorial Idioms, and Early Observations of the Interactive Drama Façade." Carnegie Mellon Technical Reports, December 2002.

Mathews, Ryan, and Watts Wacker. *The Deviant's Advantage: How Fringe Ideas Create Mass Markets*. New York: Crown, 2002.

Mayfield, Ross. "Social Network Models." March 30, 2003. Http://radio.weblogs.com/0114726/2003/03/30.html/.

Mäyrä, Frans. "The Quiet Revolution: Three Theses for the Future of Game Studies." *DiGRA Hard Core* 1, no. 3(March 2005). Http://www.digra.org/article.php?story=20050327082956955/.

McCloud, Scott. *Understanding Comics*. New York: Perennial, 1994.[김낙호 옮김(2008). ≪만화의 이해≫. 비즈앤비즈.]
McLuhan, Marshall. *Understanding Media*. New York: Times Mirror, 1963.[김상호 옮김(2011). ≪미디어의 이해≫. 커뮤니케이션북스.]
McShaffry, Mike. *Game Coding Complete*. Scottsdale, Ariz.: Paraglyph Press, 2003. Mehran, Sir Alfred. The Terminal Man. London: Transworld, 2004.
Milgram, Stanley. *Obedience to Authority*. London: Tavistock, 1974.
———. "The Small World Problem." *Physiology Today* 2(1967): 60-67.
Moravec, Hans. *Mind Children: The Future of Robot and Human Intelligence*. Cambridge, Mass.: Harvard University Press, 1988.
Morgenstern, Oskar, and John von Neumann. *The Theory of Games and Economic Behavior*. Princeton: Princeton University Press, 1980.
Moulthrop, Stuart. "Rhizomes and Resistance: Hypertext and the Dreams of a New Culture." In *Hyper/Text/Theory*, ed. George P. Landow, 299-319. Baltimore: Johns Hopkins University Press, 1994.
Muller, Pierre-Alain. *Instant UML*. Birmingham, U.K.: Wrox Press, 1997.
Murray, Janet H. *Hamlet on the Holodeck: The Future of Narrative in Cyberspace*. Cambridge, Mass.: MIT Press, 1997.[한용환·변지연 옮김(2001). ≪인터랙티브 스토리텔링≫. 안그라픽스.]
Nakhimovsky, Alexander, and Tom Myers. *Google, Amazon, and Beyond: Creating and Consuming Web Services*. Berkeley: Apress, 2004.
Negroponte, Nicholas. *Being Digital*. New York: Knopf, 1995.
Nelson, Theodore. *Literary Machines*. Sausalito: Mindfull Press, 1992.
Nicholls, Peter. *Modernisms: A Literary Guide*. Berkeley: University of California Press, 1995.
Nyce, James, ed. *From Memex to Hypertext: Vannevar Bush and the Mind's Machine*. Burlington: Academic Press, 1992.
Oller, Kimbrough, and Ulrike Griebel, eds. *Evolution of Communication Systems: A Comparative Approach*. Cambridge, Mass.: MIT Press, 2004.
Otto, Rudolf. *The Idea of the Holy*. Oxford: Oxford University Press, 1958.[길희성 옮김(1987). ≪성스러움의 의미≫. 분도출판사.]
Pearce, Celia. "Sims, Battle Bots, Cellular Automata, God, and Go: An Interview with Will Wright." *Game Studies* 2, no. 1(July 2002).

Http://www.gamestudies.org/0201/pearce/.

———. "Towards a Game Theory of Games, in First Person." In *First Person: New Media as Story, Performance, and Game,* ed. Noah Wardrip-Fruin and Pat Harrigan, 143-153. Cambridge, Mass.: MIT Press, 2004.

Peirce, Charles Sanders. "What Is a Sign?" In *The Essential Peirce: Selected Philosophical Writings 1853-1513,* ed. The Peirce Edition Project, 4-10. Bloomington and Indianapolis: Indiana University Press, 1998.

The Peirce Edition Project, ed. *The Essential Peirce: Selected Philosophical Writings 1853-1513.* Bloomington and Indianapolis: Indiana University Press, 1998.

Penny, Simon, ed. *Critical Issues in Electronic Media.* Albany: State University of New York Press, 1995.

Perez, Rolando. *On Anarchy and Schizoanalysis.* Brooklyn, N.Y.: Autonomedia, 1990.

Perlman, William S. *No Bull Object Technology for Executives.* Cambridge: Cambridge University Press, 1999.

Picardi, Anthony C., and Laurie A. Seymore. "U.S. Web Services Market Anaysis, 2002." *IDC Research*(December 2002).

Plato. *Complete Works*. Ed. J. Cooper and D. S. Hutchison. New York: Hackett, 1997.

Poster, Mark. *The Mode of Information: Poststructuralism and Social Context.* Cambridge: Polity Press, 1990.

Postman, Neil. *Amusing Ourselves to Death: Public Discourse in the Age of Show Business.* New York: Penguin, 1986.[홍윤선 옮김(2009). ≪죽도록 즐기기≫. 굿인포메이션.]

———. *Technopoly.* New York: Vintage, 1993.[김균 옮김(2005). ≪테크노폴리≫. 궁리.]

Powers, Richard. *Galatea 2.2.* New York: Picador, 2004.

Propp, Vladimir. *Morphology of the Folktale.* Trans. Laurence Scott. Austin: University of Texas Press, 1968.[어건주 옮김(2013). ≪민담 형태론≫. 지식을만드는지식.]

Pynchon, Thomas. *The Crying of Lot 49.* New York: Perennial, 1999.

Queneau, Raymond. *Cent mille milliards de poèmes.* Paris: Gallimard, 1961.

Ramachandran, V. S. *Phantoms in the Brain: Probing the Mysteries of the Human Mind.* New York: Perennial, 1999.

Readings, Bill. *The University in Ruins.* Cambridge, Mass.: Harvard University Press, 1996.

Rheingold, Howard. *Smart Mobs: The Next Social Revolution.* New York: Perseus, 2002.

———. "View: Is Friendster Changing Our Friendships?" *Wired* 12, no. 1(January 2004).

Rifkin, Jeremy. *The Age of Access: The New Culture of Hypercapitalism Where All of Life Is a Paid-For Experience.* New York: Tarcher, 2000.

Rizzolatti, Giacomo, and Michael A. Arbib. "Language within Our Grasp." *Trends in Neuroscience* 21(1998): 188-194.

Rizzolatti, Giacomo, and Laila Craighero. "The Mirror-Neuron System." *Annual Review of Neuroscience* 27(2004): 169-192.

Russell, Bertrand. *The Principles of Mathematics.* New York: W. W. Norton, 1996.(First published 1903.)

Ryan, Marie-Laure. *Possible Worlds: Artificial Intelligence and Narrative Theory.* Bloomington: Indiana University Press, 1991.

Salen, Katie, and Eric Zimmerman. *Rules of Play.* Cambridge, Mass.: MIT Press, 2004.

Saussure, Ferdinand de. *Course in General Linguistics.* Trans. Roy Harris. La Salle, Ill.: Open Court, 1983.[김현권 옮김(2022). ≪일반언어학 강의≫. 그린비.]

Sawyer, Ben. "The Next Ages of Game Development." *Adrenaline Vault,* September 30, 2002.
Http://www.avault.com/developer/getarticle.asp?name=bsawyer1/.

Schank, Roger. *Tell Me a Story: Narrative and Intelligence.* Chicago: Northwestern University Press, 1995.

Schechter, Bruce. *My Brain Is Open: The Mathematical Journeys of Paul Erdős.* New York: Simon and Schuster, 2000.

Serres, Michel. *The Parasite.* Trans. Lawrence R. Schehr. Baltimore: Johns Hopkins University Press, 1982.

Simpson, Jake. "Scripting and Sims 2: Coding the Psychology of Little People." In *Proceedings of the Game Developers Conference.* San

Francisco: Gomputer Game Group, 2005.

Spinoza, Benedict de. *The Ethics and Other Works.* Ed. and trans. Edwin Curley. Princeton: Princeton University Press, 1994.

Starr, Paul. "Policy as a Simulation Game." *American Prospect* 5, no. 17(March 21, 1994). Http://www.prospect.org/print/V5/17/starr-p.html/.

Starr, Peter. *Logics of Failed Revolt: French Theory after May '68.* Palo Alto: Stanford University Press, 1995.

Steig, William. *Shrek!* New York: Farrar, Straus, and Giroux, 1993.

Sutton-Smith, Brian. *The Ambiguity of Play.* Cambridge, Mass.: Harvard University Press, 1997.

Taylor, David *A. Object-Oriented Technology: A Manager's Guide. Reading,* Mass.: Addison-Wesley, 1990.

Taylor, Mark C. *The Moment of Complexity: Emerging Network Culture.* Chicago: University of Chicago Press, 2002.

———, and Esa Saarinen. *Imagologies: Media Philosophy.* New York: Routledge, 1994. Thélot, Jérôme. Baudelaire violence et poésie. Paris: Gallimard, 1992.

Thom, Fred. "Amélie(Review)." *La plume noire.* Http://www.plume-noire.com/movies/reviews/amelie.html/.

Tsu, Sun. *The Art of War.* New York: Dover, 2002.

Turing, Alan M. "Computing Machinery and Intelligence." In *Computers and Thought,* ed. E. A. Feigenbaum and Julian Feigenbaum. New York: McGraw Hill, 1963.

Turkle, Sherry. *Life on the Screen.* New York: Simon and Schuster, 1995.

———. "Seeing through Computers." *American Prospect* 8, no. 31(March 1997). Http://www.prospect.org/print/V8/31/turkle-s.html/.

Turner, Mark. *The Literary Mind: The Origins of Thought and Language.* Oxford: Oxford University Press, 1998.

Varela, Francisco, and Humberto Maturana. "Autopoiesis: The Organization of a Living System, Its Characterization, and a Model." *Biosystems* 5(1974): 187-196.

Von Bertalanffy, Ludwig. *General Systems Theory: Foundations, Development, Applications.* New York: George Brazilier, 1976.

von Neumann, John. *Theory of Self-Reproducing Automata*. Champaign: University of Illinois Press, 1966.

Waldrop, M. Mitchell. *Complexity: The Emerging Science at the Edge of Order and Chaos*. New York: Simon and Schuster, 1992.

Wardrip-Fruin, Noah, and Pat Harrigan, eds. *First Person: New Media as Performance, Story, and Game*. Cambridge, Mass.: MIT Press, 2004.

Wellman, Barry, ed. *Networks in the Global Village: Life in Contemporary Communities*. New York: Westview Press, 1999.

Wiener, Norbert. *Cybernetics, or Control and Communication in the Animal and the Machine*. Cambridge, Mass.: MIT Press, 1948.

Wolf, Mark J. P., and Bernard Perron, eds. *Game Theory Reader*. New York: Routledge, 2003.

Wolfram, Stephen. "Cellular Automata." *Los Alamos Science* 9(fall 1983): 2-21.

———. *Cellular Automata and Complexity: Collected Papers*. Cambridge: Perseus, 1993.

———. "Cellular Automata as Models of Complexity." *Nature* 311(October 1984): 419-424.

———. *A New Kind of Science*. Champaign, Ill.: Wolfram Media, 2002.

Wuchty, Stefan. "Scale-Free Behavior in Protein Domain Networks." *Molecular Biology and Evolution* 18(2001): 1694-1702.

Žižek, Slavoj. *Looking Awry: An Introduction to Jacques Lacan through Popular Culture*. Cambridge, Mass.: MIT Press, 1991.[김소연·유재희 옮김(1995). ≪삐딱하게 보기: 대중문화를 통한 라캉의 이해≫. 시각과언어.]

———. *The Ticklish Subject*. London: Verso, 1999.[이성민 옮김(2005). ≪까다로운 주체: 정치적 존재론의 부재하는 중심≫. 도서출판b.]

참고 영상

The A-Team. Created by Stephen J. Cannell. 1983.[<A-특공대>]

Battleship Potemkin. Dir. Sergei Eisenstein. Mosfilm, 1925.[<전함 포템킨>]

A Beautiful Mind. Dir. Ron Howard. Universal, 2001.[<뷰티풀 마인드>]

Casablanca. Dir. Michael Curtiz. Warner Bros., 1942.[<카사블랑카>]

Charlie's Angels. Dir. Joseph "McG" Nichol. Columbia Tri-Star, 2000.[<미녀 삼총사>]

The Godfather. Dir. Martin Scorsese. Paramount, 1972.[<대부>]

Harry Potter and the Chamber of Secrets. Dir. Chris Columbus. Warner Bros., 2002.[<해리 포터와 비밀의 방>.]

Harry Potter and the Goblet of Fire. Dir. Mike Newell. Warner Bros., 2005.[<해리 포터와 불의 잔>]

Harry Potter and the Prisoner of Azkaban. Dir. Alfonso Cuarón. Warner Bros., 2004.[<해리 포터와 아즈카반의 죄수>]

Harry Potter and the Sorcerer's Stone. Dir. Chris Columbus. Warner Bros., 2001.[<해리 포터와 마법사의 돌>]

Indiana Jones and the Last Crusade. Dir. Steven Spielberg. Paramount, 1989.[<인디아나 존스: 최후의 성전>]

Indiana Jones and the Temple of Doom. Dir. Steven Spielberg. Paramount, 1984.[<인디아나 존스: 마궁의 사원>]

Le fableux destin d'Amélie Poulin(English title: *Amélie*). Dir. Jean-Pierre Jeunet. Miramax, 2001.[<아멜리에>]

The Lord of the Rings(trilogy). Dir. Peter Jackson. New Line, 2001-2003.[<반지의 제왕> 삼부작]

Macgyver. Created by Lee David Zlotoff. 1985.[<맥가이버>]

The Matrix. Dir. Andy Wachowski and Larry Wachowski. Warner Bros., 1999.[<매트릭스>]

Metropolis. Dir. Fritz Lang. 1927.[<메트로폴리스>]

My Trip to Liberty City. Written and dir. Jim Munroe.[<리버티 시티로의 여행>]
Http://www.nomediakings.org/mytrip.htm/.

Raiders of the Lost Ark. Dir. Steven Spielberg. Paramount, 1981.[<레이더스>]

Shrek. Dir. Andrew Adamson, Vicky Jenson. DreamWorks SKG, 2001.[<슈렉>]

Six Degrees of Separation. Dir. Fred Schepisi. MGM, 1993.[<5번가의 폴 포이티어>]

Spider-Man. Dir. Sam Raimi. Columbia Tristar, 2002.[<스파이더맨>]

Star Wars. Dir. George Lucas. Twentieth Century Fox, 1977.[<스타워즈>]

The Terminal. Dir. Steven Spielberg. DreamWorks SKG, 2004.[<터미널>]

Titanic. Dir. James Cameron. Paramount, 1997.[<타이타닉>]
Tombés du ciel(English title: *Lost in Transit*). Dir. Philippe Loiret. 1993.
Toy Story. Dir. John Lasseter. Pixar/Disney, 1995.[<토이 스토리>]
Waterworld. Dir. Kevin Reynolds. Universal, 1995.[<워터월드>]
When Harry Met Sally. Dir. Rob Reiner. MGM, 1989.[<해리가 샐리를 만났을 때>]

참고 비디오게임, 소프트웨어, 기타 디지털 작품

Acclaim. *Crazy Taxi*. SEGA, 1999.[<크레이지 택시>]
Alias Systems. *Maya*. 2000.[마야]
Atari. *Combat*. 1978.[<컴뱃>]
———. *E.T.* 1982.[<E.T.>]
———. *Pong*. 1972.[<퐁>]
———. *Star Wars*. 1983.[<스타워즈>]
Avid Technology. *SoftImage*. 2002-.[소프트이미지]
Baer, Ralph. *Odyssey*. Magnavox, 1972.[오디세이]
Bally/Midway. *Tron*. 1982.
Bioware. *Aurora Editor*. Infogrames, 2002.[오로라 에디터]
———. *Neverwinter Nights*. Infogrames, 2002.[<네버윈터 나이츠>]
Blank, Mark, and Dave Lebling. *Zork*. Infocom, 1981.[<조크>]
Creo. *Six Degrees*. 2002-2004.[식스 디그리]
Criterion Software. *RenderWare*. 1993-2004.[렌더웨어]
Crowther, Willie, and Don Woods. *Adventure*. 1976.[<어드벤처>]
Digitalmill. *Virtual U*. Alfred P. Sloan Foundation, 2002-2003.[<버추얼 유>]
Discreet. *3D Studio MAX*. Autodesk, 1992.[3D 스튜디오 맥스]
The Ecademy, Ltd. *Ecademy USA*.[이카데미] Http://www.ecademy.com/.
Epic Megagames. *Unreal Tournament*. Infogrames, 2000.[<언리얼 토너먼트>]
Friendster, Inc. *Friendster*. 2002-2004.[프렌드스터] Http://www.friendster.com/.
Havok.com, Inc. *Havok Physics*. 1998-.
Higinbotham, William A. *Tennis for Two*. 1958.[<테니스 포 투>]

iD Software. *Doom.* iD Software, 1993.[<둠>]

———. *Quake.* Activision, 1996.[<퀘이크>]

———. *Quake 2.* Activision, 1998.[<퀘이크 2>]

———. *Quake 2 Engine.* 2001.[퀘이크 2 엔진]

Ion Storm. *Deus Ex.* Eidos Interactive, 2000.

Kee Games. *Tank.* 1974.[<탱크>]

Kinematic. *5/11 Survivor.* 2003.
Http://www.kinematic.org/.

Konami. *Metal Gear.* Konami, 1987.[<메탈 기어>]

———. *Metal Gear Solid.* Konami, 1998.[<메탈 기어 솔리드>]

LinkedIn, Ltd. *LinkedIn.* 2003-2005.[링크드인]
Http://www.linkedin.com/.

Looking Glass Studios. *Thief.* Eidos Interactive, 1998.[<시프>]

Mateas, Michael, and Andrew Stern. *Façade.* InteractiveStory.net, 2005.[<파사드>]
Http://www.interactivestory.net/.

Maxis. *Sim Ant.* Electronic Arts, 1993.

———. *Sim City.* Electronic Arts, 1989.[<심시티>]

———. *Sim Health.* Electronic Arts, 1994.[<심헬스>]

———. *The Sims.* Electronic Arts, 2000.[<심즈>]

———. *The Sims: Hot Date.* Electronic Arts, 2001.[<심즈: 핫데이트>]

———. *The Sims 2.* Electronic Arts, 2004.[<심즈 2>]

Meetup, Inc. *Meetup local interest groups.* 2002-.[밋업]
Http://www.meetup.com/.

Microsoft Corp. *Microsoft Windows.* 1985-.[마이크로소프트 윈도우]

———. *Microsoft Word.* 1983-.[마이크로소프트 워드]

Newsgaming.com. *September 12.* 2003.[<9월 12일>]
Http://www.newsgaming.com/games/index12.htm/.

Nintendo. *Donkey Kong.* Nintendo, 1981.[<동키콩>]

———. *The Legend of Zelda.* Nintendo, 1984.[<젤다의 전설>]

———. *The Legend of Zelda: The Wind Waker.* Nintendo, 2003.[<젤다의 전설: 바람의 지휘봉>]

———. *The Legend of Zelda II: Adventure of Link.* Nintendo, 1989.[<젤다의 전설 2: 링크의 모험>]

———. *Mario Bros.* Nintendo, 1983.[<마리오 브라더스>]

———. *Super Mario Bros.* Nintendo, 1985.[<슈퍼 마리오 브라더스>]
On, Josh. *Antiwargame.* 2001.[<안티워게임>]
Http://www.antiwargame.org/.
Origin Systems. *Ultima Online.* Electronic Arts, 1997.[<울티마 온라인>]
Pandemic Studios. *Full Spectrum Warrior.* THQ, 2004.
Persuasive Games. *Activism.* 2004.[<액티비즘>]
Http://www.activismgame.com/.
———. *The Howard Dean for Iowa Game.* Dean for America, 2003.
Http://www.deanforamericagame.com/.
———. *Take Back Illinois.* 2004.[<일리노이 탈환>]
Http://www.takebackillinoisgame.com/.
Pazhintov, Alexey. *Tetris.* Spectrum Holobyte, 1986.[<테트리스>]
QL2 Software. *WebQL.* QL2, 2001-.
Raven Software. *HeXen 2.* Activision, 1997.[<헥센 2>]
Red Storm Entertainment. *Tom Clancy's Rainbow Six.* Majesco, 1998.[<톰 클랜시의 레인보우 식스>]
Rockstar Games. *Grand Theft Auto: San Andreas.* Take Two Interactive, 2004.[<그랜드 테프트 오토: 산 안드레아스>]
———. *Grand Theft Auto: Vice City.* Take Two Interactive, 2002.[<그랜드 테프트 오토: 바이스 시티>]
———. *Grand Theft Auto III.* Take Two Interactive, 1999.[<그랜드 테프트 오토 III(GTA 3)>]
Ryze, Ltd. *Ryze business networking.* 2002-.
Http://www.ryze.com/.
Schleiner, Anne-Marie, et al. *Velvet-Strike*, 2002.[<벨벳 스트라이크>]
Http://www.opensorcery.net/velvet-strike/.
Sony Online Entertainment. *Star Wars Galaxies: An Empire Divided.* LucasArts, 2003.[<스타워즈 갤럭시즈: 분열된 제국>]
Taito. *Space Invaders.* Taito, 1977.[<스페이스 인베이더>]
3D Pipeline. *BioChemFX.* 2001-.[<바이오켐FX>]
Ubi Soft. *Tom Clancy's Splinter Cell.* Ubi Soft, 2002.[<톰 클랜시의 스플린터 셀>]
U.S. Army. *America's Army.* 2002-.
Http://www.americasarmy.com/.
Valve Software. *Half-Life.* Sierra Online Entertainment,

1998.[<하프라이프>]

———. *Half-Life Counter Strike*. Vivendi Universal, 2001.[<하프라이프 카운터 스트라이크>]

———. *Half-Life 2*. Vivendi Universal, 2004.[<하프라이프 2>]

Verant Interactive. *EverQuest*. 989 Studios, 1999.

Wolfram Research. *Mathematica*. 1985-.[<매스매티카>]

찾아보기

ㄹ

ㅁ

ㅅ

ㅇ

ㅈ

ㅊ

ㅋ

ㅎ

123

지은이 소개

이언 보고스트(Ian Bogost, 1976~)

미디어학자, 철학자, 게임 설계자. 비평과 창작을 넘나드는 연구로 비디오게임 이론과 미디어 연구 분야에서 널리 인정받는다. 2004년 캘리포니아대학교 로스앤젤레스캠퍼스에서 비교문학으로 박사 학위를 받았다. 이후 조지아공과대학교에서 약 20년간 교수를 지내며 미디어학 이론과 인터랙티브 컴퓨팅 등을 가르쳤다. 현재는 미국 세인트루이스 워싱턴대학교 바버라&데이비드토머스 석좌교수로 있다. 독립 게임 스튜디오인 퍼수에이시브게임스의 공동 창립자이자 시사주간지 ≪애틀랜틱(The Atlantic)≫의 기고 작가이기도 하다. 저서로는 ≪무엇이든 플레이하라(Play Anything)≫(2016), ≪에일리언 현상학(Alien Phenomenology)≫(2012), ≪설득적 게임(Persuasive Games)≫(2007), ≪단위조작(Unit Operations)≫(2006) 등이 있다. 설계한 게임으로는 페이스북을 활용한 게임인 <카우클리커(Cow Clicker)>와 2010년 인디케이드페스티벌에서 뱅가드상과 비르투오소상을 수상한 <어 슬로 이어(A Slow Year)> 등이 있다.

옮긴이 소개

안호성

와세다대학교에서 서양 철학을 전공하고 클레어몬트신학대학원을 중퇴했다. 사변적 실재론에 관심이 많으며, 옮긴 책으로는 ≪사물들의 우주≫(갈무리, 2021)와 ≪저주체: 인간되기에 관하여≫(갈무리, 2024), ≪어두운 생태학: 미래 공존의 논리를 위하여≫(갈무리, 2024), ≪자연의 개념≫(갈무리, 2025)이 있다.